Edition <kes>

Mit der allgegenwärtigen IT ist auch die Bedeutung der Sicherheit von Informationen und IT-Systemen immens gestiegen. Angesichts der komplexen Materie und des schnellen Fortschritts der Informationstechnik benötigen IT-Profis dazu fundiertes und gut aufbereitetes Wissen.
Die Buchreihe Edition <kes> liefert das notwendige Know-how, fördert das Risikobewusstsein und hilft bei der Entwicklung und Umsetzung von Lösungen zur Sicherheit von IT-Systemen und ihrer Umgebung.
Die <kes> – Zeitschrift für Informations-Sicherheit – wird von der DATAKONTEXT GmbH im zweimonatigen Rhythmus veröffentlicht und behandelt alle sicherheitsrelevanten Themen von Audits über Sicherheits-Policies bis hin zu Verschlüsselung und Zugangskontrolle. Außerdem liefert sie Informationen über neue Sicherheits-Hard- und -Software sowie die einschlägige Gesetzgebung zu Multimedia und Datenschutz. Nähere Informationen rund um die Fachzeitschrift finden Sie unter www.kes.info.
Die Autoren der Zeitschrift und der Buchreihe Edition <kes> helfen den Anwendern in Basic- und Expert-Seminaren bei einer praxisnahen Umsetzung der Informations-Sicherheit: www.itsecuritycircles.de

Weitere Bände in dieser Reihe http://www.springer.com/series/12374

Sebastian Klipper

Konfliktmanagement für Sicherheitsprofis

Auswege aus der „Buhmann-Falle" für Informations- und IT-Sicherheitsbeauftragte, Datenschützer, CISOs und Co.

3. Auflage

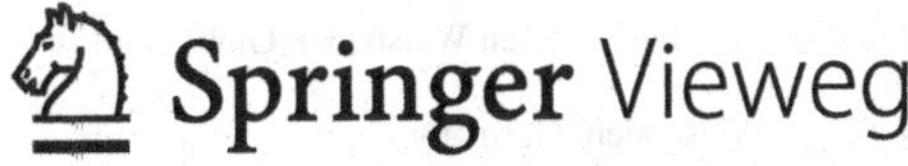

Sebastian Klipper
Hamburg, Deutschland

ISSN 2522-0551 ISSN 2522-056X (electronic)
Edition <kes>
ISBN 978-3-658-31840-6 ISBN 978-3-658-31841-3 (eBook)
https://doi.org/10.1007/978-3-658-31841-3

Die Deutsche Nationalbibliothek verzeichnet diese Publikation in der Deutschen Nationalbibliografie; detaillierte bibliografische Daten sind im Internet über http://dnb.d-nb.de abrufbar.

Planung: Petra Steinmüller
Springer Vieweg ist ein Imprint der eingetragenen Gesellschaft Springer Fachmedien Wiesbaden GmbH und ist ein Teil von Springer Nature.
Die Anschrift der Gesellschaft ist: Abraham-Lincoln-Str. 46, 65189 Wiesbaden, Germany

Dank

Dank

„Begegnet uns jemand, der uns Dank schuldig ist, gleich fällt es uns ein. Wie oft können wir jemandem begegnen, dem wir Dank schuldig sind, ohne daran zu denken!"
-- Johann Wolfgang von Goethe

Ich möchte all meinen Mitarbeitern, Kollegen und Auftraggebern danken, mit denen ich in den vielen Jahren als IT-Sicherheitsbeauftragter und Security Consultant intensiv an neuen Ideen und Sicherheitslösungen arbeiten konnte.

Weiterer Dank gilt den Lesern der ersten beiden Auflagen, die das Buch so erfolgreich gemacht haben. Zehn Jahre nach der ersten Auflage, einem Nachdruck und der zweiten überarbeiteten und ergänzten Auflage 2015 liegt nun auch die dritte überarbeitete Auflage vor.

Dank

Vorwort I

Vorwort zur ersten Auflage 2010

> *„Am Anfang wurde das Universum erschaffen.*
> *Das machte einige Leute sehr wütend und*
> *wurde allenthalben als ein Schritt in die*
> *völlig falsche Richtung bezeichnet."*
> *-- Douglas Adams*
> *in „Das Restaurant am Rande des Universums"*

Sachbücher sollen anlockend sein. Das werden sie nur, wenn sie die heiterste und zugänglichste Seite des Wissens darbieten. Das wusste schon Goethe. Und Voltaire setzt dem hinzu, dass das Geheimnis zu langweilen darin bestünde, alles zu sagen. Der Ratschlag an den Autor eines Sachbuchs lautet nach diesen beiden Regeln: *„Auf heitere und zugängliche Art einige Dinge weglassen, die sich der Leser bitte selbst erschließen möge."*

Langweiliges Sachbuch?

Dieses Buch möchte Sie mit den nötigen Mitteln wappnen, die den Weg durch die Untiefen der Security-Kommunikation weisen. Dabei soll es nicht so verstanden werden, dass nur Kommunikation wichtig wäre und technische Sicherheitsmaßnahmen

Schwerpunkt: Kommunikation

nicht erfolgreich sein könnten. Sie sind und bleiben weiter wichtig. Das wäre dann der Teil, den sich der Leser dazu denken müsste, ohne dass es immer wieder gesagt wird. Dieses Buch versucht vielmehr, den Fokus des Lesers in eine Richtung zu lenken, die bisher zu sehr vernachlässigt wurde.

Risiko Nr. 1

Während sich schon seit Langem Bücher[1] damit befassen, wie man den Faktor Mensch dazu bringt, gegen Sicherheitsregeln zu verstoßen, gibt es nur wenige Bücher[2], die sich das Gegenteil zum Schwerpunkt machen. Dabei besteht meist Einigkeit, dass der Mensch der Risikofaktor Nummer Eins ist.

Es gibt hunderte Bücher über Firewalls, Betriebssystem-Sicherheit, Security-Scanner oder die richtige Konfiguration eines Apache-Webservers. Es gibt aber nahezu keins darüber, wie man Entscheider dazu bringt, die nötigen Mittel für Sicherheitsmaßnahmen zur Verfügung zu stellen oder wie man die Mitarbeitenden motiviert, keine Wettbewerbe im Umgehen von Sicherheitsmaßnahmen zu veranstalten. Diese Lücke soll mit diesem Buch geschlossen werden.

Leitsätze

Am Ende des Buchs wird einer der zehn Leitsätze zum Konfliktmanagement lauten: *„Im Mittelpunkt jeder Sicherheitsbetrachtung steht menschliches Handeln und Unterlassen."* In diesem Sinne wünsche ich Ihnen viel Spaß bei der Lektüre und viele neue Ideen, wie Sie die Sicherheit in Ihrem Unternehmen oder Ihrer Behörde voranbringen können.

---

1 Kevin Mitnick; Die Kunst der Täuschung; 2003; mitp; ISBN 3-8266-1569-7

2 Pokoyski, Dietmar / Helisch, Michael (Hrsg.); Security Awareness: Neue Wege zur erfolgreichen Mitarbeiter-Sensibilisierung; 2009; ISBN: 978-3-8348-0668-0

Vorwort II

Vorwort zur zweiten Auflage 2015

> *„Der Irrtum wiederholt sich immerfort in der Tat. Deswegen muss man das Wahre unermüdlich in Worten wiederholen."*
> *-- Johann Wolfgang von Goethe*

Motivation zur Neuauflage

Als ich vor fünf Jahren begann, an der ersten Auflage dieses Buchs zu schreiben, dachte ich noch nicht im Traum daran, dass ich irgendwann eine zweite Auflage bei meinem Verlag vorlegen würde. Glücklicherweise werden Informations- und IT-Sicherheitsbeauftragte, Datenschützer, CISOs und Co. jedoch nach wie vor gebraucht und nach wie vor schlagen sie sich mit den gleichen Problemen herum – genau wie vor fünf, zehn oder 15 Jahren.

Unsere Branche wird von den immer gleichen Irrtümern gestützt, die bei Mitarbeitenden und Führungskräften zu den immer gleichen *„Taten"* führen und es ist unsere Aufgabe, den Schaden, den diese irrigen Taten anrichten, möglichst gering zu halten und manchmal, aber nur manchmal gelingt es uns vielleicht auch eine solche Tat zu verhindern.

Im Grunde hat sich also an der Situation in den letzten fünf Jahren kaum etwas verändert. Trotz allem ist die Technik vorangeschritten und so kommt manches Detail in der ersten Auflage etwas altbacken daher. Und auch ich als Ihr Autor habe mich weiterentwickelt und neue Erfahrungen gewonnen, die ich gerne in der ein oder anderen Weise mit einfließen lassen möchte.

Edward Snowden

Natürlich komme ich nicht durch dieses Vorwort ohne ein Wort über den Wistleblower Edward Snowden zu verlieren. Im Sommer 2013 begann durch seine Enthüllungen eine bisher nicht dagewesene Auseinandersetzung mit dem Thema Informationssicherheit. Vom *„normalen"* Bürger über Journalisten bis hin zur Bundeskanzlerin und ihrem Handy: In der Post-Snowden-Ära steht fest, dass jeder potentielles Opfer von Spähangriffen ist. Die meisten Sicherheitsprofis indes hat das nicht unvorbereitet getroffen oder gar überrascht. Den meisten war klar, dass es genau so läuft. Auch wenn jetzt in vielen Unternehmen mehr in Sicherheit investiert wird, Geld löst nicht alle Probleme und schon gar nicht die Konflikte, die dabei entstehen, neue Sicherheitsmaßnahmen zu planen und vor Allem umzusetzen. Was das angeht, ist das Problem der Sicherheitsprofis im Grunde größer geworden, da man jetzt vor dem Problem steht, seinem Unternehmen unter Umständen noch mehr *„Change"* angedeihen zu lassen als das in der Vergangenheit der Fall war.

Mehr Praxis, Inputs und Projektbezug

Auch ohne dass die in der ersten Auflage beschriebenen Ideen an sich veraltet sind, gab und gibt es viele neue Erfahrungen und Anekdoten aus der Praxis, die in das Buch eingeflossen sind. Nicht zuletzt sind auch die vielen Ideen und Hinweise eingeflossen, die ich von den bisherigen Lesern und Zuhörern bei meinen Vorträgen zum Buch erhalten habe. Darüber hinaus findet insbesondere das Thema *„Security in Projekten"* überall da stärkere Berücksichtigung, wo die erste Auflage sich im Schwerpunkt auf die Linienfunktionen der Sicherheitsprofis konzentriert hat. Hierzu enthält die zweite Auflage ein eigenes Kapitel, dass sich an die Securityprofis richtet, die in einer Projektorganisation für dieses Thema Verantwortung tragen.

Nicht zuletzt wurde auch das Layout überarbeitet, um dem Buch ein frischeres Antlitz zu verleihen und die Lesbarkeit zu erhöhen. So erleichtern die hinzugekommenen Randnotizen die Orientierung und liefern das Schlagwort zum vor Ihnen liegenden Abschnitt.

Neues Layout

Ich wünsche Ihnen viel Spaß mit der 2. Auflage von „Konfliktmanagement für Sicherheitsprofis" und viel Erfolg bei der Umsetzung der vorgestellten Konzepte.

Sie werden damit wahrscheinlich nicht immer erfolgreich sein – genauso wenig wie ich, aber Sie werden sicher die ein oder andere Klippe umschiffen, die Ihnen vorher vielleicht den Untergang gebracht hätte.

In diesem Sinne,
Ihr Sebastian Klipper

Vorwort III

Vorwort zur dritten Auflage 2020

Es ist unmöglich, einen unnötigen Konflikt zu beginnen.
Ob der Konflikt unnötig war, findet man erst heraus,
wenn er längst in Gange ist.

10 Jahre Security-Konfliktmanagement

Vor zehn Jahren war die Welt der Informations- und IT-Sicherheit nicht die gleiche wie heute. Der Begriff Cybersicherheit spielte in der ersten Auflage dieses Buches überhaupt noch keine Rolle und Cyberkriminelle hatten gerade erst begonnen ein Geschäftsmodell zu entwickeln, dass uns aktuell mit Ransomware, CEO-Fraud und anderen Maschen in Atem hält. Viel hat sich getan in den letzten Jahren.

Die Konstanten

Andere Dinge sind für Informations- und IT-Sicherheitsbeauftragte, Datenschützer, CISOs und Co. aber auch gleichgeblieben. Dazu gehört insbesondere die menschliche Neigung den Überbringer einer schlechten Nachricht für deren Inhalt verantwortlich zu machen. Nach wie vor droht den Informations- und IT-Sicherheitsbeauftragten, Datenschützer,

CISOs und Co. deshalb die Buhmann-Falle. Diese Konstante zeigt sich überdeutlich in dem nachfolgenden Vorwort, dass Prof. Dr. Sebastian Schinzel zur ersten Auflage geschrieben hat und darin von einer Anekdote berichtet, die mittlerweile 20 Jahre zurück liegt. Aus diesem Grund habe ich mich auch gemeinsam mit dem Verlag entschlossen, das Buch für Sie zu überarbeiten und an die aktuelle Situation der Informations- und IT-Sicherheit anzupassen.

Neue Begriffe

Am augenfälligsten sind diese Anpassungen bei den veränderten Begriffen. Hieß es in der ersten Auflage im Untertitel des Buchs noch „Auswege aus der „Buhmann-Falle" für IT-Sicherheitsbeauftragte, Datenschützer und Co." haben wir diese Zeile geändert zu „Auswege aus der „Buhmann-Falle" für Informations- und IT-Sicherheitsbeauftragte, Datenschützer, CISOs und Co." Statt von Informationssicherheit werden wir häufiger von Cybersicherheit sprechen und beim Datenschutz stärker auf den technischen Datenschutz abheben als auf juristische Fragestellungen.

Geschlechtsneutrale Bezeichnungen

Darüber hinaus wurde die 3. Auflage mit weitestgehend geschlechtsneutralen Bezeichnungen überarbeitet. An einigen Stellen wurden männliche und weibliche Formen im losen Wechsel verwendet, wenn es im Kontext passt. Auf Formulierungen wie ‚*Datenschützer und Datenschützerinnen*' wurde zugunsten der besseren Lesbarkeit verzichtet. Die verbliebenen grammatikalisch männlichen Bezeichnungen wie z. B. ‚*Kunden*', ‚*Angreifer*' oder ‚*Täter*' schließen im Plural natürlich immer weibliche, männliche und andere Identitäten ein.

Viel Spaß beim Lesen und
viel Erfolg in den nächsten Jahren,
Ihr Sebastian Klipper

Geleitwort

Geleitwort zur ersten Auflage

von Prof. Dr. Sebastian Schinzel, Fachhochschule Münster

Perfekt vorbereitet

Irgendwann vor zehn Jahren hatte ich als Junior-Unternehmensberater meinen ersten Penetrationstest bei einem Unternehmen. Ich sollte ein SAP-System auf Sicherheitslücken untersuchen und das Ergebnis war verheerend. Sicherheitslücken wie Sand am Meer, was darauf schließen ließ, dass die Entwickler keinen blassen Schimmer von sicherer Softwareentwicklung hatten. Die gefundenen Lücken hatte ich penibel dokumentiert und deren Kritikalität konnte ich über real funktionierende Exploits beweisen. Damit bei der Abschlusspräsentation auch nichts schief ging, hatte ich Videoaufzeichnungen meiner Angriffe vorbereitet und die SQL-Datenbank mit den Bewerberdaten (Testdaten), die ich über einen Angriff abgezogen hatte, auf einem USB-Stick in der Tasche stecken. Ich war perfekt vorbereitet.

In der Abschlusspräsentation des Penetrationstests saßen dann einige der beteiligten Entwickler, der Entwicklungsleiter und ein Manager. Ich freute mich auf die Präsentation, schließlich waren die gefunden Schwachstellen hochkritisch und durch meine

Arbeit wurde verhindert, dass dieses System in diesem unsicheren Zustand produktiv gestellt wurde.

„Buhmann-Falle" schnappt zu

Doch es kam anders. Kaum hatte ich angefangen, wurde ich minütlich vom Entwicklungsleiter unterbrochen. Das wäre ja alles nicht so schlimm und viele der Schwachstellen wären aus irgendwelchen technischen Detailgründen auf dem Produktivsystem vielleicht gar nicht ausnutzbar. Und der Rest der Angriffe würde ja eh in der Firewall „kleben bleiben", schließlich war die ja teuer und der Firewall-Admin ja sehr kompetent. Um die konkrete Bedrohung abzuschätzen, müsse ich die Angriffe ja alle nochmal gegen das Produktivsystem laufen lassen. Es wäre ja ärgerlich, dass das Budget schon aufgebraucht sei. Nein, eine Aufstockung ist leider nicht möglich. Tja, dann müsse man ja mangels Beweisen davon ausgehen, dass die gefunden Schwachstellen höchstens akademische Relevanz haben und man dann weitgehend unverändert online gehen könne.

Konflikte vergeuden Ressourcen

Was lief hier schief? Offensichtlich hatte der erfahrene Entwicklungsleiter mit einigen rhetorischen Kniffen die Präsentation soweit sabotiert, dass am Ende von den konkret bestehenden Risiken scheinbar nichts mehr übrig war. Es dauerte einige Zeit, bis ich die Motivation dahinter verstand. Das Entwicklerteam hatte monatelang entwickelt, ohne jemals klare Ansagen über die Sicherheitsanforderungen zu bekommen. Selbst wenn es Sicherheitsanforderungen bekommen hätte, hätten die Entwickler wahrscheinlich nicht die Kompetenz gehabt sie umzusetzen, weil sie niemals in sicherer Softwareentwicklung geschult wurden. Sie wurden also am Projektende anhand von Kriterien bewertet, die sie zum einen nicht kannten und zum anderen nicht umsetzen konnten. Das ist unfair und wer sich unfair behandelt fühlt, handelt selber unfair. Dies ist nur eine von den vielen möglichen "Buhmann-Fallen", die man als Informationssicherheitsprofi in Projekten erleben kann. Die daraus entstehenden Konflikte vergeuden wertvolle Ressourcen und behindern Maßnahmen zur Absicherung.

Wie man diese Fallen im Voraus erkennt und vor allem wie man seinen Teil zur Vermeidung beitragen kann, das erklärt Sebastian Klipper in diesem Buch. Als Fundament verwendet er die relevanten Modelle aus der Psychologie- und der Soziologie-Literatur und bildet diese auf gängige Probleme in Informationssicherheits-Projekten ab. Die Anekdoten aus dem Arbeitsalltag von Sebastian Klipper machen diese Wissensbasis lebendig und das Buch zu einer fesselnden Lektüre, die Sie wahrscheinlich – genauso wie mich – an der ein oder anderen Stelle zum Schmunzeln bringen wird.

Egal ob Sie eine technische, fachliche oder betriebswirtschaftliche Sicht auf die betriebliche Informationssicherheit haben ist: Das Buch sollte zur Standardlektüre von jedem gehören, der konstruktiv zur Informationssicherheit beitragen möchte.

Inhaltsverzeichnis

Kapitel

1.

1 Einführung

Sprung ins kalte Wasser

Wenn Sie dieses Buch zum ersten Mal in den Händen halten und vor der Wahl stehen, ob Sie es kaufen sollen oder nicht, dann empfehle ich Ihnen direkt zum Kapitel 2 – Willkommen auf der Security-Bühne auf Seite 7 zu springen. Dort wird eine Szenerie beschrieben, wie sie Informations- und IT-Sicherheitsbeauftragte, Datenschützer, CISOs und Co. jeden Tag erleben können. Für diese und andere Problemsituationen liefert dieses Buch Lösungsmöglichkeiten.

Nur was für Hartgesottene

Was macht die Probleme der Sicherheitsprofis eigentlich so speziell? Wir wollen versuchen, uns der Beantwortung dieser Frage langsam zu nähern: Wenn es keine Sicherheitsvorfälle gibt, will niemand all die Informationssicherheitsbeauftragten, Datenschutzbeauftragten oder Information Security Officers sehen. Sie gelten als Spielverderber, Bedenkenträger und Fortschrittsverhinderer. Viele Sicherheitsprofis stoßen auf Schwierigkeiten, wenn sie ihre Botschaft unter die Leute bringen wollen, was umso unverständlicher ist, weil sie meist genau dafür bezahlt werden. Ist das Kind erst in den Brunnen gefallen, wird der oder

S. Klipper, *Konfliktmanagement für Sicherheitsprofis*, Edition <kes>,
https://doi.org/10.1007/978-3-658-31841-3_1

die Schuldige gesucht: *"Warum haben unsere Cyber-Experten nichts dagegen unternommen?"*

Die Welt der Cybersicherheit ist voller Missverständnisse und Konflikte, die ein hohes Maß an Kommunikationsstärke und Konfliktfähigkeit erfordern. Dieser Job ist – machen wir uns nichts vor – nur etwas für Hartgesottene mit Durchhaltevermögen.

Geladen und entsichert

Entweder man wechselt nach wenigen Jahren wieder zurück in den unsicheren Teil der Unternehmenswelt, oder man hält durch und kämpft gegen den immer wiederkehrenden Versuch seiner *„Gegenspieler"* sich und ihr Unternehmen zu *„entsichern"*. Dabei kann der Job durchaus Spaß machen, wenn man sich auf die beteiligten Akteure, ihre Sorgen und Zwänge besser einstellt.

Mausefalle Security

Welcher Sicherheitsprofi kennt das nicht: Sicherheitsmaßnahmen lösen Widerstand aus und sorgen für Konflikte. Sicherheitsprofis leben tagein, tagaus mit Begriffen wie *Bedrohung, Risiko* oder *Schwachstelle*. Für die, die die ersten Jahre im Job überstehen, ist die Security-Branche eine Mausefalle. Wer einmal in dieser Falle gefangen ist, findet selten den Ausgang, der zurück in den vormaligen Geisteszustand leitet.[3] In vielen Fällen stand die Tätigkeit im Bereich der Cybersicherheit nicht einmal auf dem Berufswunschzettel.[4]

Denken in Risiken

Sicherheitsprofis denken mit der Zeit in Risiken und nach und nach geht das Wissen darüber verloren, dass man auch ein Leben führen kann, in dem man sich nicht immer und immer wieder die Frage stellt, was bei dieser oder jener Sache alles schief gehen kann. Auch das ist ein Ursprung der vielfältigen Konflikte in der Security-Welt: Und so verlieren wir mit der Zeit das Verständnis für Menschen, die in Chancen denken und nicht in Risiken.

Blick über den Tellerrand

Stöbert man in der Buchhandlung durch das Angebot an Konfliktliteratur, wird man mit einem fast unüberschaubaren Angebot konfrontiert. Eine Vielzahl von Büchern versprechen

---

3 Frei nach Egmont Colerus, der das Bild zum veränderten Geisteszustand für die Mathematik benutzt; Vom Einmaleins zum Integral; 1947; Zsolnay; ASIN: B0000BH6NV

4 known_sense (Herausgeber); Aus der Abwehr in den Beichtstuhl – Qualitative Wirkungsanalyse CISO & Co.; 2008; known_sense; Seite 11

Lösungen für die Konflikte des Alltags. Betrachtet man als Sicherheitsprofi dann die Inhaltsverzeichnisse und Buchrücken, so stellt man fest, dass sich immer nur ein sehr kleiner Teil des Inhalts auf den eigenen beruflichen Alltag anwenden lässt. Die Kernprobleme, denen man sich im Bereich der Cybersicherheit jeden Tag stellen muss, werden meist nur am Rande betrachtet. Das vorliegende Buch fasst die wichtigsten Erkenntnisse und Erfahrungen aus Literatur und Praxis zusammen und wendet sie auf die Herausforderung in den gängigen Jobs der Branche an.

Kapitel 1

In dieser Einführung wird ein grober Überblick über die Motivation für dieses Buch gegeben und Sie erhalten einen groben Überblick über die vor uns liegenden Kapitel.

Kapitel 2

Im zweiten Kapitel über die Security-Bühne werden die Hauptakteure vorgestellt, mit denen die Beauftragten für physische Sicherheit, Informationssicherheit und technischen Datenschutz zu tun haben – allen voran das Top-Management. Wie erreicht man es, sie auf die *„sichere Seite"* zu locken? Welche Themen sind ihnen besonders wichtig und wie kann man sie für das Thema Sicherheit gewinnen?

Nicht weniger wichtig sind die Mitarbeitenden und deren Interessenvertretungen. Welche Rollen vertreten sie? Schon im ersten Kapitel werden die Knackpunkte angesprochen, die es im Verlauf des Buchs zu vertiefen gilt. Fallbeispiele aus der Praxis veranschaulichen die Themen vom ersten bis zum letzten Kapitel.

Kapitel 3

Nachdem im zweiten Kapitel die Hauptakteure unter die Lupe genommen wurden, befasst sich Kapitel 3 mit der Frage, was Security-Konflikte sind und was sie von anderen Konflikten unterscheidet. Warum geraten gerade Informations- und IT-Sicherheitsbeauftragte, Datenschützer, CISOs und Co. immer wieder in die *„Buhmann-Falle"* und was ist zu tun, um das in Zukunft zu vermeiden? Neben theoretischen Tools, wie dem Verhaltenskreuz und dem Normenkreuz, stellen weitere Fallbeispiele den Bezug zur Praxis her. Ein besonderes Augenmerk liegt auf einer ganz besonderen Art von Konflikten, die Sicherheitsprofis selbst betreffen: Interessenkonflikte. Was tun, wenn Cybersicherheit nur der Zweit- oder gar Dritt-Job ist?

Kapitel 4

Besser als in Security-Konflikten festzustecken und sie als solche zu erkennen ist natürlich, sie erfolgreich zu bewältigen und sie nicht eskalieren zu lassen. Die richtige Kommunikations- und Motivationsstrategien sind Inhalt des vierten Kapitels. Wie vermeidet man durch eine klare Kommunikation konsequent die Art von Missverständnissen, die in den ersten Kapiteln betrachtet wurden? Wie motiviert man mit Live-Hackings und Penetration-Tests auch das unmotivierteste Management und welche Bedeutung haben Awareness-Kampagnen für die Motivation der Mitarbeitenden. Nicht zuletzt stellt sich die Frage, wie man sich als Sicherheitsprofi selbst motiviert – immerhin scheint man einen schier aussichtslosen Kampf gegen Sicherheitsvorfälle zu führen – 100 % Sicherheit gibt es eben nicht.

Kapitel 5

Neben all diesen Möglichkeiten stellt sich die Frage, welche weiteren Blickwinkel sich anbieten, um Informationssysteme zu beleuchten. Wie kann man Stellen finden, an denen man mit weiteren Hebeln ansetzen kann, um die Sicherheitskultur des Unternehmens oder der Behörde, in der man tätig ist, voran zu treiben. Das fünfte Kapitel greift diese Blickwinkel und Hebel auf und möchte Denkansätze bieten, die es ermöglichen, sich weiteres Potential in der Verbesserung der Sicherheitskultur zu erschließen. Dazu gehört für Sicherheitsprofis auch eine gesunde Portion Marketing in eigener Sache und das Selbstbewusstsein, die gemeinsam erreichten Erfolge zu kommunizieren. *„Security ist Cool"* lautet daher eine wesentliche Botschaft des fünften Kapitels, das Sicherheitsprofis darüber hinaus dazu aufruft: *„Tue Gutes und rede darüber"*.

Kapitel 6

Was aber gibt es für Möglichkeiten, wenn der Widerstand der Mitarbeitenden überhandnimmt und einfach nichts funktionieren will? In solchen Fällen ist es notwendig, den strittigen Sicherheitsmaßnahmen in geregelten Eskalationsstufen Gehör zu verschaffen. Das sechste Kapitel beschäftigt sich aber nicht nur damit. Es beleuchtet auch den Umgang mit der internen und externen Kommunikation von Sicherheitsvorfällen. Wie bremst man die Gerüchte-Küche und wie informiert man Mitarbeitende, Top-Management und Öffentlichkeit in einer Situation, in der man eigentlich mit dem Sicherheitsvorfall beschäftigt ist. Die letzte große Herausforderung ist es, wenn die Unterstützung von höchster Stelle fehlt und die Sicherheitsprofis auf scheinbar verlorenem Posten stehen.

Dieses Kapitel ergänzte bereits die zweite Auflage um die Aspekte des Konfliktmanagements, die sich speziell in Projekten ergeben. Wir betrachten dazu die Unterschiede und Gemeinsamkeiten der Arbeit in Linie und Projekt und stellt zusätzliche Interessengruppen vor, die das Projektgeschäft bestimmen. Die Projektarbeit hält einiges an Herausforderungen für Informations- und IT-Sicherheitsbeauftragte, Datenschützer, CISOs und Co. bereit. In der dritten Auflage werden wir dabei auch auf die Herausforderungen des agilen Projektmanagements unter dem Schlagwort DevSecOps eingehen. Kapitel 7

Erst, wenn Informations- und IT-Sicherheitsbeauftragte, Datenschützer, CISOs und Co. all diese Klippen umschifft haben, kommen sie allmählich wieder in ruhigeres Fahrwasser. Im achten Kapitel wird es Zeit Resümee zu ziehen und die Inhalte der bisherigen Kapitel komprimiert darzustellen. Das Buch schließt daher mit zehn Leitsätzen zum Konfliktmanagement, die den Inhalt des Buchs auf kurze, prägnante Formeln bringen, die in der täglichen Arbeit wichtig sind. Kapitel 8

Die meisten von uns haben in der Schule gelernt, nichts in Bücher zu schreiben. Das halte ich für einen großen Fehler. Wahrscheinlich könnte man den Notenschnitt an Schulen deutlich heben, wenn Schüler in ihre Bücher schreiben dürften. Ich möchte Sie daher einladen, sich im Buch Notizen zu machen. Sie werden das Buch dann wahrscheinlich nicht mehr gebraucht verkaufen können, aber Sie erhöhen den Wert für sich dadurch um ein Vielfaches. Lesen Sie dieses Buch am besten immer mit einem Stift in der Hand. Streichen Sie an, was immer Ihnen gefällt, und streichen Sie durch, was für Ihre konkrete Situation uninteressant ist. Wenn die Stelle in einem Jahr für Sie wichtig wird, werden Sie sie schnell wiederfinden. Streichen Sie nicht nur an und durch; kommentieren Sie und nummerieren Sie sich Denkschritte am Rand mit. So werden auch eher theoretische Abschnitte zum Machen Sie sich Notizen ganz praktischen Arbeitsabschnitt. Welchen Vorteil sollte man sonst haben, ein Buch aus Papier zu kaufen? Nutzen Sie diese Möglichkeiten.

Offene Quellen

Das Buch enthält zahlreiche Quellenangaben und Literaturhinweise. Soweit es möglich war, habe ich versucht meine Aussagen durch offene Quellen im Internet zu belegen. Dadurch ist es möglich, sich mit wenigen Klicks und mit Hilfe der Google Buchsuche unter http://books.google.de nach weiterführender Literatur umzusehen. Die Bücher auf google.de sind zwar teilweise nur als eingeschränkte Vorschau verfügbar, diese reicht aber meist aus, sich ein Bild davon zu machen, ob sich der Kauf eines Buchs lohnt oder nicht – ähnlich einem Durchblättern im Buchladen.

Bei Gesetzen und Standards können die Quellen auch leicht als PDF gefunden werden. Auf einen Link habe ich verzichtet, da sich die URLs mit der Zeit ändern. Sie werden die Dokumente in jeder leistungsfähigen Suchmaschine finden. Diese im Internet verfügbaren *„Papier-Quellen"* sind am Ende der Fußnote durch ein solches Fähnchen gekennzeichnet: ⚐

Online-Quellen wurden jeweils mit Angabe der URL und des Datums der Einsichtnahme aufgeführt. Einige Seiten, können zusätzlich im ursprünglichen Zustand, in dem sie gesichtet wurden auf http://www.archive.org nachrecherchiert werden. Archivierungen der ersten Auflage unter http://www.webcitation.org sind leider nicht mehr verfügbar.

2.

Kapitel

2 Willkommen auf der Security-Bühne

> *„Die ganze Welt ist wie eine Bühne, wir stolzieren und ärgern uns ja ein Stündchen auf ihr herum, und dann ist unsere Zeit um. Doch was hat es mit der Bühne auf sich und mit den Gestalten, die sie bevölkern?"*
> *-- Erving Goffman*[5]

Für Erving Hoffman ist die ganze Welt wie eine Bühne. In den Mittelpunkt seines Interesses stellt er die Menschen und mit Recht fragt er, was es mit ihnen auf sich hat. Auf einem Teil dieser Welt-Bühne spielt sich der Alltag von Informations- und IT-Sicherheits-beauftragten, Datenschützern, CISOs und Co. ab.

Auf dieser Security-Bühne wird ein ganz besonderes Programm geboten: Als zum Beispiel der Datenschutzbeauftragte die Videokameras vor den Werkstoiletten zum ersten Mal sieht, stellt er

---

5 Erving Goffman; Rahmen-Analyse. Ein Versuch über die Organisation von Alltagserfahrungen; 1996; Suhrkamp; ISBN 978-3518279298

S. Klipper, *Konfliktmanagement für Sicherheitsprofis*, Edition <kes>,
https://doi.org/10.1007/978-3-658-31841-3_2

erschüttert fest: *„Ich glaub, ich bin im falschen Film."* Der Werksleiter, der die Kameras installieren ließ, sagt dazu nur: *„Machen sie nicht so ein Theater*!" Der aktuelle Ransomware-Vorfall ist *„eine Tragödie"*: Das ganze Netz ist verseucht und alle vorhandenen Backups sind auch verschlüsselt. Für bessere Backup-Systeme war kein Geld da – die Raucherecke musste überdacht werden und der Vorstand brauchte einen größeren Fernseher. Nicht anders sieht es mit der forensischen Untersuchung der Protokolldateien aus: *„Ein Krimi"*.

Hallo, ich bin Sebastian, Ihr Autor. Willkommen auf der Security-Bühne!

Abbildung 1: Willkommen auf der Security-Bühne

Auf der Security-Bühne sind die Sicherheitsprofis zugleich für Drehbuch, Regie und Heldenrolle zuständig – sie sind das Zentrum des Stücks, das gegeben wird. Leider arbeiten sie mit Personen zusammen, die ungern Drehbücher lesen und eher auf das Stegreiftheater spezialisiert sind. Alles in allem ergibt sich so ein Schauspiel, bei dem die Regie mit auf der Bühne steht und jedem den Text des Stücks hinterhertragen muss.

Wir wollen uns im Folgenden ein Beispiel einer solchen Bühne anschauen:

Das Publikum der Security-Bühne ist erlesen. Es besteht neben den Mitarbeitenden zum Beispiel aus Security-Redakteuren aller Couleur. Unter ihnen die schärfsten Kritiker, die der Vorstellung ohnehin nur beiwohnen, weil sie über die Schwächen des Stücks berichten wollen. Die Fachzeitschriften und Online-Portale, für die sie arbeiten, berichten nicht über Sicherheit, sondern über Unsicherheit.

Andere wiederum schauen sich das Stück an, um an Informationen zu kommen, die normalerweise hinter den Bühnenaufbauten versteckt sind. Vielleicht plappert einer der Schauspieler die Pointe des nächsten Stücks noch vor dessen Erstaufführung aus.

Einige sind auch nur gekommen, um ziellos einige Tomaten in Richtung Bühne zu werfen in der Hoffnung die Handlung zu stören – dann haben die Security-Redakteure wieder was zum Schreiben. Manche Redakteure bezahlen die Tomaten-Werfer sogar dafür. Wieder andere bieten ihre Dienste zum Schutz vor Tomaten-Werfern im Jahres-Abo an. Auch von denen werden die Werfer ab und an finanziell unterstützt.

Ein besonders netter Zuschauer steht mahnend vor dem Orchestergraben und versucht die Akteure darauf hinzuweisen, dass jederzeit jemand das Bühnenlicht ausschalten könnte, weil der Schalter frei zugänglich ist. Da der Security-Held gerade als Regisseur einem Schauspieler den Text zum zehnten Mal erklären muss, hört er von der berechtigten Mahnung nichts.

Der Schauspieler, der die Rolle des Geschäftsführers spielt, gibt gerade auf der anderen Seite der Bühne ein Interview. Er berichtet von dem immensen Aufwand, mit dem die Bühnenbeleuchtung modernisiert wurde: „Damit steht unser Theater an der Weltspitze", berichtet er den Reportern voller Stolz und hält den Schumi-Daumen in die Kameras.

Die Bühne ist von einem wilden Durcheinander überzogen, in dem der Security-Held langsam aber sicher verrückt wird und obendrein das Gefühl nicht los wird, langsam aber sicher die Kontrolle zu verlieren.

Abbildung 2: Das Chaos auf der Security-Bühne ist fast perfekt

Sie ahnen vielleicht, was jetzt passiert: Einer der Tomaten-Werfer trifft mit einem ungezielten Wurf den Lichtschalter: Zack alles dunkel! Alle Security-Redakteure im Publikum drücken routiniert auf den rechten Knopf der mitgebrachten Stoppuhr: „Mal sehen, wie lange es diesmal dauert, bis wieder Licht an ist."

Der Geschäftsführer bricht das Interview ab und will sofort „diesen Security-Heini" sprechen. Der geprellte Redakteur interviewt den Tomatenwerfer: „Die sind so doof, ich musste nicht Mal zielen!" Der Mahner am Orchestergraben verhandelt mit einer Traube heißhungriger Redakteure das Honorar für ein Exklusiv-Interview: „Ich hatte den Regisseur rechtzeitig vor diesem Fiasko gewarnt."

Unser Security-Held, der versucht hatte, die Regie zu führen sitzt mit erschrockenem Gesicht bei dem uneinsichtigen Schauspieler, dem er eben noch zum zehnten Mal den Text vorgesagt hatte. Im trüben Flacker-Licht der Notbeleuchtung sagt dieser zum ersten Mal auch etwas: „Wofür bekommen sie hier eigentlich ihr Geld, wenn da dauernd das Licht ausgeht!"

Ist das Ihr Theater?

Bei einigen Lesern macht sich jetzt sicher die Erkenntnis breit, dass sie in einem ähnlichen Theater arbeiten – vermutlich auch als Regisseur! Aber keine Angst, wie gesagt kommt dem Regisseur auch die Heldenrolle zu. Das gelingt aber nur, wenn er den

Überblick behält und genau weiß, welche Stärken und Schwächen seine Protagonisten haben. Wenn er es hinbekommt, dass die Schauspieler auch mal ohne ihn zurechtkommen, kann er den Lichtschalter notfalls persönlich bewachen.

Es gibt mehr als nur die Security-Bühne

Die Protagonisten sind es gewohnt, aus dem Stegreif zu spielen. Damit muss man leben. Es macht keinen Sinn, sie verbiegen zu wollen. Stattdessen macht es Sinn, nach einer anderen kommunikativen Ebene zu suchen. Auch wenn es oft für Sicherheitsprofis in den Hintergrund tritt: Alle Akteure haben an anderen Bühnen Engagements für Hauptrollen oder sind gar selbst Regisseur. Sie spielen auf Geschäftsführungsbühnen, Verkaufsbühnen, Logistikbühnen, oder irgendwo anders im Unternehmen. Auf der Security-Bühne jedoch treten sie nur nebenbei auf. Die meisten nicht einmal freiwillig – deshalb kennen sie auch nie den Text.

Kennen Sie Ihr Unternehmen?

Nicht zufällig fordert die ISO 27001[6] ganz zu Beginn seit ihrer Fassung von 2013 zusätzlich auch *understanding the organization* und *understanding the needs and expectations of interested parties. Kenne dein Unternehmen* lautet die Botschaft – die Security-Bühne ist letztlich eine Nebenbühne, die besondere Herausforderungen mit sich bringt, wenn man Erfolge feiern will und nicht nur negative Schlagzeilen möchte. Will der Regisseur nicht zwischen den Akteuren zerrieben werden, muss er sich eingehend mit ihnen auseinandersetzen, sie studieren. Einer der wichtigsten Punkte ist hierbei, sich mit den Hauptrollen auseinanderzusetzen, die sie spielen. Was beschäftigt sie?

Die richtigen Fragen stellen

Im Grunde muss man sich dieselben Fragen stellen, die sich auch die Mitarbeitenden im Vertrieb stellen müssen, um ihre Produkte an den Mann oder die Frau zu bringen: Welchen Zwängen unterliegen die Personen des Dramas; welche Ziele verfolgen sie mit welchen Prioritäten?

Eine weitere wichtige Frage ist, welche Risiken sie beunruhigen. Das schätzt nicht jeder gleich ein, weil sich ein konkreter Schadensfall unterschiedlich auf die Betroffenen auswirkt. Die im Sicherheitskonzept beschriebenen Sicherheits-Risiken müssen daher in Risiken für die Mitarbeitenden übersetzt werden.

6 ISO/IEC 27001; Information Security Management Systems – Requirements

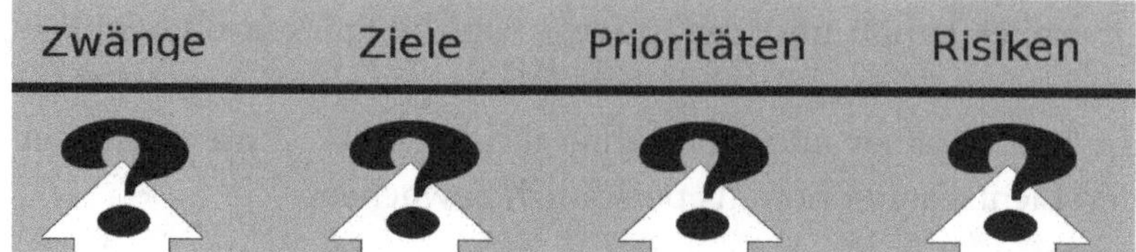

Abbildung 3: Die vier Problemfelder der Akteure

Unterschiedliche Problemfelder

Im Eingangsbeispiel haben wir bereits die wichtigsten Personen auf der Security-Bühne kennen gelernt. Im Folgenden sollen diese nun genauer unter die Lupe genommen werden. Wir wollen diese Überlegungen beim Management beginnen und uns über die Security-Fachleute zu den Mitarbeitenden durcharbeiten. Am Ende werden die Zwänge, Ziele, Prioritäten und Risiken für all diese Gruppen wie eine übersichtliche Landkarte vor uns liegen.

2.1 Geschäftsleitung, Behördenleitung und oberes Management

Das Top-Management

In einer GmbH die Geschäftsführerin, in einer AG der Vorstand, in einer Behörde der Dienststellenleiter – im Folgenden fassen wir all diese Bezeichnungen unter dem Begriff *Top-Management* zusammen. Wenn es darum geht, die Verantwortlichen zu finden, ist man auf dieser Ebene goldrichtig.

Das Leben der Informationssicherheits- und Datenschutzbeauftragten sollte also ziemlich einfach sein. Leider sind die genannten Akteure wahre Meister darin, für ihre Verantwortung andere Schuldige zu finden, wenn es zum Schwur kommt. Aber eins nach dem anderen; noch sind wir nicht bei den Konflikten.

Der erste Akteur, den wir näher beleuchten wollen, ist die Diva unseres Ensembles. Das Top-Management kennt jeder. Immer im Mittelpunkt umgibt die Führungsriege eine unnahbare Aura. Einige bezeichnen sie als abgehoben und launenhaft. Es wurde berichtet, dass es schon Mal laut werden kann, wenn die Tagesform im Keller ist. Die Hauptrolle spielt das Top-Management in dem Bühnenstück *Being the Boss*. In den Abteilungen des Unternehmens gibt es nur Gastspiele. Das gilt auch für die Security-Bühne. Die Rolle als *Boss* fordert das ganze Talent und die ganze

Hingabe der Betroffenen. Wenn wir wissen wollen, was das Top-Management umtreibt, dann müssen wir uns mit dieser Rolle auseinandersetzen.

Ziele des Top-Managements

Das Bühnenstück *Being the Boss* beruht auf dem Sachbuch Gewinnmaximierung und Rentabilitätsmaximierung als Ziel erwerbswirtschaftlich orientierter Unternehmungen und die Erreichung dieses Zieles durch optimalen Einsatz des Eigenkapitals[7]. Das Buch ist von 1967. Die Lochkartenmaschine IBM 601 ist da schon 32 Jahre alt und Konrad Zuses Z1 steht kurz vor dem 30. Geburtstag. Alles in allem spielte damals die Sicherheit von Unternehmensinformationen aber noch eine untergeordnete Rolle. Daran hat sich in den meisten Unternehmen bis heute leider nicht viel geändert.

Zumindest der Titel des Buchs aus den Sechzigern ist auch heute noch der Maßstab, an dem sich das Top-Management der meisten Organisationen dieser Welt messen lassen (müssen). Bei der Erreichung dieses Ziels steht das Top-Management meist alleine da. Die öffentliche Meinung schlägt die erwirtschafteten Gewinne oft der Arbeit der Belegschaft zu. Verluste sind auf mangelndes Management zurückzuführen. Kurz: Als herausgehobene Führungskraft hat man es nicht leicht.

Mitleid?

Uns geht es aber nicht darum Mitleid vorzutäuschen. Unsere Neugier richtet sich auf die Beweggründe, die Menschen auf dieser Ebene umtreiben. Wenn wir etwas erreichen wollen, müssen wir uns darauf einstellen. Dabei ist es uns durchaus erlaubt, aus unserer Sicht an der Sache vorbeizureden, wenn das zum Erfolg führt. Sicherheitsprofis reden viel zu oft von der Sache und werden in der Folge nicht richtig verstanden.

Buch mit 7 Siegeln

Sie fragen sich vielleicht, was daran falsch sein soll, von der Sache zu reden. Das liegt daran, dass Sie wahrscheinlich selbst Sicherheitsprofi sind und zur Sache viel zu sagen haben. Sie kennen Sicherheitsziele; Sie wissen in welcher Reihenfolge vorhandene Risiken anzugehen sind und Sie haben genaue Vorstellungen zu sicherem Betrieb und Nutzung moderner Kommunikationstechnik. Die Problemfelder der Security-Bühne sind für Sie

7 Hans-Ferdi Jennihsen; Gewinnmaximierung und Rentabilitätsmaximierung als Ziel erwerbswirtschaftlich orientierter Unternehmungen und die Erreichung dieses Zieles durch optimalen Einsatz des Eigenkapitals; 1967; Westdeutscher Verlag; ASIN: B000BRSM8

ein offenes Buch, das Sie frei zitieren. Was für Sie ein offenes Buch ist, ist für Ihr Top-Management andererseits ein Buch mit sieben Siegeln.

Abbildung 4: Die 2-aus-3-Entscheidung

Es hilft nichts: Auf diesem Weg kommt man nicht zum Ziel. Selbst wenn: In der Sprache des o. a. Buchs über die Gewinnmaximierung brauchen Sie bestenfalls die Hälfte der Worte. In dessen Nachbarschaft in der Bibliothek finden Sie auf den Buchrücken eine ziemlich genaue Beschreibung der Motive an der Spitze von Organisationen. Wenn Sie mit Ihrem Top-Management sprechen, dann müssen Sie derne Problemfelder ansprechen. Welche Zwänge, Ziele, Prioritäten und Risiken beschäftigen sie? Das ist die wichtigste Frage.

Die 2-aus-3-Entscheidung

In Abbildung 4 sehen Sie den klassischen Fehler. Was der Sicherheitsprofi fragt, ist auf die Security-Problemfelder zugeschnitten. Der Chef übersetzt die Frage in seine Problemfelder – die Antwort war zu erraten. Ein ähnliches Missverständnis aus dem täglichen Leben spielt sich so oder so ähnlich jeden Samstagnachmittag in deutschen Wohnzimmern ab:

> *„Schatz, wollen wir um 18 Uhr zu Heidi und Günther gehen und uns mal den kleinen Felix anschauen? Der kann mittlerweile laufen. Oder willst Du lieber Sportschau sehen?", fragt Simone ihren Freund Michael.*
>
> *„Sportschau", lautet Michaels karge Antwort.*

Die Ziele und Zwänge, denen Simone und Michael unterliegen, scheinen nicht deckungsgleich zu sein. Schon gar nicht die Prioritäten! Wenn Simone sich auf Michaels Problemfelder einstellt, kann sie ihre Ziele besser erreichen:

> *„Schatz, wollen wir die Sportschau heute bei Heidi und Günther anschauen? Die beiden Grillen und stellen den neuen Fernseher im Garten auf. Danach könnt ihr Männer mit dem kleinen Felix kicken, der kann nämlich schon laufen."*
>
> *Michaels Antwort lautet diesmal: „Das hört sich toll an. Machst Du wieder Deinen sensationellen Nudelsalat?"*

Die richtigen Fragen stellen

Wenn wir also die Antwort auf eine Frage schon vorwegnehmen können, bleibt nur übrig, die Frage anzupassen. Natürlich ist das auf den ersten Blick mit mehr Arbeit verbunden und diese Arbeit geht auch meist am eigentlichen Thema vorbei, aber: Sie zeigt Wirkung. Simone muss sich mit Heidi zusammentun, ein Grillen planen und einen Nudelsalat machen. Trotzdem: Ziel erreicht.

Zurück zum Thema

Kommen wir also zu dem Motiv zurück, das Top Management umtreibt: *Gewinnmaximierung und Rentabilitätsmaximierung und die Erreichung dieses Zieles durch optimalen Einsatz des Eigenkapitals*. Auf dieser Grundlage können wir die Problemfelder bestimmen, in denen wir unsere Security-Botschaften ausdrücken müssen. Ganz oben auf der Agenda steht das Ziel *Gewinn- und Rentabilitätsmaximierung*. Zu erreichen ist es durch den optimalen Einsatz des Eigenkapitals.

Der Zwang des Top-Managements

Das ist der äußere Zwang, den die Eigenkapitalgeber dem Top Management auferlegen. Aus dem Ziel und dem Zwang leiten sich die Prioritäten ab, nach denen Entscheider vorgehen. Welche Risiken nimmt das Top-Management also wahr?

> *Der Informationssicherheitsbeauftragte Tim steht vor dem Geschäftsführer: „Chef, auf der Webseite der Bundeswehr sind nach einem Hack zwei schräge Typen abgebildet, die in einem Cabrio durch die Wüste fahren. Über dem Bild steht make love, not war ;) Das könnte uns auch passieren!“*
>
> *„Wird es aber nicht“, sagt der risikofreudige Chef. „Wir sind nicht die Bundeswehr“, bemerkt er lachend und das Gespräch ist beendet.*

Versuchen Sie es selbst. Versuchen Sie, das von Tim beschriebene Problem in den Problemfeldern (Zwänge, Ziele, Prioritäten und Risiken) des Chefs wirken zu lassen. Vielleicht kommen Sie zu einem ähnlichen Ergebnis wie ich:

> *„Chef, unser Kerngeschäft ist gefährdet. Wir stehen dem Problem gegenüber, dass eine Stunde Ausfall unserer Webseite, Bestellungen in hoher fünfstelliger Höhe verhindert. Der Vertrieb geht davon aus, dass auch in diesen kurzen Zeiträumen Kunden dauerhaft verloren gehen. Die Marketing-Abteilung schätzt den Aufwand zur Stabilisierung der Nachfrage nach einem Ausfall von nur einem Tag im unteren fünfstelligen Bereich. Aktuelle Vorfälle führen zu Ausfällen von bis zu drei Tagen. Wenn wir die Absicherung der Webseite geschickt nutzen, könnten wir damit sogar neue Kunden ansprechen. In der Firmenzentrale in den USA sind diese Maßnahmen schon umgesetzt. Auch die Konkurrenz hat sich weitestgehend auf diese Risiken eingestellt.“*

Richtig übersetzen

Das zieht – versprochen! Es zieht, weil es die Risiken aufzeigt, die den Priorität-1-Zielen des Chefs entgegenstehen. In den letzten beiden Sätzen wird das Ganze noch mit ein wenig Zwang nachgewürzt und fertig. Wenn die Nebenrolle auf der Security-Bühne für den Chef existenzbedrohend wichtig wird, wenn er denkt er verliert bei schlechter Performance seine Hauptrolle, dann sind Sie auf dem richtigen Weg.

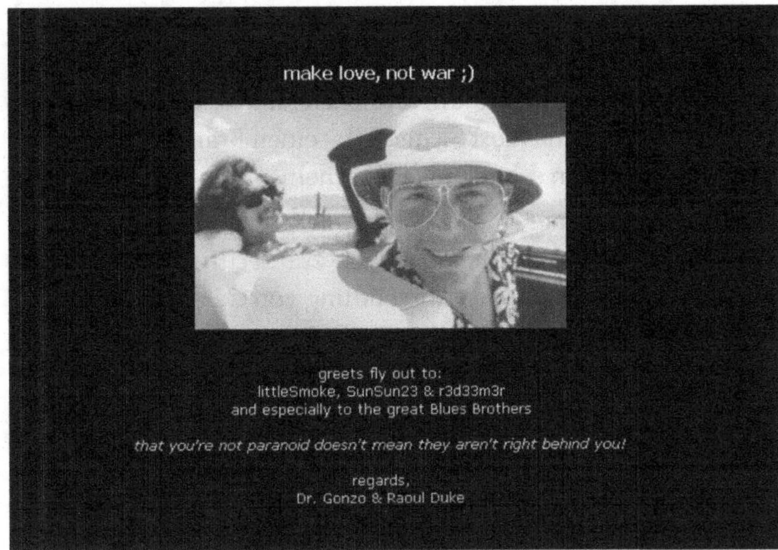

Abbildung 5: Bundeswehr.de am 19.01.2003[8]. Fast 20 Jahre alt, aber immer noch mein persönliches Lieblings-Defacement

Das Top-Management als Risiko

Sich der Unterstützung des Top-Managements zu versichern ist eine der wichtigsten Aufgaben der Sicherheitsprofis, die auf allen ToDo-Listen ganz oben stehen muss. Alle anderen Sicherheits-Maßnahmen werden davon beeinflusst, ob sie vom Top-Management unterstützt werden. Wenn das Top-Management selbst das größte Sicherheitsrisiko ist, wird es schwer, Erfolge bei der Stärkung der Sicherheitskultur zu erreichen. Wie man Geschäftsleitung, Behördenleitung und oberes Management für Sicherheit begeistern kann, wird in Abschnitt 4.4.2 ausführlich beleuchtet.

2.2 Sicherheitsprofis

Security = Security?

Bisher haben wir – mit einigem Leichtsinn – von *der* Security-Bühne gesprochen, ganz so als gäbe es einen homogenen, von allen gleich verstandenen Sicherheitsbegriff. Im Gegenteil: Es gibt eine nahezu grenzenlose Fülle von Sichtweisen auf das Thema. Mit dem Schlagwort Sicherheit wird heute so manche Idee verkauft. Die Nuancen und Spezialisierungen, in denen sich die Security-Branche entwickelt hat, sind wenig transparent.

8 Das gezeigte Bild stammt aus dem Film Fear and Loathing In Las Vegas. Der Vorfall führte mit zur Gründung des CERT-Bw – nach Vorfällen sind Entscheider übrigens auch sehr empfänglich für Security-Themen.

Spezialisierung

Normalerweise entstehen Spezialisierungen in einem Fachgebiet zur wirtschaftlichen Optimierung von Arbeitsabläufen. Dabei bildet sich eine Baumstruktur des Fachgebiets. Will man sich – ausgehend von dem Wort Sicherheit – einen Branchenbegriff erarbeiten, gerät man schnell ins Straucheln.

Frei von Gefahr

Sicherheit bezeichnet einen Zustand, der frei von Gefahr ist. Das würde alle Firmen und Institutionen zur Security-Branche hinzurechnen, die sich mit der Abwendung von Gefahren auseinandersetzen. Das erinnert weniger an eine Baumstruktur, als an einen Trichter, in den eine Unzahl loser Begriffe gegossen wird.

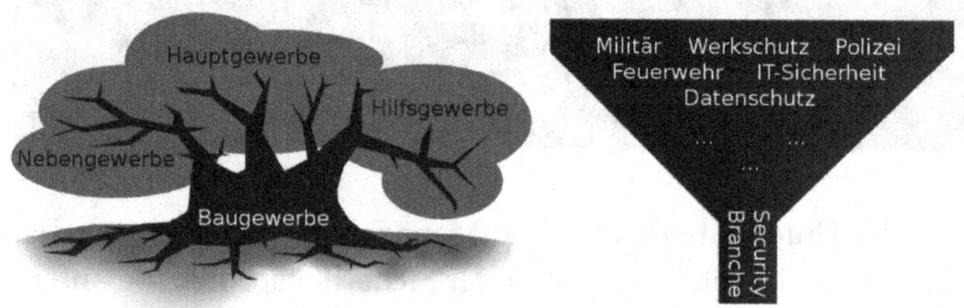

Abbildung 6: Manche Branchen werden durch Verordnungen gegliedert. In der Security-Branche existiert so eine Systematik nicht

Das Militär soll die äußere Sicherheit eines Landes garantieren; die Polizei vertritt die Innere Sicherheit; Arbeitssicherheit, Feuerwehr und Werkschutz; IT-Sicherheit, Datenschutz etc. Selbst der Schlosser, der mit seinem Schlüsseldienst unzählige Wohnungstüren sicherer gemacht hat, gehört so der Security-Branche an.

Was machen Sie eigentlich beruflich?

Als Sicherheitsprofi kennen Sie sicher das Problem, dass es nicht ganz so einfach ist, einem Außenstehenden die Frage zu beantworten, was man eigentlich beruflich macht: *„Ich arbeite in der Security." „DU bist Türsteher?"* Und selbst wenn man mehr Zeit hat: Es ist schwer zu beschreiben, womit man den ganzen Tag so seine Zeit verbringt. Aber es gibt zumindest einige griffige Job-Beschreibungen. Welche das im Einzelnen sind, weicht teilweise erheblich voneinander ab. Drei Funktionen haben sich jedoch herauskristallisiert, die sich gut unterscheiden lassen:

- Zunächst haben wir die Sicherheitsbeauftragten. Die Akteure auf der Security-Bühne der klassischen Unternehmens-

und Behördensicherheit sind gut eingespielt. Zu Zeiten des Kalten Kriegs liefen sie zur Hochform auf, auch wenn manch einem das Programm heute ein wenig verstaubt erscheint. Wachschutz, Spionageabwehr und Sicherheitsüberprüfung sind die passenden Schlagworte, die in der Welt der ISO/IEC 27001 als *physical security* zusammengefasst werden.

- Eine zweite Gruppe bilden die Datenschutzbeauftragten. Die Datenschutzgesetze machen es uns in diesem Fall einfach, den Tätigkeitsbereich abzugrenzen. Die gesetzlichen Regelungen sind der Text, nach dem auf der Security-Bühne der Datenschützer gespielt wird. Spätestens seit Inkrafttreten der EU Datenschutz Grundverordnug haben diese Regelungen auch großen Einfluss auf die nächste Gruppe.
- Für die dritte Gruppe von Sicherheitsbeauftragten stehen Informationssysteme und die mit ihnen verarbeiteten Informationen im Mittelpunkt. Eine ganze Reihe von Stellenbezeichnungen müssen hier eingeordnet werden. Hierzu gehören IT-Sicherheitsbeauftragte, (C)ISOs [(Chief) Information Security Officers] oder auch Informationssicherheitsbeauftragte.

Wir wollen nun diese drei Spezialisierungen näher betrachten. Die Personen, die diese Funktionen wahrnehmen, treten jeweils in der Rolle als Regisseur und Held der Security-Bühne in Erscheinung – in vielen Fällen zu dritt auf einer Bühne.

Abbildung 7: Viele Köche verderben den Brei: technischer Datenschutz, IT-Sicherheit und klassische Unternehmenssicherheit dürfen sich nicht gegenseitig übertrumpfen oder konkurrieren

Zwänge, Ziele, Prioritäten und Risiken

Wie schon im Abschnitt über das Top-Management wollen wir auch hier fragen, durch welche Zwänge und Ziele die drei Akteure gesteuert werden, welche Prioritäten sie setzen und welche Risiken für sie wichtig sind. Wir werden sehen, dass diese bei den unterschiedlichen Sicherheitsprofis nicht gleich sind. Vielmehr muss man sich die Problemfelder als Scheiben vorstellen, die sich nur teilweise überdecken. So entsteht ein Spiegel der Unternehmens- oder Behördensicherheit. Manche Bereiche werden von allen drei angegangen, bei anderen Dingen stehen sie alleine da.

2.2.1 Sicherheitsbeauftragte

Seit Sicherheit organisiert werden muss, gibt es Sicherheitsbeauftragte. Schon zur Zeit des Pharao Ramses IX (1127/1128 bis 1100 v. Chr.) gab es für das Tal der Könige einen Sicherheitsbeauftragten.

Sicherheitschef Pawero

Er hieß Pawero und hatte mit einer wahren Plage von Grabräubern zu kämpfen. Plünderungen der Gräber waren damals sehr beliebt, besonders, weil man sich durch Bestechung mit der Beute freikaufen konnte. So richtig ernst nahmen die Sicherheitsleute ihren Job also nicht, war es doch ein erträgliches Zubrot sich zum Teilhaber der Angreifer zu machen.

Der Fall Amenpanufer

Der Fall des Grabräubers Amenpanufer verlief jedoch anders[9]: Unter Folter offenbarte er das ganze Ausmaß der Korruption. Zahlreiche Wachen, Beamte und Kaufleute wurden so überführt und hingerichtet. Aber das war noch nicht alles: Die Geschichte sollte zeigen, dass Pawero – der *„Getreue des Pharao"* – an der Spitze der Bande stand. Wir kommen später darauf zurück, wie wichtig es ist, Interessenkonflikte zu vermeiden.[10]

Der „Fall" der Chinesischen Mauer

Etwas später, zur Zeit des Kaisers Qin Shiuangdi (Ende des 3. Jahrhunderts v. Chr.) waren General Meng-tian und sein Beraterstab mit der Konzeptionierung der Sicherheit beauftragt.[11]

---

9 Pascal Vernus; Affairs and Scandals in Ancient Egypt; 2003; Cornell University Press; ISBN 978-0801440786; Seite 5 ff

10 Siehe Abschnitt 3.4 - Interessenkonflikte

11 Julia Lovell; Die Große Mauer: China gegen den Rest der Welt. 1000 v. Chr. – 2000 n. Chr.; 2007; ISBN 978-3-8062-2074-2; Seite 52 ff

Ihre Hauptaufgabe: Der Bau der Chinesischen Mauer zum Schutz vor Angreifern aus dem Norden. Das funktionierte für eine lange Zeit sehr gut. Mehr als 1000 Jahre später wurde den Chinesen der Ausbau der Mauer aber zu teuer. Wozu Geld in Sicherheit investieren, wenn ja gar keiner mehr angreift. Sie können ahnen, wie die Sache ausging: Nachdem man sich der Sicherheit der Mauer nicht mehr mit der nötigen Aufmerksamkeit widmete, wurde sie auch recht bald durch Angreifer überwunden. Und selbst wenn sie über lange Zeit ihren Dienst erwiesen hatte, so änderte sich mit der Zeit die Bedrohungslage, bzw. die hohen Kosten die sie verursacht hatte, garantierten nicht, dass nicht jemand einen anders gelagerten Angriff versuchen könnte, der die Mauer umgangen hätte.

Sicherheit nach außen und innen

Ob im alten Ägypten Pawero oder zu Zeiten des Kaisers Qin Shiuangdi General Meng-tian und sein Beraterstab – sie alle steuerten die Sicherheitsanstrengungen ihrer Zeitgenossen. Über Jahrtausende ging es um greifbare, mechanische Sicherheitsbegriffe: Je dicker die Tür, je komplizierter das Schloss, je mehr Wachen, desto größer war der Schutz vor äußerer Gefahr. Aber auch der Schutz vor der Gefahr von innen – vor Verrat – musste gewährleistet werden.

Kaum veränderte Schwerpunkte

Damals wie heute sind das die Schwerpunkte der klassischen Sicherheitsbeauftragten. Wie dick die Tür sein muss, wird heute in Widerstandsklassen angegeben, Schließzylinder werden nach Angriffswiderstandsklassen[12] sortiert und auch in der Gebäudebewachung setzt man auf modernere Taktiken und – mehr und mehr – auf Technik.

Die Probleme der Sicherheitsbeauftragten sind seit jeher die gleichen: Wenn die Burg längere Zeit nicht von Raubrittern überfallen worden ist, wurde das Budget für die Wachen gekürzt; wurde lange nichts gestohlen, werden die Türen nicht mehr abgeschlossen. Was Verantwortliche und Betroffene mit der Zeit vergessen: Die Raubritter wurden abgeschreckt, gerade weil die Burg so gut bewacht war. Und die Diebe sind gerade wegen der verschlossenen Türen ferngeblieben – es gab ja nichts mehr zu holen.

12 U. a.: DIN V ENV 1627 und DIN 18252 – Profilzylinder für Türschlösser

Typischer Phasenverlauf

An diesen Beispielen lässt sich ein Phasenverlauf ablesen, anhand dessen deutlich wird, wann dem Sicherheitsbeauftragten Konflikte drohen. Auf der klassischen Security-Bühne wird in zwei Akten gespielt. Der 1. Akt heißt *Panik,* der 2. Akt *Rückfall.* Die Handlung spielt in jeweils drei Szenen.

Tabelle 1: Das Security-Storyboard

1. Akt: „Panik"	Naivität	Vorfall	Angst
2. Akt: „Rückfall"	Maßnahmen	Beruhigung	Naivität

1. Akt: Panik

1. Szene: Naivität

Man könnte die Eingangsszene auch mit den Worten Friede – Freude – Eierkuchen überschreiben. Das ist die Phase, in der eine drohende Gefahr noch unbekannt ist. Niemand rechnet damit, dass etwas passieren könnte. Der Sicherheitsbeauftragte hat seinen Auftritt erst im 2. Akt.

2. Szene: Vorfall

In der 2. Szene werden die Beteiligten durch einen Vorfall aus ihrem Dornröschenschlaf gerissen. Was nicht sein konnte, ist nun doch passiert. Der Angriff auf das World Trade Center in New York am 11.09.2001 war ein solches Ereignis, mit dem niemand gerechnet hatte.

3. Szene: Angst

In der 3. Szene setzt sich die Erkenntnis durch, dass man von Anfang an viel zu naiv war. Nach dem ersten Schock steht fest: Was ein Mal passieren kann, kann sich jederzeit wiederholen. Angst macht sich breit und die Katastrophen-Phantasien erreichen ungeahnte Ausmaße.

2. Akt: Rückfall

4. Szene: Maßnahmen

Der 1. Akt endete in Panik und Ratlosigkeit. Zu Beginn des 2. Akts ruft jeder nach Orientierung und einem Retter in der Not. Der Sicherheitsbeauftragte ist der Mann der Stunde. Seine Maßnahmen zur Gefahrenabwehr werden von Allen beklatscht und euphorisch gefeiert. Niemand fragt nach – warum auch – man ist in dem Ziel vereint, dass sich die 2. und 3. Szene nicht wiederholen mögen.

5. Szene: Beruhigung

Die Maßnahmen zeigen Wirkung. Kausal oder nicht, steht hier nicht zur Debatte. In vielen Hollywood-Filmen ist das die Schluss-Szene[13]. Das ist auch sinnvoll, weil die 5. Szene die schönste ist – alle sind zufrieden. In der Realität der Security-Bühne sieht es aber anders aus.

6. Szene: Naivität

In der 6. Szene fallen die Akteure wieder in den alten Trott zurück. Der Vorfall gerät in Vergessenheit und man fragt den Sicherheitsbeauftragten, ob er es mit den Maßnahmen nicht ein wenig übertrieben hat. Die 6. Szene findet man in Hollywood-Filmen höchstens als 1. Szene von Teil II[14].

Alltäglicher Wahnsinn

Für Sicherheitsbeauftragte ist die 6. Szene der alltägliche Wahnsinn. Für die meisten dürfte der Eindruck vorherrschen, dass sie dauerhaft in Szene 6. festhingen und nur ab und an eine Schleife über die Szenen 2. bis 5. einlegen, die die Akteure in Windeseile durchschreiten, um mit großer Beharrlichkeit an Szene 6. zu feilen. Gerade das ist ein Grund, warum es so schwer ist zu erklären, was man eigentlich beruflich macht.

Security als Wellenbewegung

Nehmen Sie die historischen Beispiele vom Beginn dieses Abschnitts – auf der Security-Bühne wird schon immer nach einem ähnlichen Storyboard gespielt: Aus der Naivität über einen Vorfall zurück in die Naivität. Security war immer schon zu einem

13 Manchmal werden aus dramaturgischen Gründen die Szenen 2 – 5 noch einmal im Schnelldurchlauf wiederholt. Zum Beispiel ist der falsche Täter inhaftiert worden und der richtige mordet weiter.

14 Z. B.: Alien I-IV – Obwohl sich alle sicher waren: Das Alien war immer zu Beginn des nächsten Teils doch noch nicht tot.

bedeutenden Teil durch Vorfälle gesteuert. Die Maßnahmen sorgen aber dafür, dass es keine Vorfälle mehr gibt und es ergibt sich die aufgezeigte Wellenbewegung. Im Verlauf dieser Wellenbewegung verändern sich die Ziele der Sicherheitsbeauftragten kaum. Was sich ändert, sind die äußeren Zwänge, die auf sie einwirken. Ist das Angst-Erlebnis noch frisch, wird nach harten Maßnahmen gerufen. Wenn Verantwortliche und Mitarbeitende den Grund für die Maßnahmen langsam vergessen, kehrt sich dieser Zwang ins Gegenteil und die Sicherheitsbeauftragten müssen die Maßnahmen verteidigen, die vor einiger Zeit noch mit Vehemenz eingefordert wurden. Die Akteure werden dabei von ihrem Inneren gesteuert. In ihrer Angst reagieren sie mit Misstrauen.

Misstrauen führt zu Unbehagen

Sie haben es vielleicht schon mal geahnt: Der Mensch sehnt sich nach Vertrauen und hat eine instinktive Ablehnung gegen Maßnahmen, die Misstrauen ausdrücken. Das Gefühl des Vertrauens wird als freundlich und sicher empfunden. In einer feindlichen Umgebung, in der es an Vertrauen mangelt, fühlt man sich unsicher und ausgesetzt.[15] Bei allen Sicherheitsmaßnahmen muss dieser Sachverhalt berücksichtigt werden: Die gefühlte Sicherheit verläuft genau entgegen der tatsächlichen Sicherheit.

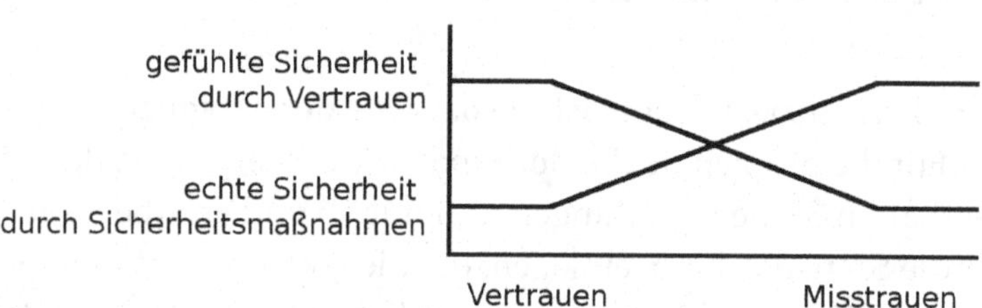

Abbildung 8: Die gefühlte Sicherheit verläuft entgegen der tatsächlichen Sicherheit

Wir werden uns mit dieser Problematik in Abschnitt 3.5 beschäftigen. Sie ist verantwortlich für manches Missverständnis zwischen Sicherheitsbeauftragten und ihrer Umgebung. Mit der richtigen Kommunikationsstrategie kann dieser naturgemäße Kurvenverlauf positiv beeinflusst werden.

15 Martin Hartmann, Claus Offe (Hrsg.); Vertrauen. Die Grundlage des sozialen Zusammenhalts; 2001; Campus Fachbuch; ISBN 978-3593367354; Seite 86 ⊳

2.2.2 Datenschutzbeauftragte

Die Geschichte des Datenschutzes ist, verglichen mit der langen Historie der klassischen Sicherheitsbeauftragten, noch jung. Der Begriff selbst wurde in seiner heutigen Bedeutung erst in den 70er Jahren des letzten Jahrhunderts geprägt.

Schutz des Einzelnen

Wenn man das Dilemma der Datenschutzbeauftragten ergründen will, muss man zuerst der Frage nach dem Ursprung des Datenschutzes auf den Grund gehen. Während die klassischen Sicherheitsbeauftragten die Organisation selbst schützen, der sie dienen, schützen die Datenschutzbeauftragten eher die Beteiligten vor der Organisation. Sicherheitsbeauftragte sorgen also für die äußere Sicherheit der Gemeinschaft und Datenschutzbeauftragte für die Freiheit des Individuums innerhalb der Gemeinschaft.

Privatisierte Vollzugsbeamte

Bei ihrer Arbeit stützen sie sich auf Datenschutzgesetze. Wenn man so will, sind Datenschutzbeauftragte in gewisser Weise privatisierte Vollzugsbeamte. Sie dienen nicht in erster Linie dem Unternehmen oder der Behörde, der sie angehören, sondern den einschlägigen Datenschutzgesetzen.

„Wollen“ vs. „Sollen“

Es gibt Gesetze, die sollen klären, wie etwas sein soll und solche, deren Ziel es ist festzulegen, wie etwas nicht sein soll. Die Datenschutzgesetze gehört in die zweite Gruppe von Gesetzen – zumindest in der Wahrnehmung vieler Akteure. Warum ist das so? Diese Wahrnehmung geht auf das zentrale Missverständnis zurück, das vielen unterläuft: Wer einen Verein gründen will, schaut im Bürgerlichen Gesetzbuch auf die §§ 21 ff und erfährt, was er zu tun hat[16].

---

16 Bürgerliches Gesetzbuch in der Fassung der Bekanntmachung vom 2. Januar 2002 (BGBl. I S. 42, 2909; 2003 I S. 738), das durch Artikel 4 Absatz 10 des Gesetzes vom 11. August 2009 (BGBl. I S. 2713) geändert worden ist

Abbildung 9: Zielkonflikt: Daten schützen oder verarbeiten?

Wer Daten schützen will, muss ins Datenschutzgesetz schauen. Genau: „Wer Daten *schützen* will…" Wer hingegen Daten *verarbeiten* will, muss einsehen, dass es sich beim Daten*schutz*gesetz nicht um ein Daten*verarbeitung*sgesetz handelt – das vergessen viele.

Die Datenschutztragödie

Die Security-Bühne der Datenschutzbeauftragten spielt Tragödien nach dem Muster: *„Zwei Seelen wohnen, ach! in meiner Brust.*[17]*"* Wer in dieser Situation bestehen will, kommt nicht umhin, es Goethes Faust gleichzutun und zu Beginn der Tragödie auf diesen Sachverhalt hinzuweisen.

Nur per Gesetz

Datenschutzbeauftragte gibt es in Unternehmen und Behörden meist nicht, weil Top-Manager das so wollen – sie sind von Gesetzeswegen schlicht zum Datenschutz gezwungen. Das macht sich natürlich im Zusammenspiel mit allen Akteuren der Security-Bühne bemerkbar. Was den klassischen Sicherheitsbeauftragten von ihrem Top-Management noch *von Herzen* abverlangt wird – die Absicherung des Warenlagers gegen Einbrecher z. B. – wird vom Datenschutzbeauftragten nur *halbherzig* gefordert. Der genaue Wortlaut des Gesetzes wird nur widerwillig angehört. Viele Führungskräfte erwarten sich von ihren Datenschutzbeauftragten eher vertiefte Kenntnisse in Gesetzeslücken statt in den dort aufgeführten Geboten. Aber keine Angst: Sobald

[17] Johann Wolfgang Goethe; Faust – Der Tragödie erster Teil; 1986; Reclam; ISBN 3-15-000001-7; Seite 33; Vers 1112

das Angebot zur Absicherung des Warenlagers vorliegt und klar ist, was es kosten wird, ist das Management auch da nicht mehr *von Herzen* dabei.

Die Problemfelder: Ziele und Zwänge

Die Aufgabe, von den Problemfeldern der Datenschutzbeauftragten in die Problemfelder des Managements zu übersetzen ist besonders schwierig. Die Ziele der Datenschutzbeauftragten zu ermitteln fällt noch relativ leicht: Man kann sie fast eins zu eins aus den Gesetzen ablesen.

Leider sind die Abweichungen zu den Zwängen teilweise immens. Die Zwänge wirken von außen und entsprechen jeweils einer Teilmenge aus den Zielen der anderen Akteure. Beim klassischen Sicherheitsbeauftragten sind diese Zwänge noch relativ homogen: Dass niemand ins Warenlager einbricht, ist in aller Interesse. Es gibt keine echten Gegenredner zu diesen Zielen. Die Zwänge, die man dem Sicherheitsbeauftragten auferlegt, spielen ihm also meistens in die Karten.

Datenschutzbeauftragte müssen mit einem ganzen Strauß an Zwängen zurechtkommen, die alle eine unterschiedliche Stoßrichtung aufweisen.

Ein Beispiel

Nehmen wir folgendes Beispiel, dass sich an einen älteren Fall aus dem Forum des Bundesdatenschutzbeauftragten anlehnt[18]: In der Verwaltung eines Kaufhauses hat eine neue Auszubildende ihre Lehrstelle angetreten. Nennen wir sie Julia Schneider. Von der Belegschaft war der Wunsch aufgekommen, dass neue Kollegen in irgendeiner Form im Kreise der Belegschaft vorgestellt würden. Der Vorgesetzte von Frau Schneider sagt ihr deshalb, sie solle sich per Mail vorstellen, am besten mit Bild im Anhang. Daraufhin verfasst sie die folgende Mail:

> *„Liebe Kollegen,*
>
> *mein Name ist Julia Schneider, ich habe gestern meine Ausbildung als Einzelhandelskauffrau begonnen. Ich möchte mich kurz bei Ihnen vorstellen: Ich bin 16 Jahre alt und komme aus Hannover. Im Juli 2009 habe ich die Realschule erfolgreich beendet. Meine Hobbies sind Handball und Lesen…“*

18 http://www.bfdi.bund.de/bfdi_forum/showthread.php?t=470; eingesehen am 14.10.2014 (Namen und Personaldaten des Beispiels sind frei erfunden)

Den Finger in die Wunde legen

Als Anhang wird ein Bild von Frau Schneider angehängt, dass ihr Vorgesetzter noch schnell von ihr gemacht hat. Eigentlich sind alle zufrieden – niemand beschwert sich. Uneigentlich muss der Datenschutzbeauftragte jedoch die Gesetzeslage im Auge behalten und den Finger in die Wunde legen.

Alle sind genervt

Frau Schneiders Vorgesetzten muss er fragen, ob sie der Datenverarbeitung zugestimmt hat. Der wird erwidern, dass sie die Mail doch selbst geschrieben habe, woraufhin der Datenschutzbeauftragte sagt, dass diese Einverständniserklärung nicht den Anforderungen des Datenschutzgesetzes genüge. Frau Schneider ist das alles egal. Sie sagt, sie habe das mit dem Bild zwar nur gemacht, weil sie der Chef dazu aufgefordert habe, aber nun sei die Mail ja schon raus und nichts mehr zu machen. Jetzt schaltet sich der Betriebsrat ein und fordert, dass in dem Fall gegen den Vorgesetzten vorgegangen wird, weil dieser eine unrechtmäßige Datenverarbeitung angeordnet habe und informiert die Chefin des Kaufhauses.

Und wer ist natürlich schuld?

Diese will sofort den Datenschutzbeauftragten sprechen und wissen, was der ganze Käse soll: *„Niemand hatte hier ein Problem, bis sie angefangen haben, so lange zu bohren, bis jemand ein Problem hatte."* Frau Schneider wird das alles mehr und mehr peinlich – so hatte sie sich den Schutz ihrer Daten nicht vorgestellt. Das Ergebnis lautet: Der Datenschutzbeauftragte macht seine Arbeit und alle sind unzufrieden!

Vorausschauend denken und handeln

Als Datenschützer muss man diese Reaktionen gedanklich vorwegnehmen und sie mit den richtigen Kommunikationsstrategien abfangen, damit die Tragödie doch noch ein Happy-End bekommen kann. Wir werden uns mit dieser Herausforderung in den weiteren Kapiteln auseinandersetzen.

Prioritäten und Risiken

Wer für den Datenschützer die Prioritäten setzt – also die Ziele gewichtet – ist einigermaßen klar, aber dadurch nicht einfach. Die Prioritäten sind per Gesetz oder Vorschrift vorgegeben und die zu erwartenden Bußgelder für die Verantwortlichen bestimmen weitestgehend die finanziellen Risiken. Gerade in der Anfangsphase der Datenschutzgrundverordnung haben die angedrohten Bußgelder dem Datenschutz eine hohe Aufmerksamkeit beschert, die jedoch schnell abgeebbt ist. Man wird in den kommenden Jahren beobachten müssen, wie sich dieses Druckmittel langfristig bewährt.

Die Datenschützer sind aber nicht nur ihrem Unternehmen oder ihrer Behörde gegenüber verpflichtet, sondern auch dem Gesetz und den Aufsichtsbehörden gegenüber – das bringt auch persönliche Risiken mit sich, die man berücksichtigen muss.

2.2.3 Informations- und IT-Sicherheitsbeauftragte

Auch die Funktion der Informations- und IT-Sicherheitsbeauftragten ist im Vergleich zur klassischen Sicherheit noch recht jung. Während der Datenschutz seinen Ursprung meist in den Personal- und Rechtsabteilungen hat, entstammt die Informations- oder IT-Sicherheit weitestgehend in den IT-Abteilungen entstanden. IT-Sicherheitsbeauftragte sind daher eher technisch geprägt.

Begriffe im Wandel

Mehr und mehr hat sich der Begriff IT-Sicherheit jedoch in Richtung Informationssicherheit oder seltener Informationssystemsicherheit gewandelt. Hieß die Zeitschrift <kes> noch bis 2003 im Untertitel *Zeitschrift für Kommunikations- und EDV-Sicherheit*, so lautet dieser mittlerweile *Zeitschrift für Informations-Sicherheit*.[19]

Stoff für Konflikte

Diese Entwicklung bleibt nicht ohne Folgen auf der Security-Bühne: Das Bühnenprogramm für die Informations- und IT-Sicherheitsbeauftragten wird seit einigen Jahren überarbeitet und umfassend erweitert, obwohl der Name des Stücks gleichgeblieben ist, ganz wie bei der Zeitschrift <kes>. Dabei ist es nur in Teilen hilfreich, dass seit einigen Jahren der Begriff der Cybersicherheit hinzugekommen ist. Was unterscheidet nun die IT-Sicherheit von der Informationssicherheit und was macht der Cybersicherheitsbeauftragte? Das bietet Raum für Missverständnisse und daraus folgende Konflikte.

Gefühlte Kompetenzüberschreitungen

Zu den technischen Aspekten der Sicherheit von Netzwerken und Computern sind Fragen der Prozessmodellierung oder des Risikomanagements hinzugekommen. Damit mischen sich mehr und mehr Informations- oder IT-Sicherheitsbeauftragte und CISOs in Aufgaben der Linienorganisation und fremde

---

19 Norbert Luckhardt; Editorial – Rückblick voraus; in: <kes>. Nr. 1, März 2009, ISSN 1611-440X, S. 3–6

Fachgebiete ein. Von vielen Akteuren wird das als Kompetenzüberschreitung wahrgenommen. Diese vielen Gestaltungsbereiche leiten sich für den Laien nicht unbedingt zwingend aus dem Begriff IT-Sicherheit ab, der außerhalb von Fachkreisen immer noch der vorherrschende Begriff ist. Diese Begriffsproblematik wird uns noch im Kapitel 4.2 beschäftigen.

Die Problemfelder: Ziele und Zwänge

Wenn wir uns mit den Problemfeldern der Informations- oder IT-Sicherheitsbeauftragten und CISOs befassen wollen, müssen wir diesen Etikettenschwindel im Hinterkopf haben. Wenn auf der Security-Bühne der IT-Grundschutz des BSI[20] aufgeführt wird, dann wird der Rahmen deutlich überschritten, den die Begriffsbestandteile IT und Grundschutz vorgaukeln. Auf den Webseiten des BSI finden wir die Erklärung, was der IT-Grundschutz ist: *„Empfehlungen des BSI zu Methoden, Prozessen und Verfahren sowie Vorgehensweisen und Maßnahmen mit Bezug zur Informationssicherheit."*[21] Kein Wort von Technik – aus IT wird I!

Informations- und IT-Sicherheitsbeauftragte müssen ihre Ziele also besonders klar darlegen – am besten gleich zu Beginn der Vorführung als eine Art Vorspiel. Der Titel des Bühnenstücks muss vorbereitet, übersetzt und in einen Kontext gestellt werden, damit alle Akteure sich gedanklich auf dasselbe Ziel ausrichten. Wer soll denn sonst erahnen, dass mit IT nicht nur Informations-*Technik* gemeint ist, sondern deutlich mehr.

Manchmal ist weniger mehr

Jetzt denken Sie vielleicht, dass es doch nicht verkehrt sein kann, wenn man mehr bekommt als versprochen. Dann stellen Sie sich doch bitte vor, Sie kaufen im Supermarkt eine Packung Spiralnudeln und müssen zuhause feststellen, dass nicht nur Spiralnudeln in der Packung sind, sondern auch Penne, Bandnudeln, Graupen und Reis. Als Sie die Nudeln im Supermarkt reklamieren wollen, sagt man Ihnen, das sei alles kein Problem, Sie hätten nur die Spiralnudeln bezahlt, der Rest sei kostenlos mit dabei.

---

20 IT-Grundschutz-Standards des Bundesamts für Sicherheit in der Informationstechnik: 100-1 Managementsysteme für Informationssicherheit; 100-2 IT-Grundschutz-Vorgehensweise; 100-3 Risikoanalyse auf der Basis von IT-Grundschutz; 100-4 Notfallmanagement ⚐

21 https://www.bsi.bund.de/cln_155/DE/Themen/ITGrundschutz/ITGrundschutzStandards/ITGrundschutzStandards_node.html; eingesehen am 17.12.2019

Ich denke, Sie wären mit dieser Antwort nicht zufrieden, weil *mehr* eben doch nur bedingt *besser* ist.

Abbildung 10: Missverständnisse vermeiden

Auch wenn Informations- und IT-Sicherheitsbeauftragte oder CISOs wissen, was gemeint ist, so ist es für sie von ebensolcher Bedeutung, ob es alle anderen Akteure auch verstanden haben. Die Sicherheitsprofis spielen ja nicht alleine auf der Security-Bühne. Im Gegenteil, sie müssen sogar Regie führen über das Zusammenspiel der anderen. Auch hier gilt: Nicht der Sender sondern der Empfänger macht die Botschaft. Wenn wir uns also den Chef als beispielhaften Empfänger herausnehmen: Glauben Sie, dass er sich auch nur zwei Tage merken kann, was der Unterschied zwischen IT-, IV-, IS- und I-Sicherheit[22] ist? Die Begriffe werden ja nicht einmal in der Fachliteratur einheitlich verwendet.

Der Empfänger macht die Botschaft

Wenn der Informations- und IT-Sicherheitsbeauftragte als Regisseur auf der Security-Bühne bestehen will, so muss er den Begriff IT-Sicherheit am besten immer übersetzen. Egal mit wem er spricht: Die meisten werden sonst Sicherheit von Computern, Servern und Netzen verstehen, obwohl eher Sicherheit von Informationen, Business Continuity, Incident Management oder Forensik gemeint ist. Überall, wo man die Neigung verspürt, den

Begriffe immer sauber trennen

22 Wenn Sie mit den Abkürzungen auch Schwierigkeiten haben, möchte ich Ihnen kurz beim Erinnern helfen: IT=Informationstechnik, IV=Informationsverarbeitung, IS=Informationssystem, I=Information.

allgemeineren Begriff IT-Sicherheit zu verwenden, muss man nach dem treffenderen Begriff suchen, damit die Akteure verstehen, um was es konkret geht.

Disziplin ist gefragt

Die Informations- und IT-Sicherheitsbeauftragten müssen sich zu dieser sprachlichen Disziplin selbst zwingen und sich die Zeit nehmen, ihr Thema besser zu erklären. Niemand weiß so gut wie sie, dass der Mensch als Sicherheitsrisiko dominiert und daher besonderer Pflege bedarf. Ein einziger unkooperativer Mitarbeiter ist in der Lage immense technische Sicherheitsbudgets ad absurdum zu führen. Auf der Security-Bühne der Informations- und IT-Sicherheitsbeauftragten werden alle technischen Raffinessen aufgeboten, die es für Geld zu kaufen gibt. Sie kennen das damit verbundene Problem aus dem Kino: Die schönsten Special Effects bringen nichts, wenn die Schauspieler das Niveau nicht halten können.

Prioritäten und Risiken

Das hat auch Auswirkungen auf die Prioritäten und Risiken, die den Informations- und IT-Sicherheitsbeauftragten beschäftigen. Das größte Risiko, dass einem reibungslosen Auftritt droht, sind die menschlichen Schwächen. Nicht selten wird der Fokus in der täglichen Arbeit aber auf die Technik gelegt. Für Informations- und IT-Sicherheitsbeauftragte ist das bekanntes Terrain – gewissermaßen eine Flucht in einfache Tätigkeiten. Bevor man sich an die Arbeit macht, den Mitarbeitenden ihre Security-Marotten auszutreiben, kümmert man sich lieber nochmal um die Regelsätze der Firewalls.

Flucht in einfache Tätigkeiten

Bisher funktioniert diese Flucht auch ganz gut. Der angesprochene Etikettenschwindel zeigt seine Wirkung auch bei Schuldzuweisungen: In den seltensten Fällen werden Informations- und IT-Sicherheitsbeauftragte für menschliches Versagen im Zusammenhang mit einem Informationsverlust verantwortlich gemacht. Niemand fragt, was sie gegen menschliches Fehlverhalten unternommen haben. Aus Sicht des Unternehmens ist das natürlich fatal. Geht es doch eigentlich nicht darum, hinterher jemanden zur Verantwortung ziehen zu können, sondern darum, Vorfälle von vornherein zu verhindern.

Der Trend weg von der IT-Sicherheit hin zur Informationssicherheit wirkt sich bisher wenig auf Positionsbeschreibungen und die Arbeit aus. Während es hunderte von Büchern zu den technischen Aspekten von Informationssicherheit gibt, gibt es bestenfalls eine Hand voll Bücher, die sich mit der menschlichen Komponente auseinandersetzen.[23]

Der Mensch steht im Mittelpunkt

Der Umgang mit den beteiligten Menschen ist jedoch auf der Security-Bühne von entscheidender Bedeutung. Auch hier hilft der Kino-Vergleich: Mit guten Schauspielern kommt man auch ohne technische Spielereien sehr weit. Das bedeutet, der Mensch muss im Mittelpunkt jeder IT-Sicherheitsbetrachtung stehen.

2.2.4 Die drei Musketiere

Gemeinsamkeiten und Unterschiede

Nachdem wir nun einen Blick auf die Security-Bühne von drei spezialisierten Sicherheitsprofis geworfen haben, haben wir die Möglichkeit zu fragen, welche Gemeinsamkeiten und Unterschiede es gibt. Auch gilt es zu fragen, ob sie nicht sogar alle auf einer Bühne stehen und sich gegenseitig unterstützen können. Vielleicht stehen sie sich aber auch gegenseitig im Weg?

Abbildung 11: Gemeinsam erreicht man mehr

Fangen wir mit der einfachen Frage an, ob sich Sicherheitsbemühungen addieren. Abbildung 7 von Seite 19 jedenfalls lässt vermuten, dass dem nicht so ist. Addieren können sich

[23] Beispielsweise das auch nach Jahren immer noch einzige umfassende – und leider vergriffen – deutsche Buch zum Thema Security Awareness: Pokoyski, Dietmar / Helisch, Michael (Hrsg.); Security Awareness: Neue Wege zur erfolgreichen Mitarbeiter-Sensibilisierung; 2009; ISBN: 978-3-8348-0668-0

Bemühungen nur da, wo sie sich nicht gegenseitig beeinflussen. Also da, wo jeder für sich selbst an der Sicherheit arbeitet. Stellt man diesen Sachverhalt als Kartoffeldiagramm dar, sind das die in Abbildung 12 mit einer 1 gekennzeichneten Bereiche.

Behindern oder unterstützen wir uns gegenseitig?

Bereiche mit 1 können wir als die unabhängigen Bereiche bezeichnen. Schwieriger wird es zu bewerten, ob sich in den Bereichen 2 und 3 eine Addition ergibt. Im besten Fall wäre es so: In einer perspektivischen Darstellung würden die Schnittflächen der Kreise zur Mitte hin anwachsen. Im schlechtesten Fall behindern sich die drei so sehr, dass es bei den thematischen Schnittmengen zu keinen Ergebnissen kommt.

So könnten sich beispielsweise Sicherheit, Datenschutz und IT-Sicherheit bei der Erarbeitung einer Betriebsvereinbarung zur Protokolldatenauswertung gegenseitig behindern oder sogar blockieren. Genauso gut könnten sich ihre Bemühungen vollständig ergänzen. Beispielsweise wenn sie gemeinsam von der Geschäfts- oder Behördenleitung fordern, sich für Sicherheitsfragen verantwortlich zu fühlen und das nach außen hin deutlich zu zeigen.

Abbildung 12: Kartoffeldiagramm der Sicherheit

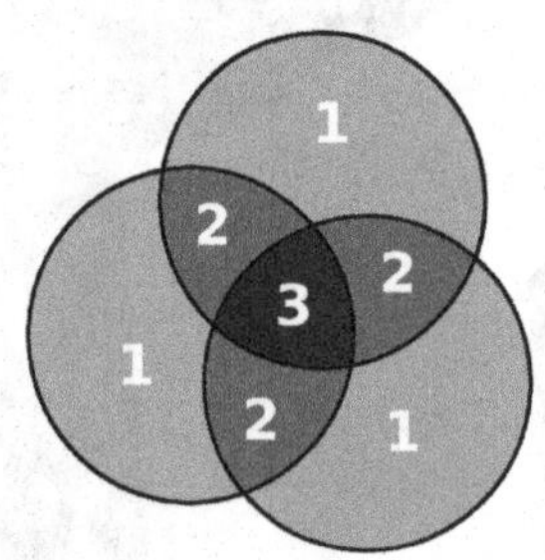

1: unabhängiger Bereich
2: bedingt unabhängiger Bereich
3: vollständig abhängiger Bereich

Jedes Problemfeld einzeln beleuchten!

Es ist wichtig, sich darüber Klarheit zu verschaffen, ob man wie die drei Musketiere an einem Strang zieht oder eher dem Bild von drei Parteien im Wahlkampf ähnelt: Alle wollen mehr Sicherheit, aber bestimmt nicht auf dem Weg, den die anderen vorgeschlagen haben. Eine Möglichkeit dies zu tun ist es, sich für die eigene Situation ein Kartoffeldiagramm der Sicherheit anzufertigen. Dazu sind nicht weniger als vier Diagramme nötig: Eines für jedes Problemfeld (Ziele, Zwänge, Prioritäten, Risiken), so wie wir sie in Abbildung 3 auf Seite 12 kennengelernt haben. Schauen wir uns hierzu ein Beispiel an:

2.2.4.1 Fallbeispiel: Das Pharma-Unternehmen ExAmple AG

In der ExAmple AG[24] gibt es die Datenschutzbeauftragte Alice und den Chief Information Security Officer (CISO) Bob. Dave sorgt für die Sicherheit des Werksgeländes. Die drei können ganz gut miteinander arbeiten. Für das nächste Jahr haben sie sich gewisse Themen als Schwerpunkte herausgesucht:

Alice, Bob und Dave

- Alice möchte die Verpflichtungen auf das Datengeheimnis überarbeiten, ältere Verträge zur Auftragsverarbeitung endlich an die aktuelle Gesetzeslage anpassen und verstärkt Verschlüsselung nutzen. Außerdem hat sie von Daves Plänen gehört, auf dem gesamten Werksgelände Videoüberwachung und biometrische Zugangskontrollen einzuführen. Das möchte sie wegen der damit verbundenen Datenschutzschwierigkeiten besser verhindern, auf jeden Fall aber aufschieben. Sie wünscht sich in Datenschutzfragen mehr Unterstützung vom Vorstand.
- Der CISO Bob will das Patch-Management verbessern und die alte Klimatisierung der Serverräume modernisieren. Mit einer neuen Verschlüsselungssoftware will er neuen Angriffsvarianten begegnen. Er möchte den Zugang zu den Betriebsräumen sicherer gestalten und würde gerne andere Ausweise dazu einsetzen. Die Ausweise sollen aber keine biometrischen Merkmale enthalten. Bob fürchtet, dass die datenschutzrechtlichen Anforderungen an die technische Absicherung zu hoch werden könnten. Was ihn schon lange stört, ist das Desinteresse des Vorstands, wenn es um Sicherheit geht. In einem Telefonat hat der Vorstand ihm vorgeworfen, er sei der größte Arbeitsverhinderer der Firma.
- Dave hat die Nase voll davon, dass seit einiger Zeit immer wieder Medikamente aus den Lagern gestohlen werden. Er möchte die Ausbildung des Wachpersonals unter die Lupe

[24] example.com gemäß RFC 2606 Absatz 3. Reserved Example Second Level Domain Names: http://www.rfc-editor.org/rfc/rfc2606.txt

nehmen, die Zaunkontrollen verstärken und das Werksgelände mit Videokameras überwachen. Der Zugang zu besonders gefährdeten Räumen soll mit neuen, biometrischen Ausweisen gesichert werden. Ihn stört, dass der Vorstand sich für die Vorfälle bisher nicht interessiert.

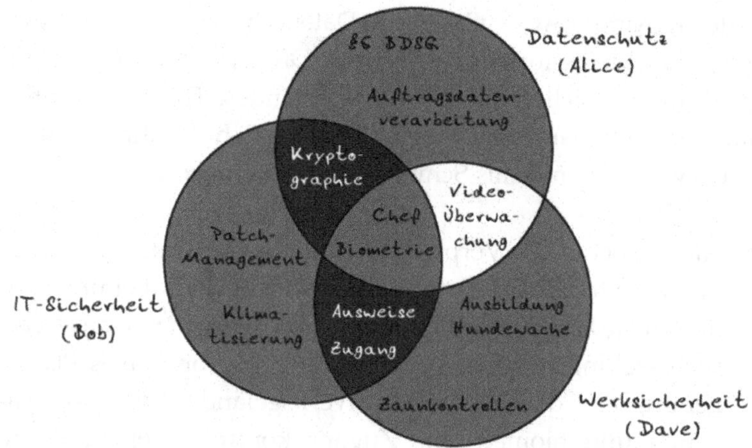

Abbildung 13: Die Ziele von Alice, Bob und Dave

Kartoffeldiagramm der Sicherheit

In Abbildung 13 sind die Ziele von Alice, Bob und Dave eingezeichnet. Im Kartoffeldiagramm wird deutlich, wo die drei an einem Strang ziehen und wo sie sich gegenseitig behindern. Wenn Sie sich an einen Tisch setzen und ihre Ziele miteinander koordinieren, kommen sie bestimmt weiter; wenn Sie es nicht tun, gefährden sie das einzige gemeinsame Ziel. Wenn sie mit ihren Entscheidungsvorlagen und Zielen gegeneinander arbeiten, werden Sie vor dem Vorstand weiterhin als Arbeitsverhinderer dastehen. Und das, obwohl sie inhaltlich nur um zwei Punkte streiten.

Alle im gleichen Takt

Alice, Bob und Dave müssen nun auch ihre Zwänge, die Prioritäten und Risiken analysieren, um zu klären, nach welcher Musik auf der Security-Bühne getanzt werden soll. Eines steht fest: Wenn jeder eine andere Musik abspielt, finden die Akteure nie in den Takt.

Damit ist die Arbeit jedoch noch nicht erledigt. Wenn die Problemfelder der Sicherheitsprofis synchronisiert sind, müssen sie mit den Problemfeldern der anderen Akteure verglichen werden. Auch das lässt sich mit einem *Kartoffeldiagramm der*

Sicherheit visualisieren. Zum Schluss dieses mehrstufigen Vorgehens liegen – wie versprochen – die Zwänge, Ziele, Prioritäten und Risiken wie eine übersichtliche Landkarte vor uns. Bevor es jedoch so weit ist, müssen wir uns – nach den Führungskräften und den Sicherheitsprofis – nun den eigentlich Betroffenen zuwenden.

2.3 Mitarbeitende

Bloß nicht alleine lassen

Die Mitarbeitenden werden auf der Security-Bühne gerne vernachlässigt. In den meisten Fällen spielen sie ja nicht einmal mit, sondern sitzen im Publikum, verhalten sich ruhig und verursachen keine Probleme. Sie hören den Sicherheitsprofis sogar aufmerksam zu – scheinbar. Wenn man herausfinden will, was die Mitarbeitenden zu sagen haben, muss man sie alleine lassen. Aber Achtung: Die Security-Bühne spielt zwar immer vor ausverkauftem Haus, das Programm kommt aber selten gut an.

Das große Missverständnis

Kein Zweifel, dass zwischen den Sicherheitsprofis und den Mitarbeitenden ein großes Missverständnis besteht. Spricht man mit einzelnen Kolleginnen oder Kollegen, sind sie einsichtig und verstehen, worum es den Sicherheitsprofis geht. Klar, sind die Argumente doch auf deren Seite. Mit ein bisschen Berufserfahrung zaubern diese immer einen Vorfall aus dem Ärmel, bei dem genau das passiert ist, was gerade als unmöglich bezeichnet wurde. Irgendwann verlieren die Zuhörer dann die Lust. Es ist einfach ein zu einseitiges Gespräch, ein Kampf mit ungleichen Mitteln.

Abbildung 14: Alice, Bob und Dave sagen den Mitarbeitenden, wo es lang geht

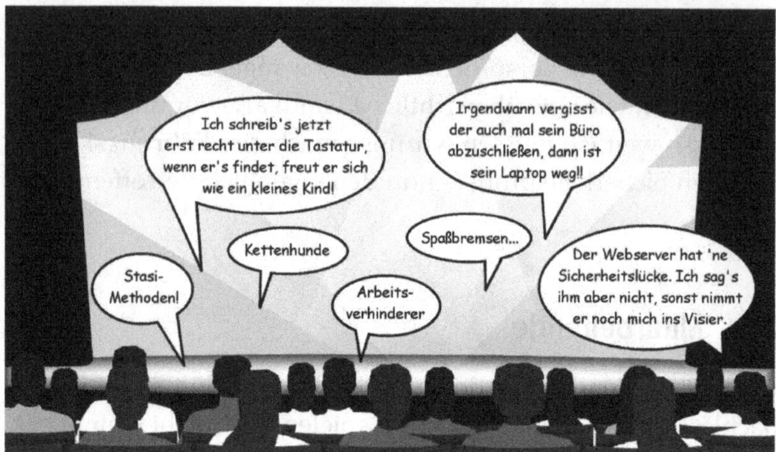

Abbildung 15: Hinter dem Rücken der Sicherheitsprofis

Hinterm Rücken hagelt es Kritik

Viele Mitarbeitende denken sich: „Ich kann das Gesagte zwar nicht in meine Welt übertragen, weiß aber auch nicht, wie ich es widerlegen soll. Also Augen zu und durch." Sind die Sicherheitsprofis dann aus dem Blickfeld, lässt man der Kritik freien Lauf. Um diese Situation zu verhindern, wollen wir diese Sache in einem Fallbeispiel nochmal genauer betrachten.

2.3.1 Fallbeispiel: Das Angebots-Fax

Dave, der Sicherheitsbeauftragte der ExAmple AG, kommt an einem der Bürogeräteräume vorbei, in dem Drucker, Scanner, Kopierer und auch noch ein unvermeidliches Faxgerät stehen.

Abbildung 16: Konstruktiv geht anders

Der Manager Ted steht am Fax und will eine vertrauliche Angebotsunterlage abschicken. Dave geht auf Ted zu und sagt:

> *„Moment Mal, Sie können die Angebotsunterlage doch nicht per Fax an den Auftraggeber verschicken. Wer nutzt denn heute noch Fax? Sie müssen das Angebot einscannen und als verschlüsselte E-Mail verschicken."*
>
> *„Also bitte, dieses eine Fax wird uns schon nicht umbringen", sagt Ted empört. „Bis ich das jetzt eingescannt, verschlüsselt und per E-Mail verschickt habe...! Keine Ahnung ob man denen überhaupt was verschlüsselt schicken kann. Außerdem wollen die eben immer noch ein Fax haben. Das dauert mir alles zu lang. Ich bin schließlich zum Arbeiten hier."*
>
> *Dave erwidert routiniert: „Siemens hat seinerzeit durch ein einziges abgehörtes Fax einen Milliarden-Auftrag aus Südkorea für den ICE verloren[25]. Die hatten danach ganz viel Zeit zum Scannen und Verschlüsseln, weil sie den Auftrag verloren hatten. Und haben sie denn die Berichterstattung zu Edward Snowden und dem NSA Skandal schon vergessen? Seitdem sollten doch eigentlich keine Fragen mehr offen sein!"*

Totschlag-argumente

Was soll Ted da noch sagen? Das uralte ICE-Beispiel und die Enthüllungen des Wistleblowers Edward Snowden sind Totschlag-Argumente. Sie spannen einen Bogen von den Verdachtsfällen der vergangenen Jahre bis hin zu staatlichen Abhörpraktiken.

Die richtige Ebene finden

Im Grunde verlässt Dave damit die sachliche Ebene. Man verlässt immer die sachliche Ebene, wenn man dem Gesprächspartner Argumente anbietet, die dieser weder richtig verstehen, noch widerlegen kann. Wer kann in so einer Situation schon mit einer differenzierten Betrachtung des konkreten Risikos kontern? Abgesehen davon geht Daves Antwort gar nicht auf die Probleme ein, die der Mitarbeiter geschildert hat. Dave muss für die Sicherheit dieses Faxes bereit sein, das zu tun, was er selbst

---

25 Siemens verlor 1993 einen milliardenschweren Auftrag zur Lieferung des ICE nach Südkorea. Der französischen Geheimdienst DGSE soll Informationen aus einem abgehörten Fax an den Siemens-Konkurrenten weitergegeben haben, der daraufhin den Zuschlag bekam, z. B.: http://www.spiegel.de/spiegel/print/d-16161215.html; eingesehen am 09.09.2009

von Ted erwartet: Zeit investieren. Spulen wir das Beispiel also nochmal kurz zurück:

> *(...) „Keine Ahnung ob man denen überhaupt was verschlüsselt schicken kann. Außerdem wollen die eben immer noch ein Fax haben. Das dauert mir alles zu lang. Ich bin schließlich zum Arbeiten hier", hatte Ted gesagt.*
>
> *Dave erwidert diesmal aber: „Kein Problem, ich helfe ihnen dabei. Das Einscannen können wir gleich hier erledigen. Sie haben das Dokument 2 Minuten später als pdf in ihrem Mail-Eingang. Dann rufen wir gemeinsam beim Informationssicherheitsbeauftragten des Auftraggebers an. Der wird uns sagen, wie wir verschlüsselt mit ihm kommunizieren können. In 15 Minuten ist die Sache erledigt und das Angebot raus. Dass wir so professionell vorgehen, kommt sicher gut an – da bin ich überzeugt."*
>
> *„15 Minuten? Da bin ich ja mal gespannt." Mit einem Blick auf die Uhr beginnt die Zeit für Dave zu laufen.*

Man muss sich auch selbst beim Wort nehmen

Das klingt viel besser. Wenn Dave selbst an das ICE-Argument und die Snowden-Enthüllungen glaubt, dann muss er bereit sein, diese Zeit zu investieren, geht es bei diesem Fax doch um einen möglichen Schaden, der in etwa dem erwarteten Auftragsgewinn entspricht.

Laienhafte Zuschauer

Dieses Beispiel hilft uns zu verstehen, wie sich die Security-Bühne für Mitarbeitende darstellt: Die Mitarbeitenden sitzen einfach als laienhafte Zuschauer im Publikum. Manche kennt sich vielleicht ein wenig besser aus als der Andere – die Masse konsumiert jedoch nur.

Die Security-Bühne tritt für viele nur ein Mal im Jahr durch eine Informationsveranstaltung in Erscheinung. Mit denselben Problemen, wie im echten Theater: Einige sind müde und schlafen, Einige kommen zu spät und Andere gehen in der Pause und kommen nicht wieder.

Empathie ist Trumpf

Was hat der Sicherheitsbeauftragte also im zweiten Dialog besser gemacht? Um diese Frage zu beantworten, müssen wir uns daran erinnern, was wir zu Beginn dieses Kapitels gesagt haben:

Alle Beteiligten haben ihre ganz eigenen Bühnen, auf denen sie alle irgendeine Hauptrolle spielen.

- Im ersten Dialog hat der Sicherheitsbeauftragte Dave sich einen Mitarbeiter gegriffen, ihn auf die Bühne gezerrt, ihn dort zur Rede gestellt und in ein Fachgespräch über Eintrittswahrscheinlichkeiten und Risiken verwickelt. Klar, dass Ted an dem Gespräch nicht sehr geistreich teilnehmen konnte.
- Im zweiten Dialog ist Dave hingegen von der Security-Bühne gestiegen und mit Ted gemeinsam zu dessen Bühne gegangen: Teds Bühne heißt Akquise-Bühne. Dort spielt Ted eine der Hauptrollen. Die Akquise-Bühne ist ziemlich wichtig für das Unternehmen und der Etat der Security-Bühne wird zum großen Teil aus deren Erfolgen bestritten. Das ist so eine Art Kultur-Förderprogramm und die Kultur, die damit gefördert wird, heißt – Sie ahnen es schon – Sicherheitskultur.

Dienstleistung

Manchmal kommen die Regisseure und Helden der Security-Bühne nicht umhin: Sie müssen den Bühnen, auf denen ihre Fördergelder erwirtschaftet werden, einen Besuch abstatten. Viel zu selten werden diese Ausflüge unternommen. Viel zu selten wird das Programm der Security-Bühne dahingehend überprüft, ob es mit den anderen Bühnen harmoniert, oder ob es da eine Kluft gibt, die sich spätestens beim nächsten Vorfall offenbart.

Die 2013er Version der ISO/IEC 27001 trägt diesem Sachverhalt Rechnung, indem sie gleich zu Beginn fordert, dass man für eine funktionierende Informationssicherheit zunächst das eigene Unternehmen und sein Marktumfeld kennen lernen muss. Aber nicht nur das: Zusätzlich wird gefordert auch die Bedürfnisse und Anforderungen aller Beteiligten zu verstehen.

❖❖❖

Wer produziert die Blockbuster?

Wo werden die Blockbuster des Unternehmens gespielt? Das ist eine wichtige Frage, die in der Sprache des BSI IT-Grundschutzes oder der Informationssicherheit nach ISO/IEC 27001 so lautet: Was sind die geschäftskritischen Prozesse? Diese Frage muss für jeden Geschäftsprozess und jede Fachaufgabe erörtert werden[26]. Dazu reicht es nicht aus, nur in Dokumentationen zu blättern.

Improvisation gehört dazu

Selbst die diszipliniertesten Mitarbeitenden kommen in Situationen, in denen sie von dem einst modellierten Prozessverlauf abweichen und improvisieren müssen. Dafür sind sie ja eigentlich da: Sie sollen ja auf besondere Bedingungen reagieren und den Plan an die Realität anpassen. Wäre das nicht gewollt, könnte man auch einen Roboter die Arbeit machen lassen.

Eigentlich banal

Während jedoch bei der Modellierung der Geschäftsprozesse die Sicherheitsprofis (hoffentlich) mitgearbeitet haben, stehen die Mitarbeitenden in der Realität alleine da. In Entscheidungssituationen sind sie auf den Wissensschatz angewiesen, den sie haben. Auch wenn es banal sein mag: Marketingprofis kennen sich mit Marketing aus, Vertriebler mit Vertrieb und Einkäuferinnen mit Einkauf. Also beurteilen sie diese Situationen auch aus ihrer entsprechenden Perspektive.

In vielen Fällen wird aus der einmaligen Improvisation ein dauerhaftes Provisorium. Es ist also die eine Sache, anhand definierter Geschäftsprozesse Sicherheitsrichtlinien festzulegen, und eine andere, den Mitarbeitenden Handlungssicherheit zu geben, wenn von diesen Richtlinien abgewichen werden muss. Oft genug hilft nur, vor Ort zu sein und den Akteuren aktiv unter die Arme zu greifen, wie im Beispiel gezeigt.

Sicherheitsverstöße sind die Regel

Man könnte jetzt die Frage stellen, warum Mitarbeitende nicht um Hilfe bitten, wenn sie merken, dass geplante Sicherheitsrichtlinien sich nicht realisieren lassen. Diese Frage ist berechtigt. Wer sie aber stellt, sollte sich vor Augen führen, dass Mitarbeitende permanent gegen Sicherheitsregeln verstoßen. Dass sie nicht den ganzen Tag ein schlechtes Gewissen haben, liegt einzig daran, dass sie gar nicht alle Richtlinien kennen. Die Fehler sind meist nicht allzu gravierend, und selbst den hoch motivierten Sicherheitsprofis unterlaufen sie, auch wenn die ja eigentlich mit gutem Beispiel voran gehen sollten –.

---

[26] Bundesamt für Sicherheit in der Informationstechnik; BSI-Standard 200-1; Managementsysteme für Informationssicherheit (ISMS); Version 1.0; Oktober 2017; Seite 28 u. a. ⊳

Machen Sie den Test und lesen Sie Ihr eigenes Sicherheitskonzept. Bei jeder Maßnahme fragen Sie sich, ob Sie in der letzten Woche dagegen verstoßen haben oder ob Sie ihr zu 100 % gefolgt sind. Sie werden ziemlich oft feststellen, dass Sie von den Maßnahmen abgewichen sind:

- Sie haben sich sicher schon mal mit Angehörigen über eine Kollegin unterhalten, wo sie wohnt, und ob sie verheiratet ist und Kinder hat? Sind Sie sicher, dass Sie all diese Daten von ihr in der Kaffeepause erfahren haben? Oder waren die Informationen doch aus dem Personalbogen oder anderen internen Dokumenten?
- Sie haben mit jemandem aus der Marketingabteilung über ein Projekt der Forschungsabteilung gesprochen? Hätte der diese Informationen auch bekommen, wenn er direkt in der Forschung angerufen hätte?

„drive-by"-Risikoanalyse

Weitere Beispiele fallen Ihnen jetzt sicher alleine ein. Sie als Sicherheitsprofis haben natürlich vorher abgewägt, ob diese kleinen Verstöße in Ordnung gehen. Und genau so machen es die Mitarbeitenden auch. Nur stützen diese sich bei ihrer kleinen *„drive-by"*-Risikoanalyse auf das Fachwissen, das sie nun mal haben: Im Marketing, als Vertriebler oder Einkäufer, während bei Ihrer Entscheidung jahrelange Berufserfahrung als Sicherheitsprofi zugrunde liegt. Die Trefferrate dieser *„drive-by"*-Risikoanalysen der Mitarbeitenden ist niederschmetternd schlecht. In Abschnitt *4.4.3.3 „drive-by"*-Risikoanalysen werden wir versuchen sie zu erhöhen.

Geschäftsprozesse werden interpretiert

Es reicht für die Konzeptionierung der Security-Bühne nicht aus, den Text der anderen Bühnen zu lesen. Sie müssen die Vorstellung besuchen und im Text mitlesen – nur so fällt Ihnen auf, wann die Akteure davon abweichen. Um rauszufinden, wie groß die Diskrepanzen sein können, empfehle ich folgendes: Lesen Sie Goethes Faust und besuchen Sie danach eine Vorstellung. Sie werden feststellen, dass mancher Regisseur nicht einen Stein auf dem anderen gelassen hat. So ähnlich agieren die Regisseure der anderen Bühnen des Unternehmens auch, wenn sie es für nötig halten. Sie werden das aber nur erfahren, wenn Sie sich vor Ort ein Bild machen. Nur so erhalten Sie einen Einblick in die Problemfelder, die dort im Fokus stehen.

Zwänge, Ziele, Prioritäten und Risiken

Wenden wir uns also den Problemfeldern der Mitarbeitenden zu. Das ist nicht einfach und es wird komplexer, je granularer man die Sache angeht. Die Ziele der Mitarbeitenden ergeben sich letztlich aus dem Arbeitsvertrag und werden beispielsweise in Zielvereinbarungsgesprächen festgelegt.

Es wird Ihnen sicher schwerfallen, Zielvereinbarungen der Mitarbeitenden in die Hände zu bekommen, um hier Klarheit zu erlangen. Da sprechen dann *Datenschutzbedenken* dagegen, oder ähnliches. Das wäre dann so ein Fall, bei dem der Datenschutz zu den Zielen des Managements passt und daher verteidigt wird. Fünf Minuten später werden dieselben Zielvereinbarungen von dem Vorgesetzten als Vorlage an einen alten Studienfreund geschickt, der für seine Mitarbeitenden auch Zielvereinbarungen schreiben muss. Dann passt der Datenschutz nicht mehr zu den Zielen des Managers, der dem Freund noch einen persönlichen Gefallen schuldet. Interessanter sind diese persönlichen Ziele, weil diese in keinem Firmenprozess berücksichtigt sind und dazu neigen, Sicherheitsvorfälle auszulösen.

Prioritäten sind gewichtete Ziele

Es hilft nicht, einem Mitarbeiter zu garantieren, dass Zeitverzögerungen in Sicherheitsfragen keine Rolle spielen, wenn dieser Mitarbeiter am Hochzeitstag mit seiner Frau zum Essen verabredet ist und diese ihm garantiert hat, sich scheiden zu lassen, wenn er noch ein Mal zu spät kommt. Die Ziele, die das Unternehmen gesteckt hat und die äußeren Zwänge, die auf dem Mitarbeiter an diesem Tag lasten, wirken sich auf seine Prioritäten aus. Prioritäten sind gewichtete Ziele und die Gewichtung verschiebt sich in dieser Situation deutlich. Auch die Risiken, die er wahrnimmt werden sich nicht mehr mit denen decken, die *planbare Mitarbeitende* üblicherweise erkennen. Wenn er an diesem Tag in Stress gerät, dann kommt er vielleicht, entgegen der Sicherheitsvorschriften, auf die Idee ein höchst vertrauliches Papier mit in die U-Bahn zu nehmen, um es dort auf dem Nachhauseweg zu lesen. In seine *„drive-by"*-Risikoanalyse fließt nicht ein, dass er das Papier in dem ganzen Stress in der U-Bahn vergessen könnte oder ähnliches. Auf seiner Liste der Risiken steht auf den ersten drei Positionen: Scheidung, Scheidung, Scheidung und danach kommt lange nichts.

Verhindern oder verurteilen?

Entscheidend ist, welche übergeordnete Security-Strategie gilt: Will man Vorfälle verhindern, oder gibt man sich mit einem Schuldigen zufrieden. Wer als Sicherheitsprofi Vorfälle verhindern will, kommt nicht umhin, sich mit den Problemfeldern der einzelnen Mitarbeitenden auseinanderzusetzen, sich ihnen zumindest anzunähern. Für den Anfang reicht ein Gespür dafür, welche Abteilung unter Zeitdruck arbeitet und welche genügend Zeit für alle Sicherheitsanforderungen hat.

Bitte keine Panik verbreiten

Wenn Sie Vorfälle verhindern wollen, müssen Sie für die Mitarbeitenden als Ansprechpartner greifbar sein und ein Vertrauensverhältnis aufbauen. Immerhin müssen die Mitarbeitenden damit rechnen, in Schwierigkeiten zu geraten, wenn sie bei Ihnen ihr Fehlverhalten thematisieren. Das darf unter keinen Umständen geschehen. Diese Art von Kommunikationsgeschick fordert sogar der IT-Grundschutz von den IT-Sicherheitsbeauftragten: *„Mitarbeiter (müssen) davon überzeugt sein, dass ehrliche Antworten nicht gegen sie selbst verwendet werden.*[27]*"*

Abbildung 17: Vertrauen ist alles, wenn Sie wissen wollen, wo der Schuh drückt

27 https://www.bsi.bund.de/DE/Themen/ITGrundschutz/ITGrundschutz Kompendium/umsetzungshinweise/ISMS/Umsetzungshinweise_zum_ Baustein_ISMS_1_Sicherheitsmanagement.html, Bundesamt für Sicherheit in der Informationstechnik; Umsetzungshinweise zum Baustein ISMS.1 Sicherheitsmanagement; eingesehen am 19.12.2019

Kommen wir nun zur letzten Gruppe von Protagonisten auf der Security-Bühne.

2.4 Personal- und Interessenvertretungen

Das heiße Eisen

Viele betrachten Personal- und Interessenvertretungen als das heiße Eisen schlechthin. Aus meiner Sicht keine gute Basis für eine fruchtbare Zusammenarbeit und der eigentliche Ausgangspunkt vieler Konflikte.

Scheitern vorprogrammiert

Ehrlich gesagt habe ich nie verstanden, wie man zu der zweifelhaften Erkenntnis kommen kann, dass man sich mit jemandem, dessen Job es ist, informiert zu sein, besser verstehen könnte, wenn man ihm Informationen vorenthält, um einem Konflikt aus dem Weg zu gehen. Das muss ja schief gehen.

Ich habe diese Herangehensweise schon unzählige Male beobachtet und es wirklich mehrfach versucht sie zu verstehen – es ist mir bisher nicht gelungen. Gehen Sie auf die Leute zu und sprechen Sie mit ihnen über die Dinge, die in Zukunft geplant sind. Wenn sie Ihnen die Tour vermasseln wollen, werden sie es früher oder später sowieso tun – dann doch lieber bevor Sie viel Zeit investiert haben?!

Allerdings – das muss man auch eingestehen – kommen die beschriebenen Vorbehalte nicht von ungefähr. Sie beruhen auf schlechten Erfahrungen der Vergangenheit. Wollen wir mit so einer schlechten Erfahrung beginnen:

> *Die Betriebsratsvorsitzende hat den Chef zur Rede gestellt, warum durch den CISO E-Mails der Mitarbeitenden kontrolliert werden. Der CISO wird zum Chef zitiert, und dort nach allen Regeln der Kunst zurechtgewiesen. Der Chef sagt, er könne sich im Moment keinen Ärger mit dem Betriebsrat erlauben, da sie in wichtigen Verhandlungen steckten. Der CISO bekommt noch ein abfälliges „Die Mail-Leserei hört auf! Dafür haben wir Sie hier nicht eingestellt!" zugeworfen und das Gespräch ist beendet.*

Wie konnte das passieren? Der CISO war gewarnt: „Nimm dich bloß vor dem Betriebsrat in Acht", hatte man ihm gesagt und er war ihm vorsichtshalber lange aus dem Weg gegangen und jetzt das.

Dass er gar keine Mails gelesen hat, sondern der Server lediglich die Metadaten der Mails protokolliert, hatte den Chef schon gar nicht mehr interessiert.

Informationsrechte achten

Aus dem Weg gehen ist wohl nicht die beste Idee. Die meisten Interessenvertretungen haben das Recht informiert zu werden, nicht sich zu informieren. Klar, dass sie sauer reagieren, wenn sie von einer Sache zum ersten Mal auf dem Flur hören, über die sie eigentlich von Gesetzes wegen hätten informiert werden müssen. Aus meiner Erfahrung ist es gerade für Sicherheitsprofis sehr hilfreich auf die Interessenvertretungen zuzugehen.

Ein Personalrat sagte einmal zu mir, er wäre nicht dazu da, Mitarbeitende zu schützen, die gegen die Regeln verstoßen. Im Gegenteil: Bei Verstößen gegen sinnvolle und abgestimmte Regeln sei eine Reaktion der Vorgesetzten unerlässlich. Nach diesem Gespräch wurde mir klar, wie wichtig es sein kann, wenn eine Mitarbeitendenvertretung einer Maßnahme zustimmt und diese für sinnvoll und im Interesse aller erachtet. Wer will eine solche Maßnahme noch in Frage stellen, ohne sich Ärger einzuhandeln.

Ursache und Wirkung

Bei Sicherheitsmaßnahmen geht es ja eigentlich nicht um Richtungsentscheidungen, über die man ausführlich diskutieren kann. In den meisten Fällen geht es um klare Ursache-Wirkung Zusammenhänge, die Schaden abwenden sollen. Wenn Sie jetzt sagen, dass man aber trotzdem auch über völlig unstrittige Maßnahmen streiten muss, dann sollten Sie sich die Formulierung noch einmal genauer anschauen: unstrittig ... streiten?! Wenn man streitet, ist es eben nicht unstrittig. Und selbst wenn Sie sagen unter Security-Leuten ist das unstrittig. Was hilft Ihnen das im Streit mit Menschen mit geringerer Expertise? Aus meiner Erfahrung hilft das keinen Schritt weiter.

Strittig oder nicht?

Auch mich verfolgte vor einigen Jahren eine technische Fragestellung, die eigentlich seit Jahrzehnten unstrittig ist: Ist mittels MAC-Filterung eine sichere Erkennung von Fremdgeräten im Netzwerk zu realisieren. *„Nein, natürlich nicht"*, werden Sie sagen. *„MAC-Adressen kann meine Oma fälschen"*, werden Sie sagen. Klar! Das habe ich auch immer gedacht. Aber es gibt IT-Sicherheitsleute, Projektleiter, Juristen und sogar IT-Sachverständige, die das Gegenteil behaupten können – im schlimmsten Fall sogar vor Gericht: *„MAC-Filterung ist Stand der Technik und erfüllt im Branchenvergleich die Anforderungen der Spitzengruppe"*, hieß es im Tenor. So bitter das ist: Ob ein Thema strittig ist oder nicht entscheiden nicht Sie, sondern Ihr Gesprächspartner, der eine andere Meinung vertritt. Diese Erkenntnis gilt übrigens nicht nur für die Interessenvertreter, um die es in diesem Abschnitt geht, sondern ganz generell. Solange ein Thema strittig ist, muss man es eben erneut erklären – im Notfall immer und immer wieder.

Am gleichen Strang ziehen

Kommen wir zurück zu den Interessenvertretern. Diese können nämlich auch zum Verbündeten werden. Zum Beispiel, wenn die Geschäfts- oder Behördenleitung eine Maßnahme ablehnt, können Sie unter Umständen mit der Interessenvertretung weiterkommen. Eine Möglichkeit, die sich gerade für Datenschützer lohnen kann. Vertreten diese doch in nicht unerheblichem Maße die Rechte der Mitarbeitenden. Auch andere Themen der Post-Snowden-Ära sind dazu geeignet bei den Interessenvertretungen auf offene Ohren zu stoßen. Es wird Ihnen aber sicher nicht gelingen diese vor Ihren Karren zu spannen, wenn Sie ihnen nicht auch etwas anzubieten haben – eine Hand wäscht die andere. Gestalten Sie die Zusammenarbeit nicht als Einbahnstraße und Sie werden viel Ärger vermeiden.

In die anderen Protagonisten hineinversetzen

Aber auch in anderen Fällen: Die Risiken aus den Problemfeldern des Top-Managements sind andere, als die der Mitarbeitenden. Wenn ein Geschäftsführer bereit ist Risiken zu tragen, die für einen Geschäftsbereich existenzgefährdend sein könnten, sehen das die Mitarbeitenden dieses Geschäftsbereichs sicher etwas anders. Das Ziel eines Geschäftsführers ist es vielleicht den Gewinn zu steigern, weil das von den Gesellschaftern mit einem Bonus honoriert wird. Das Ziel der Mitarbeitenden könnte es hingegen sein, einen sicheren Arbeitsplatz zu haben, um ein Haus abzubezahlen.

Wenn Sie in so einem Dilemma feststecken, kann Ihnen eine gute Zusammenarbeit mit den Interessenvertretungen ihres Unternehmens oder Ihrer Behörde das Leben retten und das Thema für Sie ins Spiel bringen. Sicherheitsprofis genießen im Allgemeinen keinen Kündigungsschutz – einige Interessenvertreter schon.

Alternative Kommunikationskanäle

Je nach Größe Ihres Unternehmens oder Ihrer Behörde steigen Sie beim Thema Interessenvertretungen allerdings auch in die große Politik ein. Das birgt natürlich auch Risiken, die hier nicht verschwiegen werden sollen. Wenn sie es jedoch geschickt anstellen, können Sie von der Zusammenarbeit profitieren. Sie müssen sich hier also besondere Mühe geben, die Problemfelder zu analysieren.

Politik

Lassen Sie sich aber in keinem Fall von den Unkenrufen abschrecken und kontaktieren Sie die Ansprechpartner in Ihrem Unternehmen frühzeitig.

Sie können dabei nichts verlieren: Wenn der Betriebsrat Ihre neu geboren Idee für eine Videoüberwachung des Werkstors nicht gut findet, wird er sie nicht besser finden, wenn er erst davon erfährt, wenn sie bis ins Detail ausgeplant ist. Wenn Sie aber immer wieder mal mit dem Betriebsrat über neue Bedrohungen und mögliche Gegenmaßnahmen sprechen, werden Sie bald ein Gespür dafür bekommen, was geht und was nicht.

Nichts zu verlieren

Laden Sie doch die Interessenvertreter Ihrer Organisation doch zu einer kleinen Privatvorstellung der Security-Bühne ein und gewähren Sie einen Einblick in Ihre Arbeit. Erklären Sie, wie Sicherheitsmaßnahmen zustande kommen und warum sie sein müssen, auch wenn es manchmal lästig ist. Mit ein wenig Geschick gewinnen Sie auf diesem Weg einen starken Verbündeten.

2.5 Zusammenfassung

Welchen Zwängen unterliegen die Protagonisten? Welche Ziele verfolgen sie mit welchen Prioritäten? Welche Risiken beunruhigen sie? Das waren die Fragen, mit denen wir uns im Kapitel auseinandergesetzt haben. Von der Geschäftsführung über die Sicherheitsprofis zu den Mitarbeitenden und deren Interessenvertretungen haben wir gesehen, dass jeder Akteur seine eigenen

Zwänge, Ziele, Prioritäten und Risiken

Problemfelder hat, die man sich als Sicherheitsprofi zunutze machen kann. Dadurch wird es möglich, die eigenen Ziele in die Ziele der Anderen zu übersetzen.

Mit dem Kartoffeldiagramm der Sicherheit können Sie die Schnittmengen mit den anderen Sicherheitsprofis Ihres Bereichs identifizieren, um sich nicht gegenseitig auf den Füßen zu stehen. Die Problemfelder der Akteure der Security-Bühne sollten Sie in einer Tabelle gegenüberstellen und diese regelmäßig analysieren.

Wie geht es weiter?

Nachdem wir uns nun eingehend mit den Personen beschäftigt haben, mit denen man als Sicherheitsprofi zu tun hat, stehen im nächsten Kapitel die Besonderheiten im Mittelpunkt, die Security-Konflikte aufweisen. Warum kommt es überhaupt zu Konflikten? Liegt es an den Beteiligten, oder ist die Aufgabe, der sich Sicherheitsprofis Tag für Tag stellen müssen, einfach konfliktträchtig?

3. Kapitel

3 Arten von Security-Konflikten

„Wasch mir den Pelz, aber mach mich nicht nass.“
-- Redensart

Wenn ein Mitarbeiter seiner Arbeit nicht nachkommt, handelt er sich irgendwann Ärger ein; eine Konsequenz, die einigermaßen logisch erscheint. Die unlogische Umkehrung würde lauten, sich Ärger einzuhandeln, wenn man seine Arbeit ordnungsgemäß und gewissenhaft erledigt.

Wer arbeitet, bekommt Ärger

Aber genau diese unlogische Umkehrung gilt für viele Sicherheitsprofis: Informations- und IT-Sicherheits-beauftragte, Datenschützer, CISOs und Co. müssen damit leben, dass ihre Arbeit nicht immer gut ankommt, auch wenn sie gerade dafür eingestellt worden sind. Unter Umständen müssen sie mit Ärger rechnen, wenn sie zu sehr bohren. *„Keiner oder kaum ein IT Leiter oder Vorstand möchte, dass man in seinem System eine Sicherheitslücke findet. Selbst dann nicht, wenn er es sagt“*, schrieb ein Freelancer vor einigen Jahren im IT-Security-Forum des Business-Netzwerks

S. Klipper, *Konfliktmanagement für Sicherheitsprofis*, Edition <kes>,
https://doi.org/10.1007/978-3-658-31841-3_3

XING.[28] Umgekehrt können Sie sich jedoch nach konfliktgeladenen Gesprächen auch rückversichern und fragen, ob Sie zu sehr bohren und die Dinge zu hartnäckig angehen. Ich habe vor kurzem nach einem sehr angespannten Meeting mit dem Leiter einer größeren Behörde gefragt, ob wir es lieber etwas lockerer angehen lassen sollen: *„Nein, genau so weitermachen"*, war die Antwort. Danach haben wir noch einen Anruf aus dem Vorzimmer bekommen, dass unsere Hartnäckigkeit sehr willkommen ist.

Konflikt-Falle

Das ist eines der Grundprobleme, die Sicherheitsprofis in Konfliktsituationen bringen. Häufig ist der Konflikt vorprogrammiert und in gewisser Weise auch gewollt. Wenn man so will, kann und soll man der Konflikt-Falle kaum entrinnen. Auf der Security-Bühne haben wir uns daher eingehend mit den Problemfeldern der Protagonisten befasst, mit ihren Zielen, Zwängen, Prioritäten und Risiken.

Systematisierung nötig

Wir haben in Kapitel 2 den Rahmen gesteckt, in dem sich Security-Konflikte abspielen, ohne jedoch näher darauf einzugehen, ob es sich formal um Konflikte handelt, und nach welchen Gesetzmäßigkeiten sie entstehen. Wir werden daher unsere bisherigen Erfahrungen mit der Security-Bühne in den folgenden Abschnitten systematisieren. Am Ende des dritten Kapitels ist dann das Handwerkszeug zusammen, um als Sicherheitsprofi die möglicherweise unvermeidlichen Security-Konflikte in geregelte Bahnen leiten zu können.

Modelle des Konfliktmanagements

Wir werden uns in diesem Kapitel einige ausgewählte Modelle des Konfliktmanagements ansehen und anhand dieser die Eigenarten von Security-Konflikten erhellen. Ziel ist es, Klarheit über spezielle Kommunikationssituation zu erhalten, in denen Sicherheitsprofis Tag für Tag stecken. Die Modelle beleuchten das Thema jeweils aus einem ganz eigenen Winkel und sind – wie z. B. das Normenkreuz nach Gouthier (Abschnitt 3.3) – ursprünglich gar nicht für die Security-Branche entwickelt. Man merkt jedoch schnell, dass sie gute Arbeit leisten, die Probleme zu verstehen, denen man sich als Sicherheitsprofi stellen muss.

---

28 https://www.xing.com/app/forum?op=showarticles;id=7816814; eingesehen am 14.10.2014 (keine Archivierung möglich, da im Mitgliederbereich)

3.1 Was sind Security-Konflikte

Der Begriff „Konflikt"

Bevor wir zu den Modellen des Konfliktmanagements kommen, müssen wir uns fragen, was eigentlich Konflikte sind. Unzählige Bücher wurden bereits über Konflikte geschrieben und man könnte meinen, dass diese Frage hinlänglich geklärt sei. Sind sie einfach eine Form des Streits? Was macht Konflikte aus? Ab wann kann man von einem Konflikt sprechen und wann ist man stattdessen zweierlei Meinung? Was im Rahmen dieses Buchs aber am meisten interessiert: Was im Speziellen sind Security-Konflikte? All diesen Fragen werden wir nun auf den Grund gehen.

Abbildung 18: Konfliktsituation: Ein Akteur beeinträchtigt die Interessen des anderen[29]

Der gemeinsame Nenner

Bevor man eine Meinungsverschiedenheit als Konflikt bezeichnet, müssen einige Voraussetzungen erfüllt sein. Auch wenn in der Literatur unterschiedliche Definitionen und Herangehensweisen anzutreffen sind, so lassen sich diese doch alle auf einen gemeinsamen Nenner bringen, der hier vorgestellt werden soll. Konflikte drehen sich immer um eine gewisse Anzahl voneinander abhängiger Personen, deren gegensätzliche Interessen und den Willen diese durchzusetzen. Die im Folgenden genannte Definition soll die Grundlage für die hier gemachten Überlegungen bilden:

29 Nach einer Zeichnung von Klaus Puth in: Regina Mahlmann; Konflikte managen: Psychologische Grundlagen, Modelle und Fallstudien; 2001; Beltz; ISBN 9783407363893; Seite 76

Begriffs-definition

Man spricht von einem Konflikt, wenn eine Interaktion zwischen mindestens zwei Akteuren die folgenden Merkmale aufweist[30]:

- Mindestens ein Akteur empfindet, vermutet oder erfährt eine Beeinträchtigung…
- …bei der Verwirklichung seiner Interessen.
- Trotz einer empfundenen Abhängigkeit vom anderen Akteur…
- …ist er bemüht, die Beeinträchtigung zu beseitigen bzw. seine Interessen durchzusetzen.

Und wieder: Ziele und Zwänge

Im Zentrum von Konflikten stehen also die Interessen von Akteuren und die Art und Weise, wie sie sich bei deren Verwirklichung gegenseitig im Weg stehen. Diese Sichtweise auf einen Konflikt kommt unseren bisherigen Ergebnissen entgegen, haben wir diesen Zusammenhang doch schon bei den Problemfeldern unter den Stichworten *Ziele* und *Zwänge* näher betrachtet.

Überall Regeln

Eine gängige Forderung an Sicherheitssysteme ist es, dem Mensch sicherheitskritische Entscheidungen abzunehmen. Das System soll so das Sicherheitsrisiko Mensch ausschalten. Während Unternehmensphilosophie, Führungsgrundsätze und andere Regelwerke den Betroffenen Handlungsspielräume ermöglichen, bleibt für Entscheidungen in den gängigen Security-Policies wenig Raum: Es ist alles verboten, was nicht ausdrücklich erlaubt ist und erlaubt wird nur, was abgesichert ist. Regeln bestimmen die Security-Szenerie.

„My home is my castle"

Das ist ja an sich noch nicht problematisch, spielen Regeln doch insgesamt im Leben eine große Rolle. Wir alle sind Regeln mehr oder weniger gewohnt. Von Kindesbeinen an lernen wir uns in einer reglementierten Welt zurechtzufinden. Bis zu dem Tag, an dem wir unseren ersten Computer bekommen haben: Endlich frei! Windows fährt hoch und wir surfen mit Administrator-Rechten durch die unendlichen Weiten des Internet. Es wird installiert, was gefällt – Adware, Spyware und Trojaner inklusive. Auf dem Computer ist ja *„nichts drauf"* und bei der üblichen

30 Regina Mahlmann; Konflikte managen: Psychologische Grundlagen, Modelle und Fallstudien; 2001; Beltz; ISBN 9783407363893; Seite 18

Installationswut ist ohnehin alle drei Monate eine Neuinstallation fällig – dann ist alles wieder sauber. Wir melden uns fleißig bei Freemail-Anbietern, in Portalen und sozialen Netzwerken an und geben dabei so manches persönliche Detail bekannt – keiner hinterfragt wozu. Rund um den Monitor im privaten Arbeitszimmer kleben Passwortzettel, liegen PIN-Briefe und Zugangsdaten – my home ist my castle! So wie wir unseren privaten Computer bedienen, so nutzen wir auch unser privates Handy, den WLAN-Router, den Smart-TV: Selbstverwirklichung und technische Möglichkeiten stehen im Vordergrund.

Folgen antiautoritärer Erziehung

In Sachen Security haben wir alle eine ziemlich antiautoritäre Erziehung hinter uns. Unter diesen Umständen sind Regeln schwer zu verkraften. Es wäre für Anwender dieser Prägung schon schlimm genug, wenn die Security-Policy gemeint wäre wie die Unternehmensphilosophie: Wichtig, wenn möglich. Aber nein, sie lautet: Es ist alles verboten, was nicht ausdrücklich erlaubt ist! Da hört es dann auf Spaß zu machen.

Auf dem Boden der Tatsachen

Nach Jahren und Jahrzehnten antiautoritärer Prägung kommt irgendwann der Tag des ersten Kontakts mit einem Sicherheitsprofi: In der Einführungsveranstaltung für die neuen Kolleginnen und Kollegen wird dann erklärt, wie sich das in Zukunft mit Administrator-Rechten, Software, Clean Desk, Datenschutz, Smartphone und Co. verhält.

Abbildung 19: Konfliktsituation: Die Vorstellungen der Mitarbeitenden werden mit den Sicherheitsrichtlinien konfrontiert.

Machen wir den Test

Wenn wir nun wissen wollen, ob auf Dauer gut gehen kann, was in diesem Moment der Wahrheit aufeinanderprallt, brauchen wir nur unsere Konflikt-Definition von weiter oben zu Rate ziehen:

- Eine Interaktion zwischen mindestens zwei Akteuren: *In unserem Fall sind das die Arbeitnehmer und die Sicherheitsprofis.*
- Ein Akteur empfindet, vermutet oder erfährt eine Beeinträchtigung:
  Das wären zweifelsohne die Arbeitnehmer, die mit den Sicherheitsrichtlinien konfrontiert werden.
- Gegen die Verwirklichung seiner Interessen: *Dies sind die Interessen der Arbeitnehmer, die durch die Sicherheitsrichtlinien nicht verwirklicht werden können: Administrator-Rechte, private Software, Zettel mit Passwörtern auf dem Schreibtisch etc.*
- Empfundene Abhängigkeit vom anderen Akteur: *Die Abhängigkeit schließlich entsteht aus dem Arbeitsverhältnis.*

Bis hier her sind während der Einführungsveranstaltung für die neuen Mitarbeitenden fast alle Konflikt-Voraussetzungen erfüllt. Wenn sich jetzt einfach alle an die Regeln halten, würde es keinen Konflikt geben. Wir wissen, dass die Realität anders aussieht. Wäre es nicht so, würden Sie dieses Buch nicht in Händen halten. Kommen wir also zur letzten Konflikt-Voraussetzung:

- Die Beeinträchtigung soll beseitigt werden und die Interessen werden von den Beinträchtigen weiterverfolgt: *Durch Software, die zur Nutzung keine Admin-Privilegien benötigt, wird das Administrator-Problem gelöst. Passwortzettel werden unter der Tastatur oder in der obersten Schublade des Schreibtischs versteckt etc.*

Konflikt: unausweichlich

Die beschriebene Situation scheint ausweglos, der Konflikt zwischen den Sicherheitsprofis und den anderen Personen auf der Security-Bühne unter diesen Umständen unausweichlich. Mit der weit verbreiteten Holzhammermethode steuert man unweigerlich auf eine Konfliktsituation zu, in der einiges zu Bruch gehen kann.

3.2 Verhaltenskreuz nach Schulz von Thun

Standortbestimmung

Der letzte Abschnitt hat mehr Fragen aufgeworfen, als er Antworten gebracht hat. Wie konnte es so weit kommen? Was ist daran falsch, mit dem risikoreichen und liederlichen Umgang mit der privaten IT-Ausstattung aufzuräumen? Daran ist nichts falsch, das ist ja das Dilemma, in dem sich Sicherheitsprofis befinden. Bevor ich Sie also gänzlich demotiviere, müssen wir beginnen nach einem Ausweg aus dieser Konflikt-Misere zu suchen. Zur Beschreibung von Konfliktsituationen schlägt Friedemann Schulz von Thun in seiner Reihe *„Miteinander reden“* ein Verhaltenskreuz[31] vor, das uns bei der Suche nach einer Richtung als Landkarte dienen soll. Unser erster Schritt dabei ist, unseren Standort zu bestimmen.

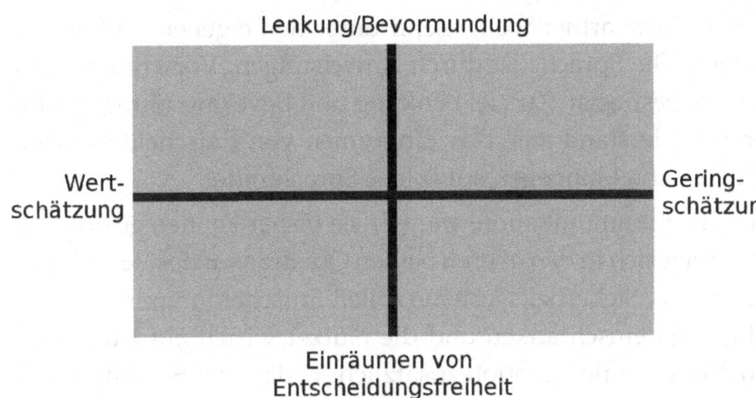

Abbildung 20: Verhaltenskreuz nach Schulz von Thun

Verhaltenskreuz

Schauen wir uns das Modell näher an: In zwei Dimensionen werden auf dem Verhaltenskreuz zuerst *Wertschätzung* und *Geringschätzung* und als Zweites *Lenkung/Bevormundung* und das *Einräumen von Entscheidungsfreiheit* aufgespannt. Das Verhaltenskreuz spricht mit diesen Dimensionen vor allem die Beziehungsseite der Kommunikation an. Es geht also weniger um die

31 Friedemann Schulz von Thun; Miteinander reden 1 – Störungen und Klärungen. Allgemeine Psychologie der Kommunikation; 1981; Rowohlt Taschenbuch Verlag; ISBN: 3499174898; Seite 162 ff

inhaltlichen Aspekte, sondern wenn man so will um die sozialen Auswirkungen der Kommunikation.

3.2.1.1.1 Wertschätzung und Geringschätzung

x-Achse

Zu einer wertschätzenden Kommunikation gehören Höflichkeit, Takt und freundliche Ermutigung. Ebenso wird eine Umkehrbarkeit des Sprachverhaltens gefordert: *„Was du nicht willst, das man dir tu, das füg' auch keinem andren zu!"* Mit Wertschätzung ist freilich nicht gemeint, sich gegenseitig Honig um den Mund zu schmieren oder die Worte in Watte zu packen.

Eine geringschätzende Kommunikation hingegen ist emotional kalt, abweisend und von oben herab. Man zeigt dem Gegenüber auf diese Weise seine Abneigung oder möchte ihn oder sie sogar lächerlich machen.

3.2.1.1.2 Lenkung/Bevormundung und Einräumen von Entscheidungsfreiheit

y-Achse

Durch Lenkung oder Bevormundung versucht man den Kommunikationspartner weitgehend unter den eigenen Einfluss zu bringen. Die Sprache ist durch Anweisungen, Vorschriften und Verbote bestimmt. Zu viel Lenkung und Bevormundung löst inneren Widerstand aus. Das Einräumen von Entscheidungsfreiheit verzichtet hingegen auf solche Sprachmittel.

Standort: Zwangsläufig im Konfliktbereich

Security-Kommunikation, wie wir sie bisher kennen gelernt haben, spielt sich in den oberen beiden Quadranten des Verhaltenskreuzes ab. Sicherheitssysteme sollen Entscheidungsspielräume ja bewusst einschränken und die Nutzer gezielt auf Kurs bringen. Meist ist die Situation zusätzlich so, dass der Security-Fachmann mit seinem Wissensvorsprung ein Abdriften in den rechten Teil der Graphik nicht verhindern kann. Manch einer geht derart blauäugig und ablehnend an das Thema Security heran, dass es schwerfällt, dem mit Wertschätzung gegenüberzutreten: Konflikt vorprogrammiert!

3.2.1 Fallbeispiel: Das Angebots-Fax

Einzelne Äußerungen lassen sich also in der emotionalen, sowie der Lenkungsdimension im Verhaltenskreuz einschätzen. Als Beispiel greifen wir auf die Situation aus dem Fallbeispiel von Seite 38 zurück. Der Sicherheitsbeauftragte Dave *„erwischt"* den Manager Ted, wie der am Fax steht und eine vertrauliche Angebotsunterlage abschicken will.

Natürlich kann er Ted direkt und ohne Umschweife auf seinen Fehler Aufmerksam machen:

Angriff

> *„Ich glaub' ich spinne! Hände weg von dem Fax! Wohl vergessen, was im Sicherheitskonzept steht? Wer lesen kann, ist klar im Vorteil! Fax! Veralteter geht's wohl kaum?"*

Klar, dass Ted bei diesem bevormundenden und wenig wertschätzenden Angriff auf Gegenangriff schaltet.

Ebenso wenig gut wäre es, wenn Dave resigniert:

Resignation

> *„Sie schon wieder. Klar: Angebotsunterlagen im Fax verschicken! Aber Sie machen ja sowieso was Sie wollen."*

Die zwei bisher vorgestellten Arten Ted anzusprechen, werden nicht zum Ziel führen, sondern eher das Gegenteil bewirken, wie jedem schnell einleuchten wird.

Dave muss sich auf seinen Gesprächspartner einstellen, auch wenn es schwerfällt. Wertschätzung muss sein:

Wertschätzung muss sein

> *„Hi Ted, schön Sie zu sehen. Wie geht's? Angebotsunterlagen im Fax sind verboten. Sie müssen die Unterlagen anders übermitteln."*

Das ist schon deutlich besser, weil es Teds Persönlichkeit nicht angreift und klar macht, was erlaubt ist und was nicht. Auf der anderen Seite wird Ted immer noch bevormundet. Das löst bei einigen Menschen Ablehnung aus.

Freiheit lassen

Diese kann man vermeiden, wenn man dafür sorgt, dass das Gespräch weiter gehen kann und Teds Ziele ebenfalls berücksichtigt werden:

> *„Hi Ted, schön Sie zu sehen. Ich fürchte, dass Angebotsunterlagen im Fax verboten sind. Ist es wirklich so eilig? Es gibt da bessere Möglichkeiten."*

Dave hat gesagt, wo sein Problem liegt und Ted kann nun seine Meinung zum Thema sagen. Damit sind wir inhaltlich auf der gleichen Schiene wie im ersten Beispiel, auf der Kommunikativen Schiene allerdings in einer deutlich besseren Richtung unterwegs. Danach liegt es natürlich erst einmal wieder an Dave, an der Problemlösung mitzuwirken. Diese Bereitschaft muss natürlich zumindest in homöopathischen Dosen vorausgesetzt werden.

Die möglichen Antworten Daves sind in den jeweils passenden Quadranten des Verhaltenskreuzes eingetragen:

Abbildung 21: Die vier Antwortmöglichkeiten von Dave

Lenkung/Bevormundung

Wertschätzung			Geringschätzung
	Hi Ted, schön Sie zu sehen. Wie gehts? Angebotsunterlagen im Fax sind verboten. Sie müssen die Unterlagen anders übermitteln.	Ich glaub' ich spinne! Hände weg von dem Fax! Vergessen, was im Sicherheitskonzept steht? Wer lesen kann ist klar im Vorteil!	
	Hi Ted, schön Sie zu sehen. Ich fürchte, dass Angebotsunterlagen im Fax verboten sind. Ist es wirklich so eilig?	Sie schon wieder. Klar: Angebotsunterlagen im Fax verschicken! Aber Sie machen ja sowieso was Sie wollen.	

Einräumen von Entscheidungsfreiheit

Vom Sender zum Empfänger

Das Verhaltenskreuz bildet also vier Quadranten, in denen man nun schauen muss, wo man steht. Will man Konflikte vermeiden und setzt auf nachhaltige Verhaltensänderungen, kommt man nicht umhin, sich im Verhaltenskreuz nach unten links zu orientieren. Bevor wir jedoch in diese zweifelsohne lohnenswerte

Richtung aufbrechen, sollten wir uns überlegen, wer dort auf uns wartet.

3.3 Normenkreuz nach Gouthier

Zielgruppenbestimmung

Der Kunde ist König heißt der Grundsatz jeder Dienstleistung. Und wer König ist, wird *wertschätzend* behandelt und hat allerlei *Entscheidungsfreiheit*. Mit diesen beiden Attributen schlagen wir im Verhaltenskreuz die richtige Richtung ein, um Konflikten vorzubeugen. Aber auch Kunden unterliegen Regeln. Sicherheitsprofis müssen sich auf eine große Anzahl von Kunden einstellen und es lohnt sich, diese genauer zu betrachten und in Gruppen einzuteilen.

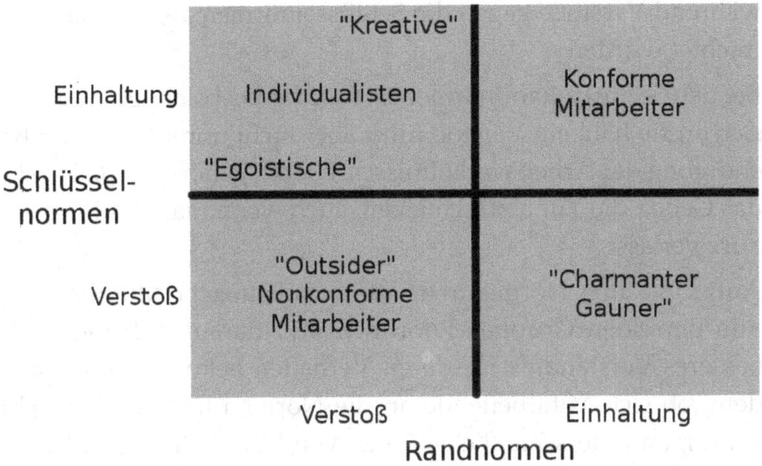

Abbildung 22: Normenkreuz nach Gouthier

Matthias H. J. Gouthier[32] hat ursprünglich zur Beschreibung von Kundenbeziehungen ein Normenkreuz eingeführt, dass eine Einteilung in solche Kundengruppen ermöglicht. Es fokussiert auf das Kundenverhältnis im Dienstleistungsbereich und wird auch in der Konflikt-Literatur zitiert. Das liegt daran, dass die Frage im Mittelpunkt steht, inwieweit die Kunden sich an bestimmte Normen halten, die für die Beziehung zwischen Kunde und Dienstleister gelten. Es eignet sich hervorragend, um auch das Verhältnis der Security-Profis mit ihren Kunden

32 Matthias H. J. Gouthier, Bernd Strauss; Kundenentwicklung im Dienstleistungsbereich; 2003; Gabler; ISBN 3824476754; Seite 48

darzustellen. Im Normenkreuz unterscheidet man nach den Schlüsselnormen (Muss- bzw. Grundnormen) und den Randnormen (Soll- bzw. Kann-Normen). In diese Systematik gilt es nun die in einem Unternehmen oder einer Behörde vorgegebenen Security-Normen einzuordnen.

Schlüsselnormen

An den Schlüsselnormen kommt man nicht vorbei. Sie sind sozusagen die Grundvoraussetzung für die Aufrechterhaltung des Arbeitsvertrags. Hier werden Normen eingruppiert, welche die Legalität des Verhaltens von Mitarbeitenden fordern. So führt es unweigerlich zur Kündigung, wenn man vertrauliche Entwicklungsdaten an die Konkurrenz weitergibt, weil hier eine Schlüsselnorm verletzt wäre.

Randnormen

Die Randnormen sind die abgeschwächte Form einer Vorschrift. Gegen sie zu verstoßen entspräche einer Ordnungswidrigkeit, während Verstöße gegen die Schlüsselnormen als Straftaten betrachtet würden.

Bei den Security-Randnormen ist es zwar beabsichtigt, dass man sich an sie hält, ein Verstoß führt aber nicht unmittelbar zur Beendigung des Arbeitsverhältnisses. Hierzu gehört beispielsweise das Gebot, die Tür abzuschließen, auch wenn man das Büro nur kurz verlässt.

Unterschiedliche Typen von Mitarbeitenden

Aufgrund ihrer Normentreue kann man einzelne Mitarbeitende nun einzelnen Gruppen zuordnen und darauf aufbauend ein besseres Verständnis für deren Verhalten bekommen. Je nachdem, ob sich Mitarbeitende an die Normen halten oder nicht, kann man unterschiedliche Typen von Mitarbeitenden identifizieren wie sie in Abbildung 22 gezeigt sind.

Konforme Mitarbeitende

Mitarbeitende, die sich sowohl an Schlüssel- als auch an Randnormen halten, bezeichnet man als *konforme Mitarbeitende.* Für ein Unternehmen wären das etwa Mitarbeitende, die Schlüsselnormen wie ihre Verschwiegenheitspflicht gemäß Datenschutzgesetz einhalten und darüber hinaus auch Randnormen beachten und beispielsweise regelmäßig an den internen Sicherheitsschulungen teilnehmen.

Ausschluss aus dem System

Bei Verstößen gegen Schlüsselnormen wird zwischen den *Outsidern* und den *charmanten Gaunern* unterschieden. Für Personen, die sich nicht an Schlüsselnormen halten, fordert Gouthier den

Ausschluss aus dem System. Die Störung der Interaktion zwischen den Beteiligten – und damit das Konfliktpotential – ist in der unteren Hälfte des Normenkreuzes seiner Ansicht nach einfach zu groß.

Es hilft nun mal nicht weiter, wenn eine Mitarbeiterin, die vertraulichen Entwicklungsdaten an die Konkurrenz weitergegeben hat, immer ihre Bürotür abschließt und sämtliche Sicherheitsschulungen aufmerksam verfolgt. Was in diesem Fall zählt, ist der Geheimnisverrat.

Kreative Individualisten

Bei den Mitarbeitenden, die sich an Schlüsselnormen halten, sich aber bei den Randnormen nicht allzu gewissenhaft verhalten, sind die *kreativen Individualisten* für das Unternehmen oder die Behörde besonders wertvoll. Diese können den Sicherheitsprofis durch ihr abweichendes Verhalten Innovationspotential aufzeigen. Sie stellen damit quasi eine Qualitätssicherung der Randnormen sicher.

Egoistische Individualisten

Die *kreativen Individualisten* sind von den *egoistischen Individualisten* abzugrenzen, die sich einfach alles erlauben, was straffrei bleibt. Sie halten sich gerade eben noch so an die Schlüsselnormen, während die Einhaltung von Randnormen als überflüssig betrachtet wird.

Die Unterscheidung fällt schwer

Wenn man Mitarbeitende nach diesem Schema gruppieren will, muss man sich zunächst im Klaren darüber sein, welche Sicherheitsmaßnahmen zu den Schlüsselnormen gehören und welche als Randnormen gelten sollen.

Diese Frage ist aber nicht ganz so leicht zu beantworten, wie es scheint, sind doch die Randnormen nicht unmittelbar als solche zu erkennen. Die Unterscheidung ergibt sich eher aus der gelebten Praxis. Da ist es verständlich, dass Mitarbeitende auch mal aus Versehen in die untere Hälfte des Normenkreuzes abrutschen. Das ist aber für uns ein ganz wichtiger Grenzbereich, denn viele Security-Konflikte entstehen in dieser Grauzone. Wer auf seinem Flur monatelang nur offene Türen sieht, ist zu Recht überrascht, wenn der Sicherheitsbeauftragte das plötzlich in den Bereich der Schlüsselnormen rückt und ein Exempel statuieren will und eine Abmahnung verlangt.

Die individuelle Wahrnehmung entscheidet

Für die Sicherheitsprofis heißt das: Arbeit an der gelebten Praxis. Es ist nicht entscheidend, ob eine Norm im Sicherheitskonzept als Schlüsselnorm ausgewiesen wurde, oder ob sie objektiv eine sein sollte. Wichtig ist, dass bei Schlüsselnormen das eigene Fehlverhalten, vor dem Hintergrund der gelebten Praxis, überhaupt bemerkt werden kann!

Lieferung ohne Bestellung

Ein weiterer Aspekt, der Security-Kunden von anderen Kunden unterscheidet, ist der folgende: Normalerweise werden Kunden in irgendeiner Weise Dienstleistungen nachfragen und Anbieter stellen sie zur Verfügung. Die Security-Kundenbeziehung sieht aber meist so aus, dass die Verbote und Reglementierungen niemand nachfragt. Das Problem entsteht dadurch, dass sie trotzdem geliefert werden.

Kleine Erfolge feiern

Dadurch sinkt der Anteil *konformer Mitarbeitender*, wodurch wiederum die gelebte Praxis dahingehend beeinflusst wird, dass die sichtbare Grenze zwischen Schlüsselnormen und Randnormen zerfließt. Das macht es nahezu unmöglich, dass Informations- und IT-Sicherheitsbeauftragte, Datenschützer, CISOs und Co. in ihrem Kundenstamm wirklich *konforme Mitarbeitende* haben. Wenn der Schwerpunkt bei *kreativen Individualisten* liegt, ist schon viel gewonnen. Da diese mit ihrem Innovationspotential gut für die Weiterentwicklung eines Systems sind, bietet das Chancen, die Sicherheitskultur voran zu bringen.

Normenkreuz und Verhaltenskreuz vereinigt

Versuchen wir nun, die bisherigen Überlegungen zusammenzufassen: Das Verhaltenskreuz hat gezeigt, dass wir mit wertschätzendem Verhalten und mehr Entscheidungsfreiheit das Konfliktpotential reduzieren können. Im Normenkreuz sind besonders die *kreativen Individualisten* von Interesse. Kombiniert man diese beiden Folgerungen, gelangt man zu einem Ansatz, mit dem man einiges erreichen kann.

Tabelle 2: Kombination von Verhaltenskreuz und Normenkreuz

<table>
<tr><th>Verhaltenskreuz / Normenkreuz</th><th>wertschätzend/ entscheidungsfrei</th><th>wertschätzend/ lenkend</th><th>geringschätzend/ lenkend</th></tr>
<tr><td>Outsider</td><td></td><td></td><td>X</td></tr>
<tr><td>Charmante Gauner</td><td></td><td></td><td>X</td></tr>
<tr><td>Egoistische Individualisten</td><td></td><td colspan="2">X--------------X</td></tr>
<tr><td>Konforme Mitarbeitende</td><td></td><td>X</td><td></td></tr>
<tr><td>Kreative Individualisten</td><td colspan="2">X---------------X</td><td></td></tr>
</table>

In Tabelle 2 wird die Kombination von Verhaltenskreuz und Normenkreuz übersichtlich dargestellt und vorgeschlagen, mit welchem Verhalten man welcher Gruppe von Mitarbeitenden begegnen sollte. Aus dem Verhaltenskreuz übernehmen wir jedoch nicht alle Verhaltenskombinationen, da der Kombination *geringschätzend* und *entscheidungsfrei* wenig Positives abgewonnen werden kann. Arbeiten wir uns nun von oben nach unten durch die Tabelle.

Unsere Möglichkeiten

Während bei den *Outsidern* und den *charmanten Gaunern* außer Frage steht, auf weitere Entscheidungsspielräume zu verzichten und klar zu machen, dass das gezeigte Verhalten inakzeptabel ist, kann man den *egoistischen Individualisten* schon mit mehr Verständnis begegnen. Immerhin halten sie sich an die wichtigen Schlüsselnormen. Damit ist viel gewonnen. Das systematische Auflehnen gegen jede Regel, die nicht gleich mit Kündigung bewährt ist, kann jedoch nicht geduldet werden. Auch hier sind Entscheidungsspielräume fehl am Platze. Die Frage, ob es sinnvoll ist Entscheidungsspielräume einzuräumen, stellt sich zuerst bei den konformen Kunden – machen sie doch alles richtig. Spielräume bei Sicherheitsrichtlinien bergen jedoch Risiken, die nur eingegangen werden sollten, wenn damit ein Ziel verfolgt wird. *Konforme Mitarbeitende* verhalten sich aber richtig, auch ohne dass man noch einen zusätzlichen Anreiz setzen müsste. In diesem Fall gilt daher die alte Weisheit: Never change a running system! Erst wenn *konforme Mitarbeitende* ihr Verhalten ändern, werden Maßnahmen erforderlich.

Spiel mit dem Feuer

Mit den *kreativen Individualisten* schließlich müssen wir flexibel umgehen, wollen wir doch ihr Innovationspotential nutzen. Dass sie mit offenen Augen durch die Welt gehen und an den Sicherheitsrichtlinien mitarbeiten, kann durch ausgewählte Freiräume in eine Richtung gelenkt werden. Aber Vorsicht: Es *kann* nicht nur gelenkt werden, es *muss* auch gelenkt werden! Im Grunde gleicht dieses Vorgehen dem Spiel mit dem Feuer und darf nur unter strenger Aufsicht durchgeführt werden. Für den Augenblick reicht es jedoch, diese Möglichkeit im Hinterkopf zu behalten. Wir werden im weiteren Verlauf dieses Buchs darauf zurückkommen.

Die Kombination aus Verhaltens- und Normenkreuz bietet einige Ansatzpunkte, um den Scherbenhaufen aufzuräumen, den Abschnitt 3.1 hinterlassen hatte. Die Inhalte der folgenden Kapitel werden – neben den auf Seite 12 vorgestellten Problemfeldern – auch auf Tabelle 2 mit der Kombination aus Verhaltens- und Normenkreuz aufbauen. Damit ist ein wichtiger Meilenstein erreicht.

Wie geht es weiter?

Im nächsten Abschnitt wird eine besondere Art von Security-Konflikt vorgestellt: Interessenkonflikte. Diese treffen vor allem Sicherheitsprofis, die ihre Arbeit nur nebenamtlich machen. Ein weiterer Aspekt der Interessenkonflikte ist die Frage *„Wer kontrolliert den Kontrolleur"*. Danach befasst sich Abschnitt 3.5 mit dem Paradoxon, dass erhöhte Sicherheitsmaßnahmen letztlich mit einem Vertrauensverlust verbunden sind. Den Abschluss des Kapitels bildet ein Fallbeispiel aus der ExAmple AG, die wir bereits kennengelernt haben.

3.4 Interessenkonflikte

Überall wo unterschiedliche Interessen aufeinanderprallen, kann man von Interessenkonflikten sprechen. Wir beschäftigen uns in diesem Sinne schon seit Beginn dieses Buchs mit Interessenkonflikten. Für diesen Abschnitt sind jedoch die unterschiedlichen Interessen von Bedeutung, welche die Sicherheitsprofis mit sich selbst verhandeln müssen. Also nicht in einem offenen Gespräch zwischen zwei Parteien, sondern als unbeobachtetes Zwiegespräch vor dem Gericht des eigenen Gewissens.

Im Gespräch mit sich selbst

Es gibt zwei Hauptgruppen von Interessenkonflikten: Eine, die sich eher im Unterbewussten abspielt und sich ohne böse Absicht negativ auf die Sicherheit auswirkt – sie kann jeden treffen, der neben Sicherheit noch mit anderen Aufgaben betraut ist. Bei einer weiteren Gruppe von Interessenkonflikten wird die Sicherheit bewusst und zur Erreichung eines anderen Ziels geschwächt. Für sie ist wenigstens unethisches Verhalten, unter Umständen ein gehöriges Maß an krimineller Energie ausschlaggebend.

Zwei Hauptgruppen

3.4.1 Die „Zweit-Job-Falle“

Für Viele ist Security nur ein Nebenjob. Gerade in kleinen und mittleren Unternehmen ist es üblich nebenamtliche Informations- und IT-Sicherheitsbeauftragte oder Datenschützer zu haben. Ein solches Vorgehen muss man nicht von vornherein verdammen. Warum sollte nicht der IT-Leiter gleichzeitig der IT-Sicherheitsbeauftragte sein oder jemand aus der Rechtsabteilung als Datenschutzbeauftragter bestellt werden? So übernimmt jemand die Kontrollfunktion, der sich nicht lange einarbeiten muss und etwas von der Materie versteht. Wenn die Personalressourcen knapp sind, spricht viel dafür, zwei Tätigkeiten in Personalunion wahrzunehmen.

Wer jedoch zwei Aufgaben gleichzeitig wahrnimmt, steht täglich vor der Entscheidung: Heute lieber die eine und morgen lieber die andere Aufgabe. Man muss bedenken, dass gerade beim Thema Security dieser Interessenkonflikt fast immer eine Entscheidung zwischen gemischtem Eis oder trocken Brot ist. In den seltensten Fällen wird man von Montagmorgen bis Mittwochmittag Personalbearbeiterin sein können, um sich dann den Rest der Woche dem Datenschutz zu widmen. Selbst wenn: Im zweiten Teil der Woche würde man regelmäßig mit Vorgängen aus der Personalbearbeitung gestört werden, weil das *„nun mal wichtiger ist und dringend bis nächste Woche fertig werden muss"*. Wenn die betroffene Personalbearbeiterin jedoch Dienstag zu ihrem Abteilungsleiter sagt, dass er am Verzeichnis der Verarbeitungstätigkeiten nach EU-DSGVO arbeiten muss, dann *„hat das sicher auch noch bis Donnerstag Zeit"*.

Abbildung 23: Interessenkonflikt: Gemischtes Eis oder lieber trocken Brot

Eigentlich ein alter Hut

Ein ähnlicher Fall beschäftigte bereits 1994 den Ersten Senat des Bundesarbeitsgerichts (BAG). Hier sollte eine EDV-Fachkraft zusätzlich Datenschutzbeauftragter werden. Der Betriebsrat hatte sich wegen des entstehenden Interessenkonflikts gegen die zusätzliche Tätigkeit gewandt. Im Leitsatz zum Gerichtsbeschluss heißt es: *„Bedenken gegen die Zuverlässigkeit können sich daraus ergeben, dass der Arbeitnehmer neben seiner Aufgabe als Datenschutzbeauftragter Tätigkeiten ausübt, die mit seiner Kontrollfunktion unvereinbar sind, weil sie den Arbeitnehmer in einen Interessenkonflikt geraten lassen."*[33]

Fehlerhafte Aufbauorganisation

Werden Sicherheitspositionen also in Zweitfunktion besetzt, sind die sich widerstrebenden Interessen mehr als nur am Rande

[33] BAG; Beschluss des 1. Senats; Mitbestimmung des Betriebsrates bei Versetzung eines Datenschutzbeauftragten; 22.03.1994; Aktenzeichen: 1 ABR 51/93

zu berücksichtigen, auch wenn das in der Praxis häufig völlig anders aussieht und die Aufbauorganisation vieler Unternehmen sich dafür kaum interessiert.

Eingangs haben wir uns mit der These beschäftigt, dass Sicherheitsprofis zwar bestellt werden, aber eigentlich niemand hören will, was sie zu sagen haben. In dem Fall, der 1994 das BAG beschäftigte, fängt dieses Problem für den Datenschutzbeauftragten sehr früh an: Als der Chef die Bestellung unterschrieben hatte, hätte die erste Amtshandlung des Datenschutzbeauftragten sein müssen, die Bestellung in Frage zu stellen – zum Glück hatte das damals der Betriebsrat für den Datenschutzbeauftragten übernommen. Erinnern wir uns an dieser Stelle kurz an die in Abschnitt 2.4 gezeigten Chancen einer fruchtbaren Zusammenarbeit mit den Personal- und Interessenvertretungen.

Warum unbeliebt machen?

Nun wäre das Problem der inneren Zerrissenheit an sich schon schlimm genug, könnte man sie für sich behalten. Will man seinen Zweit-Job jedoch mit dem nötigen Ernst wahrnehmen, bleibt nichts anderes übrig als den Interessenkonflikt bei jeder Gelegenheit zu thematisieren. Hier kommen wir dem Kern des Problems dieses Interessenkonflikts schon sehr nahe. Was soll der Mitarbeiter im nächsten Small-Talk mit der Geschäftsleitung thematisieren? Irgendwelche Sicherheitsprobleme (trocken Brot) oder doch lieber das erfolgreich abgeschlossene Projekt, mit dem man sich für eine bessere Stelle empfehlen kann (gemischtes Eis – mit Kirschen). Eigentlich müsste er die Sicherheitsprobleme ansprechen, dulden sie doch keinen Aufschub. Schnapp – die *„Zweit-Job-Falle"* ist zu!

3.4.2 Wer kontrolliert den Kontrolleur?

Ein noch älterer Hut

Bereits im Abschnitt über die Sicherheitsbeauftragten stand uns Pawero Pate, der Sicherheitschef aus dem Tal der Könige. Pawero musste zur Zeit des Pharao Ramses IX (1127/1128 bis 1100 v. Chr.) einer Plage von Grabräubern Herr werden. Leider konnten sich die Plünderer zu dieser Zeit bei den Sicherheitsbeamten durch Bestechung mit der Beute freikaufen. An der Spitze derer, die die Hand aufhielten stand: Pawero selbst. Letztlich stolperte er über den Fall des Grabräubers Amenpanufer, der sich nicht freikaufen konnte und unter Folter auspackte. Bis es soweit war, ermöglichte es Paweros Position jedoch, die Ermittlungen zu seinen Gunsten zu beeinflussen und seine Beteiligung zu verschleiern.[34]

Es fängt oft klein an...

Wieder drängt sich die Frage auf, ob man Vorfälle verhindern will, oder ob man nur einen Schuldigen braucht. Wer ausschließen will, dass ein Sicherheitssystem rissig wird, muss die Frage stellen: Wer kontrolliert den Kontrolleuer? Nun müssen die Risse nicht gleich so groß sein, wie bei Pawero. Als er durch Amenpanufer zu Fall gebracht wurde, war es freilich zu spät. Wahrscheinlich fing es aber mit mehr oder weniger kleinen Verfehlungen an. So weit müsste man zurückgreifen, wenn man die große Verfehlung am Ende verhindern wollte.

Was hält den IT-Sicherheitsbeauftragten ab, am Arbeitsplatz privat zu surfen, obwohl das nicht erlaubt ist, wenn er doch der einzige ist, der die Protokolldateien der Server einsehen kann? Was hindert den Sicherheitsbeauftragten daran, den neuen Eintrag im eigenen polizeilichen Führungszeugnis zu verschweigen? Und wer sollte den Datenschutzbeauftragten aus der Personalabteilung dabei erwischen, die Leistungsbeurteilungen der Abteilungsleiter zu sammeln und mit nach Hause zu nehmen? Alle drei unterliegen der Versuchung, sich nicht selbst kontrollieren zu müssen.

...wächst...

Die Versuchung wächst, wenn die Sicherheitsfunktion nicht hauptamtlich wahrgenommen wird, sondern als Nebenjob, wie wir es im vorigen Abschnitt bereits erörtert haben. Insbesondere unterliegen die Betroffenen in dieser Situation in ihrer Haupttätigkeit denselben Zwängen, wie die normalen Mitarbeitenden und schnell werden in der „drive-by"-Risikoanalyse auch die selben Fehleinschätzungen getroffen.

...und gerät dann außer Kontrolle

Um der Versuchung zu widerstehen, braucht es ein gehöriges Maß an persönlicher Integrität und Disziplin. Selbst Pawero wird sich nicht vorgenommen haben Sicherheitschef im Tal der Könige zu werden, nur weil er dort einen Grabräuberring hochziehen kann. Auch er wird sich dieser Rolle in kleinen Schritten

---

[34] Pascal Vernus; Affairs and Scandals in Ancient Egypt; 2003; Cornell University Press; ISBN 978-0801440786; Seite 5 ff

angenähert haben. Diese kleinen Schritte entsprechen einem Spiel mit dem Feuer. Steht man weit genug von den Flammen entfernt, kann man sich ihnen ohne Gefahr einen Schritt nähern, danach noch einen Schritt. Von Schritt zu Schritt wird es wärmer, aber noch nicht heiß. Bis man sich verbrennt, oder gar in die Flammen gestoßen wird – wie Pawero von Amenpanufer.

Sich selbst in Betracht ziehen

Als Sicherheitsprofi ist man dieser Versuchung täglich ausgesetzt. Man sollte deshalb bei der Sicherheitskonzeption nicht nur an alle anderen Mitarbeitenden im Unternehmen oder der Behörde denken. Man muss sich selbst in die Risikoanalyse mit einbeziehen, so wie der nebenamtliche Datenschutzbeauftragte aus der EDV-Abteilung, der seinen Arbeitgeber auf den Beschluss des Bundesarbeitsgerichts aufmerksam macht. Und auch der IT-Sicherheitsbeauftragte, der sein Administratorkonto nach dem Vier-Augen-Prinzip nur im Beisein eines weiteren Administrators benutzt und die Zugriffe dokumentiert, tut genau das.

Vertrauen verlieren

Es gibt wohl nichts Verheerenderes für Sicherheitsprofis, als gegen die eigenen Sicherheitsrichtlinien zu verstoßen. Glaubwürdigkeit und Vertrauen gehen so dauerhaft verloren. Die Beschränkung der eigenen Möglichkeiten steigert hingegen das Vertrauen in den Kontrolleur und die Akzeptanz, die ihm letztlich entgegengebracht wird, da er sich ja sozusagen selbst aushalten muss – eat your own dogfood.

Vertrauen gewinnen

Vertrauen spielt eine große Rolle bei der Vermeidung von Konflikten. In der Definition von Konflikten auf Seite 54 wird gefordert, dass ein Akteur eine Beeinträchtigt bei der Verwirklichung seiner Interessen empfindet, vermutet oder erfährt. Es muss also keine wirkliche Beeinträchtigung vorliegen, es reicht aus, dass eine Beeinträchtigung *empfunden* oder *vermutet* wird. Dem kann man nur mit vertrauensbildenden Maßnahmen entgegenwirken.

3.5 Vertrauensverlust durch Sicherheitsmaßnahmen

Die Überschrift dieses Abschnitts ist gleichzeitig eine These, die nicht unbedingt auf den ersten Blick einleuchtet. Sie besagt, dass Sicherheitsmaßnahmen nicht zu mehr Vertrauen führen, sondern das Gegenteil hervorrufen: Misstrauen. Im Konfliktmanagement ist Misstrauen jedoch Gift, denn wie wir gesehen haben, können Konflikte in einer vertrauensvollen Umgebung vermieden werden. Ein prüfender Blick mit der Konfliktbrille lohnt sich also, denn für Vertrauensverlust gilt: Je weniger man den Mitmenschen vertraut, desto eher vermutet man, dass die eigenen Interessen missachtet werden könnten und desto eher fühlt man sich beeinträchtigt.

Vertrauen...

Zunächst muss man klären, was Vertrauen ist. Durch was ist ein vertrauensvoller Umgang gekennzeichnet? Die Antwort fällt leichter, wenn man sie von der entgegengesetzten Seite angeht: Demnach ist Vertrauen vor allem ein Zustand, in dem keine gegensätzlichen Empfindungen, wie etwa Misstrauen, vorkommen.

...und Sicherheit...

Der zweite zentrale Begriff aus der Überschrift lautet Sicherheit. Sicherheit wird im Allgemeinen als ein Zustand beschrieben, der frei von Gefahr ist. Auch hier wird der Zustand durch die fehlenden Merkmale beschrieben. Vertrauen und Sicherheit sind bei dieser Sichtweise zum einen das Fehlen von Misstrauen und zum anderen das Fehlen von Gefahr.

...hängen voneinander ab.

Wie müsste eine Gemeinschaft sein, in der alle sicher sind? Nach den bisherigen Überlegungen dürfte in einer solchen Gemeinschaft von keinem Gefahr ausgehen. Wenn aber von keinem eine Gefahr ausginge, dann gäbe es auch keinen Grund, sich gegenseitig zu misstrauen. Man kann also sagen, dass in einer solchen Gemeinschaft alle sicher sind und gegenseitiges Vertrauen herrscht. Sicherheit und Vertrauen hängen also eng miteinander zusammen und stehen daher in einer Wechselbeziehung zueinander.

Die Sehnsucht nach Vertrauen

Was also passiert, wenn aus einer gefahrfreien Gemeinschaft einzelne ausscheren und zur Gefahr werden? Das würde bedeuten, dass es ab dann einen Grund gäbe, seinem Gegenüber zu misstrauen. Mit der verlorenen Sicherheit der Gemeinschaft wäre auch das Vertrauen untereinander verloren gegangen. Am ehesten merkt man diesen Verlust, wenn er abrupt geschieht, beispielsweise, wenn man von einer freundlichen und sicheren

Wohngegend in eine angespannte und unsichere zieht.[35] Instinktiv sehnt man sich nach der freundlicheren Umgebung zurück.

Die bisher nur abstrakt angesprochene Gemeinschaft könnte jede Gemeinschaft sein: Die Gesellschaft, in der wir leben, das Miteinander von Firmen und Kaufleuten, das Internet oder das Firmennetz. Egal wo, Menschen sehnen sich nach Vertrauen: Kaufleute wollen, dass die Zusage per Handschlag mehr Gewicht hat, als der Vertrag auf hundert Seiten Papier; Liebespaare wollen, dass das Treueversprechen vor dem Traualtar nicht durch einen viel genaueren und detaillierteren Ehevertrag verwässert wird; Urlauber vor dem Mietwagentresen wollen sich nicht in Vertragsklauseln verlieren, sondern einfach nur hören, dass der Vermieter hunderttausende zufriedene Kunden hat, deren Vertrauen nicht enttäuscht wurde. Menschen wollen einander vertrauen, selbst dann, wenn sie genau wissen, dass sie mit hoher Wahrscheinlichkeit enttäuscht werden, egal ob Geschäfts-, Ehe- oder Mietvertrag.

Sicherheitsmaßnahmen erzeugen Misstrauen

Was für eine Funktion haben Verträge? Im Kern sind es Sicherheitsmaßnahmen; der Geschäftsvertrag schützt vor Missverständnissen zwischen den Kaufleuten; der Ehevertrag schützt das Vermögen der Eheleute im Streitfall und der Kfz-Mietvertrag schützt vor einem bösen Erwachen, wenn man aus dem Urlaub zurück ist. Menschen wissen aber zumindest unterbewusst: Sicherheitsmaßnahmen braucht man nur dort, wo Gefahr herrscht und Gefahr ist nicht nur schlecht für die Sicherheit, sondern auch schlecht fürs gegenseitige Vertrauen. An dem Ehemann, der einen Ehevertrag wünscht, kann aus diesem Blickwinkel nicht alles in Ordnung sein: Entweder traut er seiner Frau nicht über den Weg, oder er traut sich selbst nicht und meint, sie müsse vor ihm geschützt werden.

Die Menschen, die sich für oder gegen diese Sicherheitsmaßnahmen entscheiden müssen, belassen häufig lieber alles beim Alten. Sie wollen sich nicht damit auseinandersetzen, dass die Welt in der sie sich bewegen, ihr Vertrauen in keiner Weise rechtfertigt. Das liegt zum einen an einem ungerechtfertigten Optimismus: *„Bei uns ist das Risiko einer Scheidung gleich 0! Das*

35 Martin Hartmann, Claus Offe (Hrsg.); Vertrauen. Die Grundlage des sozialen Zusammenhalts; 2001; Campus Fachbuch; ISBN 978-3593367354; Seite 86

unterscheidet uns von all den anderen Liebespaaren." Zum anderen an einer ausgeprägten Trägheit, die oft dazu führt, dass wir alles beim Alten belassen wollen, selbst wenn es unseren eigenen Interessen widerspricht. Mit der Zugewinngemeinschaft gibt es in Deutschland ja automatisch einen Ehevertrag und der Autovermieter hat den Vertrag schon hunderttausenden, zufriedenen Kunden vorgelegt. Warum soll man jetzt diese eine unverständliche Klausel zum Stichwort Schadensfall hinterfragen?[36]

Abbildung 24: Vertrauen und Sicherheit in Wechselwirkung

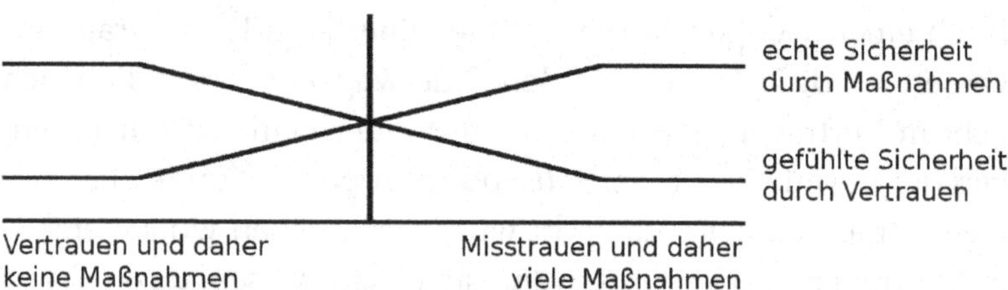

Das Sicherheitsparadoxon

Wir können nun die Abbildung von Seite 24 etwas präzisieren: Die echte Sicherheit steigt, wenn wir mehr misstrauen und viele Sicherheitsmaßnahmen umsetzen. Die gefühlte Sicherheit nimmt jedoch ab, da sich Menschen in vertrauensvollen Umgebungen, in denen Sicherheitsmaßnahmen unnötig sind, wohler fühlen. Vielfach handeln sie dabei irrational und versuchen den vertrauensvollen Zustand herzustellen, indem sie die Sicherheitsmaßnahme ablehnen und für überzogen erklären. Instinktiv wollen alle Mitarbeitenden in allen Unternehmen oder Behörden, dass man ohne Angst die Bürotüren offenlassen kann, ohne dass etwas gestohlen wird: *„Hier wird nichts geklaut"*, heißt es solange, bis dann doch etwas verschwindet.

Was bedeuten der aufgezeigte Zusammenhang und die Beispiele für uns? Zunächst einmal muss der Zusammenhang bekannt sein, um zu verstehen, warum so viele Sicherheitsmaßnahmen auf Ablehnung stoßen. Nur so kann man sich der Frage nähern, warum Mitarbeitende eine so ungeheuerliche Kreativität an den Tag legen können, sich Wege zu überlegen, bei denen der Aspekt des Vertrauens wieder die Oberhand gewinnen kann. Im

[36] Richard H. Thaler, Cass R. Sunstein; Nudge: Wie man kluge Entscheidungen anstößt; 2009; Econ; ISBN 978-3-430-20081-3; Seite 51 ff

Grunde bedeutet das, dass es scheinbar eine unbewusste Neigung dazu gibt, den gefühlten Vertrauensverlust, der durch Sicherheitsmaßnahmen entsteht, kompensieren zu wollen.

Konsequenz

Um hier moderierend tätig zu sein, werden vor allem starke kommunikative Fähigkeiten benötigt. Ein Sicherheitskonzept beschreibt nach Abbildung 24 nur die Kurve der echten Sicherheit: Gefährdungskatalog, Risikoanalyse und Maßnahmen. Was benötigt wird, ist ein Konzept, das die Kurve der gefühlten Sicherheit flankiert, die mit jedem Schritt der Sicherheitskonzeption abnimmt. Wer also Schreckgespenster an die Wand malt, darf seine Zuhörer nicht mit der Angst allein lassen, in einer Welt voller Misstrauen zu leben. Bei der Sicherheitskonzeption muss also solchen Maßnahmen der Vorzug gegeben werden, welche von den Beteiligten nicht erfordern, sich gegenseitig zu misstrauen. Misstrauen muss eine Sache der Sicherheitsprofis bleiben. Immer wenn eine Maßnahme von einem Mitarbeitenden fordert, dem Gegenüber zu misstrauen, muss man damit rechnen, dass sie umgangen oder nicht umgesetzt wird. Es erfordert eine viel zu große Disziplin, einem anderen in die Augen zu schauen und auch bei der hundertsten Begegnung noch zu zeigen, dass man sich nicht traut.

3.6 Fallbeispiel: Mehr Unterstützung von oben

In Kapitel 3 haben bisher theoretische Überlegungen überwogen: Definitionen, Koordinatensysteme und Kurvenverläufe standen im Mittelpunkt. Dabei ging es vor allem darum zu zeigen, mit welcher Art von Konflikten Sicherheitsprofis besonders zu kämpfen haben und was diese von all den anderen Problemen des Alltags unterscheidet. Zum Abschluss des Kapitels geht der Fokus wieder in die ExAmple AG zu den Sicherheitsprofis Alice (Datenschutz), Bob (CISO) und Dave (Werkssicherheit).

In Abschnitt 2.2.4.1 sind die drei übereingekommen, dass sie sich alle mehr Unterstützung vom Vorstand wünschen. Bob wurde in einem Telefonat vom Vorstand als der größte Arbeitsverhinderer der Firma beschimpft und Dave bemängelt, dass der Vorstand kaum Interesse an den Vorfällen der letzten Zeit zeigt. Jetzt sitzen sie wieder zusammen und überlegen, wie sie ihr Ziel erreichen können.

Alice liest vor: „Hier steht: Ein Konflikt ist eine Interaktion zwischen mindestens zwei Akteuren, wenn mindestens ein Akteur eine Beeinträchtigung bei der Verwirklichung seiner Interessen empfindet, vermutet oder erfährt. Trotz einer empfundenen Abhängigkeit vom anderen Akteur ist er bemüht, die Beeinträchtigung zu beseitigen bzw. seine Interessen durchzusetzen.“

„Also abhängig ist der Chef ja wohl nicht von uns.“, unterbricht Dave.

„…aber wir von ihm, und wir sitzen ja wohl hier zusammen, um unsere Interessen durchzusetzen. Aber auch andersherum: Wenn der Chef uns nicht bräuchte, würde er uns ja wohl kündigen. Und beeinträchtigt fühlen wir uns ja offensichtlich alle.“

Alice steht auf und malt ein Kreuz ans Flipchart. Es ist das Verhaltenskreuz. Daneben kommt eine Tabelle mit der Überschrift Brainstorming:

„Welche Möglichkeiten haben wir, das Thema ‚mangelnde Unterstützung durch den Chef‘ anzusprechen?“ Sie malt durch das Normenkreuz einen Pfeil in Richtung des Quadranten Wertschätzung/ Entscheidungsfreiheit: „Da müssen wir hin!“

Alice, Bob und Dave sammeln einige Punkte in der Tabelle, die ihnen spontan einfallen. Alice ermahnt die beiden zwischendrin, dass Ziel Wertschätzung und Entscheidungsfreiheit nicht aus den Augen zu verlieren.

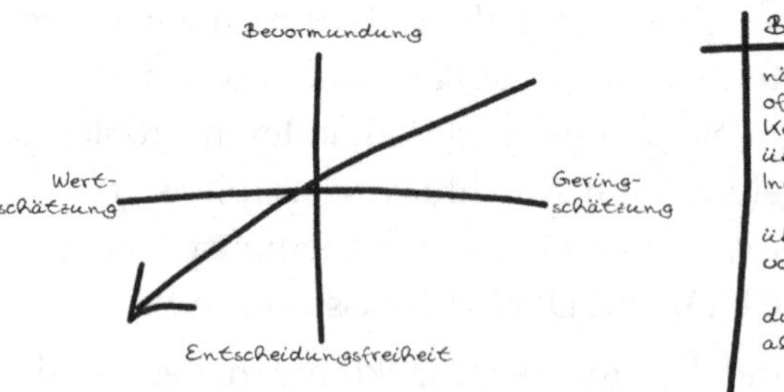

Abbildung 25: Alice, Bob und Dave analysieren ihre Situation

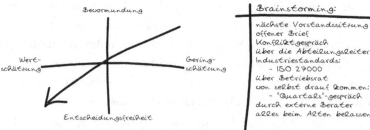

Nach ein paar Minuten haben sie ihre Ideen auf dem Flipchart zusammengeschrieben (Abbildung 25). Die Idee mit der nächsten Vorstandssitzung oder dem offenen Brief finden alle nicht besonders gut – der Pfeil zeigt nach unten links, nicht nach oben rechts. Eigentlich sind die Lösungen, die das Problem direkt ansprechen, alle nicht so gut geeignet, weil sie kaum Entscheidungsfreiheit lassen.

„So, welche Alternative enthält am meisten Wertschätzung und Entscheidungsfreiheit?", fragt Alice.

„Er muss von selbst draufkommen", antwortet Dave. „Wir müssen ihm die Sache so schildern, dass er von selbst draufkommt, dass wir seine Unterstützung brauchen!"

Bob ist von der Idee nicht so begeistert. Immerhin hat er vom Vorstand schon den Titel größte Arbeitsverhinderer der Firma bekommen. Eigentlich möchte er die Sache nicht weiter eskalieren lassen und sich zurückhalten. Mit seinem neuen Website-Projekt kann er beim Vorstand nun endlich mal Punkten. Diesen Erfolg will er nicht gefährden und sich daher lieber voll auf das Website-Projekt konzentrieren. Bob sitzt in der „Zweit-Job-Falle" fest. Auch wenn er sich mehr Unterstützung vom Chef wünscht, und gerne hätte, dass seine Arbeit als CISO mehr gewürdigt würde: Im Moment ist das für ihn eine Entscheidung zwischen gemischtem Eis und trocken Brot.

3.7 Zusammenfassung

Dieses Beispiel zeigt einerseits, wie leicht Sicherheitsprofis gute von schlechten Vorschlägen unterscheiden können, wenn sie Konflikte vermeiden wollen. Andererseits wird aber auch deutlich, in welchem Dilemma sie stecken, wenn es an deren Umsetzung geht. Aus diesen zwei Blickwinkeln beleuchtet Kapitel 3 die verschiedenen Arten von Security-Konflikten.

Rückblick

Den ersten Teil dieses Kapitels bilden die formale Definition eines Konflikts, das Verhaltenskreuz und das Normenkreuz. Diese liefern Instrumente, mit denen man Situationen oder Maßnahmen auf deren Konfliktpotential untersuchen kann. Im zweiten Teil wurden spezielle Herausforderungen vorgestellt, die auf

Sicherheitsprofis zukommen: Interessenkonflikte und Vertrauensverlust durch Sicherheitsmaßnahmen.

Was kommt jetzt?

Noch fehlen insbesondere die Mittel, mit denen man anstehende Sicherheitsmaßnahmen so vorbereitet, dass sie quasi von den Betroffenen selbst entschieden werden, so wie Dave im letzten Beispiel vorgeschlagen hatte. Schritt für Schritt nähern wir uns jedoch einem unserer Hauptziele: Der Vermeidung unnötiger Konflikte.

4.

Kapitel

4 Konfliktprävention

„Vorbeugen ist besser als Heilen."
-- Hippokrates von Kos (ca. 460 bis 370 v. Chr)

Heutzutage wird jeder präventiv tätig. Prävention ist ein beliebtes Modewort. Das rührt vor allem daher, dass es die Benennung eines klaren Ziels erspart. Man weiß zwar noch nicht ganz wohin, aber man weiß wohin nicht. Das Wort liefert quasi den gemeinsamen Feind, den kleinsten gemeinsamen Nenner, eben das, was vermieden werden soll.

Konflikten vorbeugen?

In der Medizin ist der Ansatz schon etwas älter und geht auf Hippokrates von Kos zurück. Aus seiner Formel *„Vorbeugen ist besser als Heilen"* wird kurzerhand die Krankheitsprävention. Und so werden wir in der heutigen Zeit gegen allerlei Dinge präventiv tätig. Das ist auch mit Konflikten nicht anders. Aber lässt sich die Formel *„Vorbeugen ist besser als Heilen"* so einfach ins Konfliktvokabular übertragen? Wie steht es mit der Konfliktprävention? Wie würde Hippokrates' Formel da lauten? Vorbeugen

S. Klipper, *Konfliktmanagement für Sicherheitsprofis*, Edition <kes>,
https://doi.org/10.1007/978-3-658-31841-3_4

ist besser als Bewältigen? Da stellt sich natürlich die Frage, ob es wirklich besser ist, Konflikten vorzubeugen, ihnen also aus dem Weg zu gehen, oder ob es besser ist, sie zu bewältigen. Wir wollen unter anderem dieser These im Folgenden auf den Grund gehen.

Ziel bereits erreicht

Wer das Wort Prävention benutzt, stellt gleichzeitig eine These auf. Im Fall der Konfliktprävention lautet diese: Es gibt zwei Wege, die von einem Ausgangspunkt zu einem Ziel führen. Der eine Weg geht über einen Konflikt und dessen Bewältigung zum Ziel; der andere Weg geht ohne einen Konflikt mehr oder weniger direkt zu dem Ziel. In der Formel *„Vorbeugen ist besser als Heilen"* sind Ausgangspunkt und Ziel gleich: Ein gesunder Mensch. Vorbeugen bedeutet also bereits am Ziel zu sein, und dort zu bleiben (vgl. Abbildung 26).

Abbildung 26: Vorbeugen statt Heilen

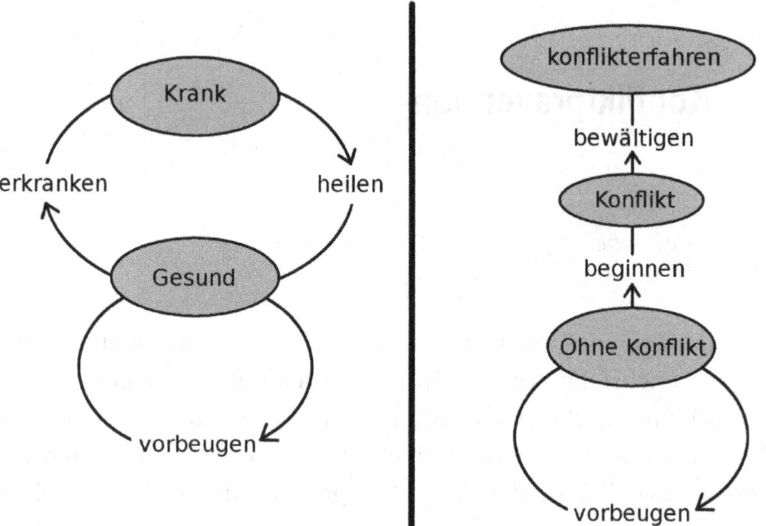

Augen zu und durch

Ganz so einfach ist es aber auch bei den Krankheiten nicht: Nehmen sie das Beispiel einer ansteckenden Krankheit, vor der man sich nicht durch eine Impfung schützen kann. Wenn man die Erkrankung jedoch einmal durchstanden hat, ist man immun. Die zwei Wege Vorbeugen und Heilen haben ein unterschiedliches Ziel. Man kann die beiden Wege daher kaum miteinander vergleichen. Unter Umständen ist das Vorbeugen sogar so aufwändig, dass es einfacher ist die Erkrankung einmal über sich ergehen zu lassen, um dann ein für alle Mal Ruhe zu haben.

Nicht ohne Spuren

Bei Konflikten aber sind Ausgangspunkt und Ziel nie gleich. Ein Konflikt hinterlässt bei den betroffenen immer Spuren und beeinflusst ihr zukünftiges Verhalten. Vorbeugen im medizinischen Sinn bedeutet in vielen Fällen Aufschieben. Man kann eine Erkältung durch vorbeugende Maßnahmen nicht gänzlich ausschließen. Man kann sie aber aufschieben, indem man sich im Winter z. B. wärmer anzieht. Zieht man sich nicht mehr wärmer an, erkältet man sich sehr wahrscheinlich.

Konflikte besser verschieben?

Der Hippokrates-Ausspruch wird zu: Verschieben ist besser als Heilen. Die These, die im Raum steht, wenn man von Konfliktprävention spricht, würde dann lauten: Verschieben ist besser als Bewältigen. In dieser Zuspitzung trifft das auf Konflikte leider nicht zu! Im Gegenteil, es gibt Konflikte, die sind unausweichlich und nötig: Im Rahmen der Team-Bildung werden Phasen durchlaufen, in denen Konflikte und deren Bewältigung eine wichtige Rolle spielen.[37] Ohne diese Konflikte kann die Entwicklung nicht weitergehen. Die zwei Wege Vorbeugen und Heilen haben in diesem Fall also zwei völlig voneinander verschiedene Ziele.

Bevor man sich also entscheidet, konfliktpräventiv tätig zu werden, muss man sich fragen: Ist es sinnvoll, den Konflikt zu vermeiden, oder sollte man besser versuchen, auf seinen Verlauf Einfluss zu nehmen?

4.1 Konfliktpräventive Kommunikation

Der Ton macht die Musik

Aber wie so oft im Leben gibt es nicht nur schwarz und weiß und daher gibt es auch Konflikte, deren Vermeidung durchaus in Betracht gezogen werden sollte. Neben den unvermeidlichen Konflikten, in deren Verlauf alle Beteiligten wachsen, gibt es nämlich auch solche, die ganz sicher ohne Nutzen sind. Sie entspringen nicht der Sache selbst, sondern dem Gespräch darüber. Der Konflikt ist dann kein Konflikt zur Sache mehr, sondern einer über die Art wie man ihn austrägt. Kurz gesagt: Der Ton macht die

[37] Hedwig Kellner; Projekte konfliktfrei führen: Wie Sie ein erfolgreiches Team aufbauen; 2000; Hanser; ISBN 9783446214910; Seite 146

Musik und genau der muss angepasst werden, wenn man diese unnützen Konflikte vermeiden will.

4.1.2 Vier Anforderungen

Um die eigenen Aussagen, unter der Forderung nach konfliktpräventiver Kommunikation in die richtige Tonspur zu bringen, muss man zunächst einige Gedanken zu gängigen Schwierigkeiten machen, die dabei auftreten, den richtigen Ton zu finden. Hierfür gibt es vier Anforderungen an konfliktpräventive Kommunikation, mit denen wir uns in den nächsten Absätzen beschäftigen wollen.

Anforderung 1: Klarheit

In vielen Streitgesprächen fällt irgendwann der Satz: *„Was ist eigentlich Dein Problem?"* Dieser Satz kommt üblicherweise nicht zu Beginn des Gesprächs, sondern leider erst viel zu spät, wenn zumindest klar ist, dass nichts klar ist. Sich klar auszudrücken ist die erste Anforderung der gesunden Konfliktprävention. Was klar ist und was nicht, bestimmt in jedem Fall der Empfänger einer Nachricht. Es hilft in einem konkreten Gespräch gar nichts, wenn man sich zwar objektiv klar ausgedrückt hat, subjektiv aber nicht verstanden worden ist.

Warum schauen die mich so komisch an? In meinem Kopf ergab das alles noch Sinn
?
?
?
?
?
?

Abbildung 27: Das Sender-Empfänger-Problem

Weniger ist oft mehr

Wenn man Mitarbeitenden in einer stundenlangen Marathon-Sitzung alle Sicherheitsregeln des Unternehmens in glasklarem deutsch präsentiert, werden diese trotzdem in einem trüben Brei verschwimmen, wenn nicht *klar* gemacht wurde, worauf es ankommt.

Klarheit entsteht in diesem Fall durch eine Begrenzung aufs Wesentliche. Wesentlich ist, was im Moment wichtig ist. Für einen neuen Mitarbeiter – nennen wir ihn Marvin – ist am ersten Tag wichtig, dass er zu dienstlichen Dingen verschwiegen sein muss.

Ihm zu sagen, dass Verstöße bei Personaldaten nicht nur arbeitsrechtliche, sondern auch datenschutzrechtliche Konsequenzen haben, er bei Entwicklungsgeheimnissen fristlos, bei sonstigen Interna mit Abmahnung und bei freigegebenen Daten gar nicht gekündigt wird, freigegebene Daten nur von Abteilungsleitungen, oder durch diese schriftlich Beauftragte, freigegeben werden können und er diese schriftliche Beauftragung jeweils telefonisch beim zuständigen Sicherheitsbeauftragten hinterfragen muss und er, wenn er das versäumt, doch fristlos entlassen wird, bringt nichts.

Konnten Sie mir folgen? Was bringt nichts? Es bringt nichts, jemanden mit mehr Informationen zu füttern, als er verkraften kann. Er wird verwirrt sein und dann sicher einiges falsch machen.

Anforderung 2: Knappheit

Sich knapp auszudrücken ist daher ebenso wichtig, wie sich klar auszudrücken. Diese Forderung ist jedoch nicht leicht zu erfüllen, verlangt sie doch von den Sicherheitsprofis wichtige Regelungen zunächst weg zu lassen. Wenn man eine Firewall neu startet, macht man es genauso: `INPUT, FORWARD, OUTPUT: DROP`[38]! Sehr klar, sehr knapp. Erst nach dieser Default Policy wird die Firewall mit den einzelnen Regeln und Ausnahmen gefüttert. Man sollte bei diesem Bild aber nicht vergessen, dass sich die Firewall alles merkt, was man ihr danach an Regeln mitgibt. Das ist bei Menschen leider nicht der Fall. Umso wichtiger ist es, die Default Policy klar und knapp zu präsentieren. Für den Mitarbeiter Marvin aus dem kleinen Beispiel heißt die Default Policy: Verschwiegenheit in allen dienstlichen Angelegenheiten und daran muss er sich im Zweifel immer erinnern.

Ebenso wenig hilfreich ist es, wenn man mit seinen Bildern und Vergleichen daneben liegt. Durch falsche Vergleiche wird der

[38] Richtig heißt es beispielsweise bei iptables: `iptables -P INPUT DROP ; iptables -P FORWARD DROP ; iptables -P OUTPUT DROP`

Gesprächspartner auf eine falsche Fährte gelockt. Sicherheitsprofis verwenden oft Vergleiche in Form von Vorfällen oder Gerichtsurteilen, um zu belegen, dass eine Sicherheitsmaßnahme begründet ist.

Anforderung 3: Subjektiv treffend

Diese Beispiele sollten den Kern der Aussage treffen, die sie untermauern sollen. Und auch hier gilt: Sie müssen für den Empfänger der Nachricht *subjektiv* treffend sein. Ein Beispiel: Das Rosinenkuchenmodell von Joseph John Thomson ist ein Atommodell aus dem Jahre 1903 und es liegt sicher meilenweit daneben, wenn man damit seine Theorien auf dem jährlichen Workshop der Atomphysik am Max Planck Institut untermauern will. Wenn man jedoch zum ersten Mal erklären will, dass Atome nicht atomar sind, sondern Elektronen enthalten, leistet es auch heute noch gute Dienste.

Abbildung 28: Jedem Publikum das Seine

Anforderung: 4: Wertfreiheit

Bisher haben wir also die drei Anforderungen klar, knapp und treffend. Für eine konfliktpräventive Kommunikation ist es jedoch noch wichtiger, nicht zu werten. Wir sollten immer versuchen so zu kommunizieren, dass wir keine Wertungen aussprechen. Um Missverständnissen vorzubeugen: Bei einem Sicherheitsvorfall Geld zu verlieren ist schlecht und davon verschont zu bleiben ist gut; Sicherheitsverstöße sind schlecht und sich an die Regeln zu halten ist gut. Das ist mit wertfrei nicht gemeint. Es geht darum keine persönliche Wertung vorzunehmen.

Jemand ist kein schlechterer Mensch, wenn er sich nicht an Sicherheitsregeln hält. Sicherheitsverstöße sind einfach gefährlich für den Fortbestand der Firma.

Im Kapitel *Willkommen auf der Security-Bühne* haben wir gesehen, dass sich für die meisten Mitarbeitenden die Konzentration auf andere Bühnen richtet. Es muss klar bleiben, dass Täter, die sich menschliche Schwächen der Mitarbeitenden zu Nutze machen und das Unternehmen angreifen, die Bösen sind, und nicht die Mitarbeitenden, die angegriffen werden. Hier gilt es falsche oder missverständliche Wertungen zu unterlassen.

Falsche Fehler

Kevin Mitnick zeigte schon 2003 in seinem Buch *Die Kunst der Täuschung*[39] eindrucksvoll, mit wie viel Engagement und Ausdauer sich Angreifer auf ihren großen Auftritt auf der Security-Bühne vorbereiten. Man macht es sich zu einfach, wenn man die Mitarbeitenden zu schlechteren Menschen erklärt, die durch ihr nachlässiges Verhalten diese Angriffe letztlich möglich machen. In vielen Fällen tun sie nicht einmal etwas wirklich Falsches, sondern das, was man von ihnen erwartet: Sie helfen. Angreifer, die es ernst meinen, finden immer jemanden, der einen Fehler macht oder ihnen hilft – die Frage ist nur, wie lange sie dafür brauchen. Sicherheitsprofis, die Mitarbeitenden den persönlichen Vorwurf machen, sich falsch verhalten zu haben, müssen sich immer auch fragen, ob sie selbst wirklich alles getan haben, die Mitarbeitenden vor ihrem Fehltritt zu bewahren.

Unser Ziel war es ja, unnütze Konflikte zu vermeiden. Und ein Konflikt darüber, ob das Verhalten der Mitarbeitenden nun gut oder schlecht war, führt nicht weiter. Das Verhalten des Angreifers, der die Schwäche ausgenutzt hat, war schlecht, und darauf muss sich unser Augenmerk richten. Wenn wir gemeinsam daran arbeiten wollen, dass der Fehler nicht erneut passiert, sollten wir daher auf Wertungen verzichten.

Klar, treffend, knapp und wertfrei

Damit haben wir die vier Anforderungen zusammen, denen jede Kommunikation gerecht werden sollte, wenn man unnötige Konflikte vermeiden will, die zustande kommen, weil man nicht den richtigen Ton trifft.

Sich klar, treffend, knapp und wertfrei auszudrücken ist für Informations- und IT-Sicherheitsbeauftragte, Datenschützer,

---

39 Kevin Mitnick; Die Kunst der Täuschung; 2003; mitp; ISBN 3-8266-1569-7

CISOs und Co. der Grundstein für einen Arbeitsalltag, der frei von unnützen Konflikten ist. Auf diese Art zu kommunizieren ist auf dieselbe Art präventiv, wie sich im Winter warm anzuziehen: Ein Konflikt, der entsteht, weil man sich unklar oder wertend ausgedrückt hat, ist genauso unnütz wie eine Erkältung.

4.1.3 Drei Ebenen

Konstruktivität

Eine zusätzliche Anforderung an konfliktpräventive Kommunikation ist es, konstruktiv[40] zu kommunizieren. Diese Anforderung überspannt die vier anderen Grundsätze und wird in drei Ebenen gegliedert (vgl. Abbildung 29):

Abbildung 29: Die drei Ebenen konstruktiver Kommunikation

1. Nehmen wir zur Verdeutlichung die folgende Aussage: *„Mein Problem ist, dass Sie meinen Zielen im Weg stehen und ich einen Weg suchen werde, diese Störung abzustellen."* Nach allem, was wir bisher wissen, ist dieser Satz klar, treffend, knapp und wertfrei. Noch ist der Satz aber alles andere als dazu geeignet, einen Konflikt zu vermeiden. Im Moment gibt es in

[40] Anne Dieter, Leo Montada, Annedore Schulze (Hrsg.); Gerechtigkeit im Konfliktmanagement und in der Mediation; 2000; Campus Verlag; Seite 122 ⊳

der Aussage scheinbar nur eine Person, die legitime Ziele hat.

2. Zweifellos kann man konstruktiver werden, wenn man den Zielen der zweiten Person Raum gibt: *„Mein Problem ist, dass ich meine Ziele nicht verfolgen kann, weil Sie ein Ziel verfolgen, das meinem entgegensteht. Ich werde jedoch einen Weg suchen, diese Störung abzustellen."* So hört es sich bereits deutlich besser an. Die Ziele der zweiten Person werden nun ebenfalls beachtet.
3. Es geht aber noch konstruktiver, wenn man ein gemeinsames Ziel definiert: *„Wir haben ein gemeinsames Problem, weil wir zurzeit keine Idee haben, wie wir unsere gegensätzlich erscheinenden Ziele weitgehend vereinen können. Wir werden jedoch einen Weg suchen, das zu erreichen."* In dieser Form sind alle Forderungen nach konfliktpräventiver Kommunikation erfüllt und die Aussage führt nicht in eine wenig konstruktive Sackgasse.

4.1.4 Die Kommunikationskrone

In Abbildung 30 sind alle in den vorherigen Abschnitten erarbeiteten Bestandteile der konfliktpräventiven Kommunikation als Krone dargestellt. Diese bildet die Grundlage unserer Bemühungen, unnötige Konflikte zu vermeiden.

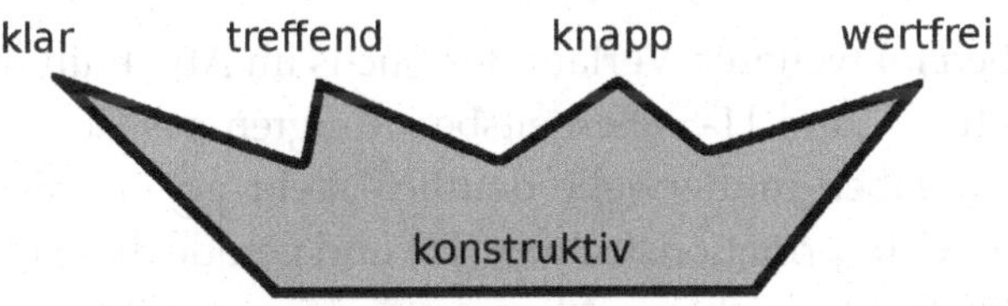

Abbildung 30: Die Kommunikationskrone

Aber auch in unvermeidlichen Konflikten sind sprachliche Mindeststandards die Voraussetzung für Deeskalation. Konflikte dürfen nicht so ausgetragen werden, dass die Beteiligten nicht mehr zusammenarbeiten können. Wir müssen also noch einige weitere Voraussetzungen erarbeiten, die wir benötigen, um unser Handwerkszeug für Security-Konflikte zu vervollständigen.

4.2 Gemeinsames Vokabular

Profis unter sich

Wir haben gesehen, wie wichtig es ist, sich klar und treffend auszudrücken. Wer dabei noch knapp und wertfrei bleibt, hat die halbe Miete. Genauso bedeutend ist es, seine Interessen konstruktiv vorzutragen, damit es für Gesprächspartner noch eine Möglichkeit gibt, ihre Interessen einbringen zu können. Nicht zuletzt beim Versuch sich treffend auszudrücken, kommt einem gemeinsamen Vokabular eine wichtige Rolle zu – insbesondere dann, wenn Sicherheitsprofis unter sich sind.

Die Sicherheits-Akteure auf der Security-Bühne sprechen leider oft nicht dieselbe Sprache und verstehen sich nicht richtig, obwohl sie sich objektiv treffend ausgedrückt haben. Aber auch in diesem Fall gilt, dass es darauf ankommt, wie der Empfänger der Nachricht sie subjektiv versteht.

Das Problem ist, dass auf der Security-Bühne nicht immer alle vom selben Thema sprechen, nur weil sie dieselben Worte benutzen. Dieser Sachverhalt ist uns im Verlauf des Buchs bereits mehrfach begegnet. Zunächst hatten wir festgestellt, dass es keinen einheitlichen Branchen-Begriff gibt, auf den man sich stützen kann. Sicherheit ist der Oberbegriff für viele Branchen: Von staatlichen Behörden, wie der Polizei oder der Feuerwehr, über die Wachleute am Werkstor bis hin zu Datenschützern, Informations- oder IT-Sicherheitsbeauftragten und Sicherheitsbeauftragten.

IT, IV, IS, I? Alles klar?

Wir haben im weiteren Verlauf des Buchs im Abschnitt über die Informations- und IT-Sicherheitsbeauftragten gesehen, dass zu deren Aufgaben mittlerweile deutlich mehr gehört, als die Sicherheit der Informationstechnik (IT) und gerade diese unklaren Begrifflichkeiten leicht zu Missverständnissen führen können. Was war noch schnell der Unterschied zwischen IT-, IV-, IS- und I-Sicherheit? Alle Begriffe schon gehört – mal synonym, mal abgrenzend gemeint.

Auslegungssache?

Regelmäßig kommt es zwischen den Sicherheitsprofis in einem Unternehmen oder einer Behörde zu Reibereien oder Missverständnissen, weil sie unterschiedliche Auffassungen von Sicherheit haben und davon, wie weit der Begriff ausgelegt werden soll und wer demnach welche Aufgaben hat. Wir kommen also nicht daran vorbei, uns im Folgenden das Security-Vokabular etwas genauer anzusehen.

Wenn Sie Datenschutz zum Schwerpunkt haben, muss ich Ihnen natürlich nicht erklären, was darunter zu verstehen ist. Für den Sicherheitsbeauftragten Dave aus der ExAmple AG kann es aber schon wichtig sein, den Begriff genauer kennen zu lernen. Wenn Sie andererseits zu den IT-Sicherheitsbeauftragten gehören, hilft es Ihnen vielleicht weiter, eine bessere Vorstellung vom Begriff Corporate Security zu bekommen, während Ihnen als Teamleitung des Werkschutzes eventuell noch nicht ganz klar ist, welche Bestandteile zu einem Informationssystem gehören könnten.

Definitionssache!

Am Ende dieses Abschnitts stehen natürlich keine unumstößlichen Begriffs-Prototypen, mit denen Sie in jedem Gespräch richtig liegen. Sie werden jedoch nach der Lektüre ein Gespür für die begrifflichen Nuancen haben und in Zukunft schnell merken, wann ein Missverständnis im Raum steht, dass Sie mit zwei, drei gezielten Fragen aus der Welt schaffen können. Beginnen wir mit dem Begriff des Informationssystems.

4.2.1 Informationssysteme

Die Definition des Begriffs *Informationssysteme* beginnt mit der Klärung der ersten Worthälfte: Information. Auch die anderen Begriffe, die wir noch unter die Lupe nehmen werden, haben mit Information zu tun. Was sind Informationen? Sie denken vielleicht, dass die Antwort ganz einfach sein sollte – ist sie aber nicht.

Schwieriger Begriff

Das Wort *Information* ist sogar so schwer abzugrenzen, dass es zur Zeit der ersten Auflage dieses Buchs als Beispiel für schlechte und umstrittene Wikipedia-Artikel dienen konnte[41]. Dort hieß es in der Einleitung: *„Die Information verliert, sobald sie informiert hat, ihre Qualität als Information: News is what's different."* Zitiert

41 http://de.wikipedia.org/w/index.php?title=Information; eingesehen am 02.10.2009

wurde dabei aus einem Buch[42] über Journalismus, dass auf diese Art den Begriff der Nachricht definiert.

Abbildung 31: Alles eine Frage der richtigen Wortwahl

Auch auf der Diskussionsseite zu dem Artikel ging es heiß her: „Dieser Artikel ist äußerst konfus" oder „Der Abschnitt zur Informationstheorie war sachlich grob falsch." Oder: „Der ganze Text baut auf der veralteten Sicht auf und kann eigentlich in die Tonne!" Inmitten der Negativ-Stimmen fand man einen Antrag, den Artikel in die Liste der lesenswerten Wikipedia-Artikel aufzunehmen – nicht jeder fand die Sichtweise des Artikels also äußerst konfus oder grob falsch.

Unterschiedliche Sichtweisen

Wie hilft uns dieses schlechte Bild, das der Wikipedia-Artikel noch vor wenigen Jahren abgab, bei der Erörterung von Security-Konflikten? Stellen Sie sich vor, der CISO der ExAmple AG Bob spricht mit verschiedenen Personen und benutzt dabei seine Sichtweise auf den Begriff *Information* – ihm würden unter Umständen dieselben Bewertungen entgegenschlagen, wie auf der Diskussionsseite der Wikipedia: *„äußerst konfus", „grob falsch", „kann eigentlich in die Tonne!"*

Z. B.: Geheim oder nicht?

Der Satz *„Die Information verliert, sobald sie informiert hat, ihre Qualität als Information"*, ist natürlich kein guter Ansatz für einen

[42] Walter von La Roche; Einführung in den praktischen Journalismus; 18. Aktualisierte und erweiterte Auflage 2008; Econ; ISBN: 978-3-430-20045-5; Seite 75

Sicherheitsprofi. Das vertrauliche Dokument bleibt ja weiterhin vertraulich, auch wenn es schon jemand gelesen hat. Im Rahmen der militärischen Geheimhaltung geht das sogar soweit, dass für jedermann zugängliche Fakten, trotzdem in der höchsten Geheimhaltungsstufe eingruppiert bleiben. Zum Beispiel: Die Stationierungsorte von Atomwaffen sind leicht herauszubekommen. Überall in der Presse wird darüber berichtet. Intern bleiben die Orte weiterhin TOP SECRET. Für den Leser einer Zeitung macht es wohl keinen Unterschied, ob er in der Zeitung liest, dass auf dem Fliegerhorst Büchel Atomwaffen stationiert sind – was jeder weiß – oder in einem internen Dokument, dass ein Offizier in einem Zug liegengelassen hat. Für die zuständige Sicherheitsbeauftragte macht das aber einen erheblichen Unterschied.

Informations-Begriff als Etikett

Für Sicherheitsprofis ist daher in der Praxis gar nicht so wichtig, ob eine Information nach wissenschaftlichen Maßstäben als solche bezeichnet werden kann. Es reicht, wenn jemand der Sicherheitsbeauftragten sagt, dass etwas als Information zu behandeln ist. Ist ein Haus eine Information? Eher nicht. Wenn das Haus jedoch in Berlin-Mitte steht und dort der Bundesnachrichtendienst (BND) residiert, sieht das schnell anders aus. Eine Information kann für Sicherheitsprofis eine ganze Menge sein und sie können nicht selbst oder mit Hilfe von wissenschaftlichen Definitionen bestimmen, wie man eine Information von einer Nicht-Information abgrenzt.

Die Summe der Teile

Sich dem Begriff Informationssystem von der Seite der Informationen zu nähern, ist also mit gewissen Schwierigkeiten verbunden. Leichter machen es sich diejenigen, die zuerst nach den *Systemen* fragen. Auch für sie ist nicht wirklich entscheidend, was Informationen sind. Im Mittelpunkt stehen die Systeme, mit denen die Informationen *verarbeitet*, *gespeichert* oder *übertragen* werden: Die Informationen sind sicher, wenn die Systeme sicher sind, lautet da die Devise. Der Sicherheitsbeauftragten, die die Geheimhaltung des Gebäudeplans für das BND-Gebäude sicherstellen soll, hilft das natürlich nicht weiter. Es ist ja schön und gut, wenn niemand an die Pläne auf dem Server kommt. Was wenn aber während des Baus jeder ins Gebäude kommt bzw. den Grundriss von oben aus einem Flugzeug abfotografieren kann? Ist das Gebäude selbst die Information, oder erst das abfotografierte Bild, das als Informationen *verarbeitet*, *gespeichert* oder *übertragen* werden kann? Informationssysteme sind also mehr als nur die Summe ihrer Teile. Sie bestehen nicht ausschließlich aus Informationen oder Technik.

Versuchen wir uns also an dem zusammengesetzten Begriff aus Information und System: Informationssysteme sind sozio-technische Gesamtsysteme, die aus Informationen, Hardware, Software und aus den beteiligten Menschen bestehen. Was Informationen sind und ob sie zu schützen sind, muss sich folglich aus dem Gesamtsystem ableiten.

Wissenschaftliche Ansätze

Schauen wir kurz in die Literatur: Dort wird der Begriff des Informationssystems nicht immer so weit gefasst. Bei Fischer[43] werden Informationssysteme beschrieben als *„Datenorganisationsformen auf Rechenanlagen, die bestimmte Vorgänge und Abläufe in Kommunikationsprozessen unterstützen"*. Bei Hansen[44] wird der Mensch zwar in die Begriffsdefinition einbezogen, steht der Technik jedoch quasi gegenüber. Nach der dortigen Definition ist *„ein Informationssystem eine Menge von Menschen und Maschinen (Automaten), die Informationen erzeugen und/oder benutzen und die durch Kommunikationsbeziehungen miteinander verbunden sind"*. Verschiedene andere Autoren[45] verwenden den Begriff eines aus Teilsystemen bestehenden sozio-technischen Gesamtsystems. Dies ist eine Begrifflichkeit, die stärker auf verbindende, soziale Elemente setzt und nicht versucht, den Begriff in eine kurze Formel zu pressen.

Alles ist Information

Besonders wichtig sind die Verknüpfungen innerhalb eines Informationssystems, die man gar nicht hoch genug einschätzen kann. Wer die Bauvorschriften kennt, die für eine Zaunanlage um ein Atomwaffenlager gelten, der kann mit hoher Wahrscheinlichkeit anhand des Zauns sagen, was in den Bunkeranlagen gelagert wird. Den Serverraum in einem Gebäude findet man leicht, wenn man sich an den Außengeräten der Klimaanlagen orientiert und hinter vergitterten Fenstern befinden sich

43 Fischer, Joachim; Informationswirtschaft: Anwendungsmanagement; 1999; Oldenbourg, ISBN 3486250787

44 Meyer, H.-M.: Softwarearchitekturen für verteilte Verarbeitung. In: Hansen, W.-R.: Client-Server-Architektur; 1993; Addison-Wesley

45 Helmut Krcmar: Informationsmanagement. Springer, Berlin 2000 oder Stefan Kirn: IV-Strategie, Hagen 2007

nicht nur Gefängniszellen. Auf diese Art werden Zäune, Klimageräte und Fenstergitter leicht zu einem Informationsschild mit der Aufschrift: *„Für größtmöglichen Schaden bitte hier einbrechen!"*

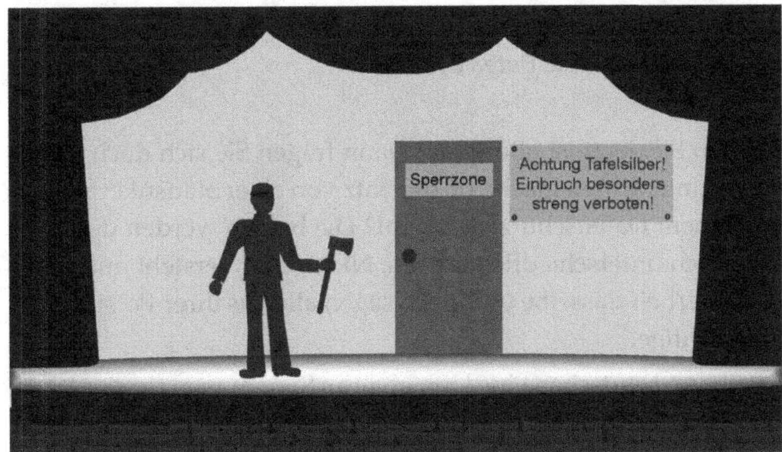

Abbildung 32: Nicht jeder lässt sich von Verboten abhalten – im Gegenteil!

Am Ende des Abschnitts 4.2 werde ich eine Frage stellen, die deutlich macht, wie wichtig es ist, sich im eigenen Unternehmen oder in der Behörde darüber klar zu werden, wie weit man die einzelnen Begriffe auslegt und wie groß das Konfliktpotential ist, dass hinter dieser Auslegung verborgen liegt. Ich komme darauf zurück, nachdem wir uns im Folgenden noch ein paar andere Begriffe angeschaut haben.

4.2.2 Sicherheit

Was für den Begriff des Informationssystems gilt, gilt analog auch für den Begriff der Sicherheit: Unter Sicherheit versteht fast jeder etwas anderes. Das liegt daran, dass wir im Deutschen für viele verschiedene Dinge nur dieses eine Wort benutzen, obwohl wir durchaus viele andere zur Auswahl hätten. Dadurch wird mittlerweile so einiges als *„gesichert"* bezeichnet. Nehmen wir als Beispiel die folgenden Sätze:

> *„Wir müssen diese Erkenntnis absichern."*
> *„Wir müssen diesen Server absichern"*

Ein Wort, viele Bedeutungen

Eine Erkenntnis abzusichern ist natürlich etwas anderes, als einen Server abzusichern, auch wenn es dasselbe Wort im selben Satzgefüge ist. Wenn Sie das Beispiel zu plump finden, dann tauschen Sie im ersten Satz das Wort *Erkenntnis* gegen *Daten* aus:

> *„Wir müssen diese Daten absichern."*

Meinen Sie, jetzt ist alles klar? Dann fragen Sie sich doch, ob es einen Unterschied macht, ob der Satz von einer Statistikerin oder von einem Datenschützer stammt? Die beiden werden den Satz sicherlich unterschiedlich deuten. Nicht jeder versteht unter Datensicherheit dasselbe und doch sagen alle aus ihrer Perspektive das Richtige.

Viele Synonyme

Es gibt im Deutschen eine Unmenge an Synonymen für das Wort *sicher*: gewiss, gefahrlos, risikolos, zuverlässig, geschützt, unbedroht, besiegelt, beweisbar, garantiert, erwiesen, erprobt, zuverlässig, unverwundbar, bewacht, blockiert, verlässlich etc. Versuchen Sie vor diesem Hintergrund folgenden Satz bewusst auf unterschiedliche Arten zu verstehen: *„Die Daten auf unseren Servern sind sicher."* Probieren Sie die Synonyme im Geiste durch. Es ist eben ein erheblicher Unterschied, ob die Daten unbedroht sind, ob sie geschützt sind, oder ob von ihnen keine Gefahr ausgeht. Ohne diese Unterscheidungen kann man unmöglich ein Gespräch führen, dass ohne Missverständnisse bleibt, wenn man nicht rein zufällig das gleiche meint.

4.2.2.1 In English please: certainty, safety, security, protection, privacy etc.

Eines kann man mit ziemlicher Gewissheit (certainty) sagen: Wo das Deutsche oberflächlich bleibt, unterscheidet das Englische glücklicherweise. Es gibt z. B. keine functional security, sondern safety und wo im Deutschen der Begriff Datensicherheit viele Fragen aufwirft, gibt es im Englischen security, protection und privacy.

Der Sicherheitsbegriff

Wenn man den Begriff Sicherheit nach den Anforderungen nach konfliktpräventiver Kommunikation treffend verwenden will, so muss man ihn erläutern. In technischen Konzepten oder bei Gesprächspartnern mit Englischkenntnissen eignen sich die englischen Begriffe dafür ganz gut. In ihrem Standardwerk *IT-Sicherheit* geht Claudia Eckert nach diesem System vor und lässt damit wenig Fragen offen.[46]

Im Folgenden gehen wir diese Begriffe durch. Teilweise gibt es auch deutsche Begriffe, die für den entsprechenden Blickwinkel treffender sind, als das Wort *sicher*. Diese Auflistung soll keine Werbung für Anglizismen sein, sie hilft jedoch ungemein, das Verständnis für die Gefahr von Missverständnissen, um den Sicherheitsbegriff zu schärfen.

Safety: *Hier würden wir im Deutschen etwa Funktionssicherheit oder Betriebssicherheit sagen. Funktionssicher heißt, dass die Ist-Funktionalität mit der Soll-Funktionalität übereinstimmt, das System also richtig funktioniert. Betriebssicher heißt kurz gesagt: Man kann sich nicht verletzen oder ähnliches.*

Security: *Zu Deutsch meint dies in unserem Kontext etwa Informationssicherheit. So bezeichnet man die Sicherheit in Informationssystemen, die nur solche Zustände annehmen, die zu keiner unerlaubten Informationsveränderung oder Informationsgewinnung führen.*

Protection: *Hier wird es schon schwerer eine deutsche Entsprechung zu finden. Der Begriff Datensicherheit kommt der Bedeutung am nächsten. Gemeint ist die Eigenschaft eines Informationssystems, nur solche Zustände anzunehmen, die keinen unerlaubten Zugriff auf Daten und Systemressourcen erlauben. Daten meint hier nicht die Daten im Sinne des Datenschutzgesetzes, sondern Daten im Sinne der Informatik. Zu dieser Datensicherheit gehört auch die Datensicherung, also das Anfertigen von Backups.*

Das englische Wort protection trifft es einfach besser als Datensicherheit plus Datensicherung[47] (Vorsicht! Fußnote 47 könnte mehr verwirren, als sie nutzt!)

---

[46] Claudia Eckert; IT-Sicherheit Studienausgabe; 2005; Oldenbourg; ISBN: 3-486-57676-3; Seite 4 ff

[47] Eigentlich müsste man *protection* wörtlich mit *Schutz* übersetzen. Dann hätte man zu Deutsch *Datenschutz* und läge komplett daneben, weil der *Datenschutz* in den Datenschutzgesetzen geregelt ist und etwas ganz anderes

> ***Privacy:** Das ist einfach zu übersetzen: Datenschutz. Wer zu den Datenschutzbeauftragten gehört, kann sich jetzt freuen, weil gesetzlich geregelt ist, was gemeint ist, wenn von Datenschutz die Rede ist. Das ist ein deutlicher Vorteil gegenüber den IT-Sicherheitsbeauftragten.*

Diese vier Begriffe ergeben zusammen in etwa das, was wir von einem sicheren Informationssystem erwarten: Funktionssicherheit, Betriebssicherheit, Informationssicherheit, Datensicherheit, Datensicherung und Datenschutz.

Die Schutzziele

Zusätzlich werden sogenannte Schutzziele definiert, die für zu schützende Daten und Informationen gelten sollen und eine weitere Facette des Sicherheitsbegriffs bilden:

> ***Authenticity:** Gemeint ist die Echtheit und Glaubwürdigkeit eines Objekts, die sich mit charakteristischen Eigenschaften überprüfen lässt.*
>
> ***Integrity:** Die Manipulationssicherheit eines Systems schließt die unerlaubte und unbemerkte Veränderung aus (vgl. security).*
>
> ***Confidentiality:** Die Vertraulichkeit eines Systems schließt eine unerlaubte Informationsgewinnung aus (vgl. security).*
>
> ***Availability:** Die Verfügbarkeit eines Systems oder Teilsystems ist gewährleistet, wenn deren berechtigte Nutzung nicht unerlaubt beeinträchtigt werden kann.*
>
> ***Non Repudiation:** Verbindlichkeit oder auch Nicht-Abstreitbarkeit liegt vor, wenn innerhalb des Informationssystems Aktionen im Nachhinein eindeutig zuzuordnen sind und nicht abgestritten werden können.*

---

meint: nämlich *privacy*. Wenn Sie die Verwirrung komplett machen wollen, tauschen Sie *Daten* gegen das, was eigentlich gemeint ist, also gegen *Informationen*, und sagen nicht *Schutz*, sondern *Sicherheit*, dann haben Sie *Informationssicherheit*. So hatten wir aber leider schon *security* übersetzt.

Wir stehen vor einem ziemlich verwirrenden Haufen von Begriffen und Bedeutungen, die je nach Kontext und je nach Blickwinkel unterschiedlich verstanden werden. In Tabelle 3 sind die deutsch-englischen Begriffspaare noch einmal übersichtlich gegenübergestellt und unter den zwei Oberbegriffen *Sicherheit* und *Sicherheitsziele* zusammengefasst.

Tabelle 3: Englisches und deutsches Sicherheitsvokabular

Englisch	Deutsch	Oberbegriff
Safety	Funktionssicherheit, Betriebssicherheit	Begriff Sicherheit
Security	Informationssicherheit	
Protection	Datensicherheit, Datensicherung	
Privacy	Datenschutz	
Authenticity	Echtheit, Glaubwürdigkeit	Sicherheitsziele
Integrity	Manipulationssicherheit	
Confidentiality	Vertraulichkeit	
Availability	Verfügbarkeit	
Non Repudiation	Verbindlichkeit, Nicht-Abstreitbarkeit	

4.2.2.2 Gegenüberstellung: Datenschutz vs. Informationssicherheit

Ob Datenschutz/ Privacy oder Informationssicherheit/ Security: Bei der Verwendung dieser Begriffe kommen unterschiedliche Zielvorstellungen zum Ausdruck. Der Datenschutz auf der einen Seite schützt das Recht auf freie informationelle Selbstbestimmung aus dem Grundgesetz und im Rahmen der Informationssicherheit auf der anderen Seite ist Datenschutz meist nur ein zufälliges Nebenprodukt. Oft genug werden die Begriffe von allen Beteiligten munter miteinander gemischt.

Von Äpfeln und Birnen

Im Bereich der öffentlichen Verwaltung stößt man immer wieder auf das Missverständnis, dass in Systemen, in denen Informationen einer hohen Verschlusssachen-Einstufung verarbeitet werden dürfen – z. B. GEHEIM – auch unbeschränkt Personaldaten bearbeitet werden könnten. Offensichtlich herrscht dort die Meinung vor, dass ein System, das für Staatsgeheimnisse taugt, für den Datenschutz lange gut ist. So ist es aber nicht. Der Datenschutz schützt die Daten des Individuums vor Offenlegung, während der Geheimschutz Staatsgeheimnisse vor Offenlegung schützt. Was jeweils unter Offenlegung zu verstehen ist, bestimmt im einen Fall das Individuum, und im anderen Fall der Staat.

Derartige Missverständnisse sind genauso wenig selten, wie sie für die betroffenen Sicherheitsprofis nachzuvollziehen sind. Was Personen einleuchtet, die sich täglich mit Datenschutz- und Security-Fragen auseinandersetzen, erschließt sich fachfremden Personen meist nicht einmal auf den zweiten Blick.

Alternativlos: Alles erklären!

Bei der Verwendung der Begriffe Datenschutz oder Informationssicherheit muss man diese daher immer erklären oder sich zumindest rückversichern, dass der Unterschied der beiden Ansätze auch allen bewusst ist. Dazu gehört es, die Zweideutigkeit des Begriffs *Daten* stets zu berücksichtigen. Für einen Datenbankadministrator sind Daten eben etwas anderes als für eine Datenschutzbeauftragte.

Überall Mehrdeutigkeit

Diese Mehrdeutigkeit der Begrifflichkeiten findet sich überall in der Sicherheits-Branche und mit ihr umzugehen ist schwer. Wenn Sie die Bezeichnung *Sicherheits-Branche* der Bezeichnung *Security-Branche* gegenüberstellen und dabei Tabelle 3 zugrunde legen, bemerken Sie das Problem: Im Sinne dieser Tabelle würde die Security-Branche nur einen Teil der Sicherheitsbranche umfassen, nämlich die Informationssicherheits-Branche. Eine solche Unterscheidung gibt es aber in der Praxis nicht. Was konkret gemeint ist, hängt im Einzelfall von Nuancen ab. Wenn sich also noch nicht einmal die Fachleute auf ein schlüssiges Vokabular einigen können, wie soll man da von all den anderen Protagonisten auf der Security-Bühne erwarten, jeden Satz so zu verstehen, wie er gemeint ist? Man kommt daher nicht umhin, sich im Unternehmen oder der Behörde auf einen gemeinsamen Begriffs-Pool zu verständigen. Dazu gehört auch, zu klären, wo Datenschutz aufhört, wo Informationssicherheit anfängt und wo es Überschneidungen gibt.

4.2.3 Die Sicherheitspräfixe IT, IV, IS und I

Um den geschilderten Problemen Herr zu werden, ist es in vielen Fällen hilfreich, dem missverständlichen Begriff *Sicherheit* die Präfixe IT, IS, IV und I voranzustellen. Diese Reihe von präzisierenden Abkürzungen haben wir bereits auf Seite 31 kennengelernt. IT steht für Informationstechnik, IV für Informationsverarbeitung, IS für Informationssystem und I für Information.

Seit einigen Jahren ist zusätzlich der Begriff Cybersicherheit hinzugekommen, der zwar in den Medien und in der Politik sehr häufig verwendet wird[48], aber gerade in Fachkreisen noch nicht etabliert ist und in Teilen spöttisch verwendet wird[49]. Gerade in seinen an militärisches Vokabular angelehnten Ausprägungen (Cyberkrieg, Cyberterrorismus etc.) wird der Begriff kontrovers diskutiert[50].

Im Folgenden werden diese Begriffe mit dem bisher erarbeiteten Sicherheitsvokabular in Zusammenhang gebracht und in Tabelle 4 gemeinsam dargestellt. Wenn Sie die Tabelle beim Lesen der nächsten Absätze im Auge behalten, werden die folgenden Beispiele deutlicher.

❖ Unter dem Begriff ***IT-Sicherheit*** versteht man klassisch die Sicherheit der Informationstechnik. Im Abschnitt über die Informations- und IT-Sicherheitsbeauftragten haben wir jedoch gesehen, dass sich dieser Bereich im Laufe der Zeit immer mehr vergrößert hat und mehr und mehr das gesamte Informationssystem betrifft. Unter IT-Sicherheit fasst man nicht mehr nur Datensicherheit und Datensicherung zusammen. Die Funktions- und Betriebssicherheit der Anlagen gehören mittlerweile ebenso zum Aufgabenbereich, wie der über die Technik hinaus gehende Schutz der Informationen im Rahmen der Informationssicherheit. Einzig den Datenschutz

48 Schünemann, Wolf J.; Harnisch, Sebastian, Cybersicherheit, 2015, http://www.uni-heidelberg.de/md/politik/harnisch/person/publikationen/cybersicherheit_schunemann_harnisch.pdf, eingesehen am 20.02.2020

49 Youtube (Jung&Naiv), Unsere Cyber Cyber Regierung - Jung & Naiv: Ultra Edition - #32c3, https://youtu.be/WY6KkRsS26M, eingesehen am 20.02.2020

50 Bundesakademie für Sicherheitspolitik, Cyber-Security - Eine Frage der Begriffe, 2014, https://www.baks.bund.de/sites/baks010/files/baks_arbeitspapier_2_2014.pdf, eingesehen am 20.02.2020

grenzt man klar von der IT-Sicherheit ab. Dies mag z. B. an dem bereits zitierten Urteil des Bundesarbeitsgerichts liegen, nach dem eine EDV-Fachkraft nicht zugleich Datenschutzbeauftragter sein kann. Im Leitsatz zum Gerichtsbeschluss hieß es: *„Bedenken gegen die Zuverlässigkeit können sich daraus ergeben, dass der Arbeitnehmer neben seiner Aufgabe als Datenschutzbeauftragter Tätigkeiten ausübt, die mit seiner Kontrollfunktion unvereinbar sind, weil sie den Arbeitnehmer in einen Interessenkonflikt geraten lassen."*[51] Dieser Argumentation lässt sich natürlich analog für einen Informationssicherheitsbeauftragten formulieren. Für die Informationssicherheit sind personenbezogene Daten einfach eine weitere Kategorie schutzbedürftiger Informationen, für die Maßnahmen der IT-Sicherheit umzusetzen sind. Und für den Datenschutz ist die IT-Sicherheit Erfüllungsgehilfe für die Herstellung der Sicherheit der elektronisch verarbeiteten personenbezogenen Daten.

- Mit ***IV-Sicherheit***, also der Sicherheit der Informationsverarbeitung wird meist nur ein kleiner Teil der gesamten Sicherheit gemeint. Der Begriff wird im Alltag selten auftauchen, hat jedoch durchaus seine Berechtigung. Er ist besonders für technisches Personal, wie z. B. Datenbank-Administratoren von Bedeutung, deren Augenmerk auf die Verarbeitung von Informationen gerichtet ist. Dieser Ansatz ist sehr pragmatisch und befasst sich mit den Veränderungen, denen eine Information in ihrem Lebenszyklus unterworfen ist. Diese Veränderungen lassen sich danach unterscheiden, in welcher Art die Informationen verändert werden.[52] Man unterscheidet die drei Arten Transmission (räumliche Veränderung, gleicher Inhalt), Translation (Veränderung der Form, gleicher Inhalt) und Transformation (Veränderung des Inhalts). Vor diesem Hintergrund erscheint es einleuchtend, dass sich die IV-Sicherheit hauptsächlich auf Maßnahmen zur Funktions- und Betriebssicherheit, Datensicherheit und eine funktionierende

---

51 BAG; Beschluss des 1. Senats; Mitbestimmung des Betriebsrates bei Versetzung eines Datenschutzbeauftragten; 22.03.1994; Aktenzeichen: 1 ABR 51/93 ⚐

52 Arnold Picot, Ralf Reichwald, Rolf T. Wigand; Die grenzenlose Unternehmung: Information, Organisation und Management: Lehrbuch zur Unternehmensführung im Informationszeitalter; 2003; Gabler; ISBN 9783409522144; Seite 61 ff ⚐

Datensicherung bezieht. Mit Hilfe der englischen Vokabeln kürzer: Safety und Protection. IV-Sicherheit fragt nicht, warum etwas mit den Informationen passiert, und ob es passieren sollte, sondern nur danach, ob es richtig passiert. Daher ist IV-Sicherheit auch ein Teil der IT-Sicherheit.

- Je nach Auslegung des Begriffs Informationssystem wird die *Informationssystem-Sicherheit* oder ***IS-Sicherheit*** synonym mit IT-Sicherheit verwendet. Spätestens hier sollte deutlich werden, wie wichtig die zugrunde liegenden Begriffe beim gegenseitigen Verständnis sind. Nach der hier präferierten, weiter gefassten Sichtweise eines sozio-technischen Gesamtsystems versteht sich, dass auch die Maßnahmen zum Schutz personenbezogener Daten hinzuzurechnen sind. Damit gehören zur *IS-Sicherheit* alle Vokabeln des Oberbegriffs Sicherheit aus Tabelle 3. Das weiter gefasste Verständnis eines Informationssystems beinhaltet alle technischen Systeme, die beteiligten Menschen und insbesondere deren Kommunikationsverbindungen untereinander und nach außen. In einem solchen Informationssystem kommt man natürlich nicht umhin, alle Sicherheitsziele für alle Bestandteile der Sicherheit in Betracht zu ziehen. IS-Sicherheit beinhaltet dementsprechend – nicht nur begrifflich – auch alle Maßnahmen zur Informationssicherheit.
- Auch die ***I-Sicherheit*** oder besser *Informationssicherheit* kann aus einem engeren und einem weiteren Begriffsverständnis heraus betrachtet werden. Bei einer engen Auslegung ist sie gleichbedeutend mit dem englischen Begriff Security, wie weiter oben bereits dargestellt. Fasst man den Begriff weiter, so gehören auch Protection und Privacy hinzu. Daher verwundert es auch nicht, dass in den IT-Grundschutz-Katalogen bereits vor vielen Jahren ein Baustein Datenschutz[53] aufgenommen wurde. Auf Seite 30 wurde bereits geschildert, dass der IT-Grundschutz sich im Laufe der Zeit von einem IT-Sicherheitsstandard zu einem Informationssicherheitsstandard entwickelt hat. Zwischenzeitlich hieß es dort:

53 Bundesamt für Sicherheit in der Informationstechnik; IT-Grundschutzbaustein 1.5 Datenschutz; www.bsi.bund.de/grundschutz/baustein-datenschutz

„Die Verantwortung für Informationssicherheit verbleibt in jedem Fall bei der obersten Managementebene, die Aufgabe "Informationssicherheit" wird allerdings typischerweise an einen Beauftragten für Informationssicherheit delegiert. In den IT-Grundschutz-Dokumenten wird diese Rolle häufig als IT-Sicherheitsbeauftragter bezeichnet, auch wenn deren Aufgaben über pure IT-Sicherheit hinausgehen."[54]

Gordischer Knoten

Immer wieder zeigt sich, wie schwer die Begriffe voneinander abzugrenzen sind, obwohl sie doch so unterschiedlich in der Bedeutung sind. Dieser Versuch gleicht dem Problem des Gordischen Knotens, den auch das vorliegende Buch nicht abschließend lösen kann. Das zeigt sich besonders gut beim letzten Beispiel aus dem IT-Grundschutz: Das BSI proklamiert den *IT-*Grundschutz als die Basis für *Informations*sicherheit. Darin enthalten ist ein Baustein *Datenschutz,* für den eine Rolle *Datenschutz*beauftragter eingeführt wird. Die Rolle des *Informations*sicherheitsbeauftragten heißt der Einfachheit halber häufig *IT-*Sicherheitsbeauftragter. Im Datenschutzbaustein kommt er kaum vor. Die Argumentation, nach der IT-Sicherheit und Datenschutz nicht vereinbar sind, hatten wir bereits weiter oben besprochen – hier ging man in der Wortwahl über diesen Ausschluss hinweg: Für das *Datenschutz*management sind die Rollen *Datenschutz*beauftragter und *Informations*sicherheitsmanagement verantwortlich, letztere oft als *IT*-Sicherheits-management bezeichnet, womit sich der Kreis der durcheinandergewürfelten Vokabeln schließt.

Die Entwicklung hält an

Die bisher vorgestellten Begriffe unterlagen in der Vergangenheit einem stetigen Wandel ihrer Bedeutungen, der zum jetzigen Zeitpunkt noch nicht abgeschlossen ist. Auch für die Zukunft wird sich das Verständnis der hinter den Begriffen verborgenen Konzepte an die Herausforderungen der Zeit anpassen. Die Trennlinien zwischen Technik auf der einen und dem Menschen auf der anderen Seite verlieren nach und nach an Schärfe. Es bleibt abzuwarten, ob sich am Ende der Entwicklung ein klarer Sicherheitsbegriff herauskristallisiert, oder ob sich klar abgegrenzte Teildisziplinen wie ansatzweise im Datenschutz

[54] Bundesamt für Sicherheit in der Informationstechnik; BSI-Standard 100-2 IT-Grundschutz-Vorgehensweise; 2008; Seite 11

entwickeln. Es bleibt auch abzuwarten, wie und ob sich der Begriff der Cybersicherheit als Klammer um die hier dargestellten Begriffe etabliert und ob er auch in Fachkreisen den spöttischen Beigeschmack verliert.

- **Cybersicherheit** wird vom Bundesministerium des Inneren (BMI) als „die IT-Sicherheit der im Cyberraum auf Datenebene vernetzten bzw. vernetzbaren informationstechnischen Systeme" definiert. Nach dieser Definition aus der Cyber-Sicherheitsstrategie für Deutschland ist Cybersicherheit also ein Synonym für IT-Sicherheit – und auch für Informationssicherheit. Das BMI definiert „IT-Sicherheit (oder Informationssicherheit) [als] die Unversehrtheit der Authentizität, Vertraulichkeit, Integrität und Verfügbarkeit eines informationstechnischen Systems und der darin verarbeiteten und gespeicherten Daten. Der Cyberraum wird vom BMI als „der virtuelle Raum aller weltweit auf Datenebene vernetzten bzw. vernetzbaren informationstechnischen Systeme" definiert. „Dem Cyberraum liegt als öffentlich zugängliches Verbindungsnetz das Internet zugrunde, welches durch beliebige andere Datennetze erweitert werden kann." [55]

Ursprünge des Begriffs Cyberspace

Das Verständnis des Begriffs des Cyberraums (engl. cyberspace) hat seit seiner erstmaligen Verwendung in den 1960er Jahren eine Wandlung vollzogen. Seinen Ursprung hatte er bei der dänischen Künstlergruppe Atelier Cyberspace, wo er zunächst keinen direkten digitalen Bezug hatte. Der von ihnen gestaltete Cyberspace war physisch gemeint[56]. Es ging ihnen um die Gestaltung visionärerer Architekturprojekte unter Verwendung von Computern[57]. Anfang der 1980er Jahre wurde der Begriff durch

---

55 Bundesministerium des Inneren, Cyber-Sicherheitsstrategie für Deutschland 2016, http://www.bmi.bund.de/DE/Themen/Sicherheit/IT-Cybersicherheit/Cyber-Sicherheitsstrategie/cyber-sicherheitsstrategie_node.html, archiviert unter: http://www.archive.org

56 Jacob Lillemose, Mathias Kryger, The (Re)invention of Cyberspace, 2015, http://www.kunstkritikk.no/kommentar/the-reinvention-of-cyberspace/, eingesehen am 20.02.2020

57 Susanne Ussing, Carsten Hoff, 2017, http://momentum9.no/contributor/susanne-ussing-carsten-hoff/, eingesehen am 20.02.2020

den Science-Fiction-Schriftsteller William Gibson im Sinne einer virtuellen Welt, eines kybernetischen Raums verwendet[58].

Die in Tabelle 4 vorgenommene Einteilung kann aufgrund der anhaltenden Entwicklung der Begriffe keinen Anspruch auf Richtigkeit oder gar Vollständigkeit erheben. Sie dient ausschließlich dazu, sich der Idee eines gemeinsamen Vokabulars anzunähern, um Missverständnissen in der Kommunikation vorzubeugen.

Tabelle 4: Gemeinsames Vokabular der Sicherheitsprofis

Englisch	Deutsch	Oberbegriff	Sicherheitspräfixe			
Safety	Funktionssicherheit, Betriebssicherheit	Sicherheit	IT-Sicherheit	IV-Sicherheit	IS-Sicherheit	
Protection	Datensicherheit, Datensicherung					I-Sicherheit
Security	Informationssicherheit					
Privacy	Datenschutz					
Authenticity	Echtheit, Glaubwürdigkeit	Sicherheitsziele	IT-Sicherheit	IV-Sicherheit	IS-Sicherheit	I-Sicherheit
Integrity	Manipulationssicherheit					
Confidentiality	Vertraulichkeit					
Availability	Verfügbarkeit					
Non Repudiation	Verbindlichkeit, Nicht-Abstreitbarkeit					

4.2.4 Corporate Security

Corporate Design, Corporate Governance, Corporate Social Responsibility – fast jede Disziplin unternehmerischen Handelns gibt es heute mit der Ergänzung *Corporate*. Und so gibt es natürlich mittlerweile auch den Begriff der Corporate Security –

58 Gibson, William, Omni, Burning Chrome, Juli 1982

Unternehmenssicherheit[59]. Es wird versucht, mit diesem Begriff alle Tätigkeiten, die im Zusammenhang mit der Gefahrenabwehr stehen, unter einem Dach zusammenzufassen.

The manager's handbook for corporate security[60] führt dazu anhand eines Fallbeispiels einen Corporate Security Manager ein, zu dessen Zuständigkeitsbereich eine ganze Reihe von Sicherheitsfunktionen gehört, u. a.:

- Physikalische Sicherheit
- Personelle Sicherheit
- Sicherheitsausbildung und Awareness
- Brandschutz
- Notfallplanung
- Staatlicher Geheimschutz
- Informationssicherheit
- Veranstaltungssicherheit

Security ist überall – alles ist Security

Diesen umfassenden Sicherheitsansatz finden wir auch im *Handbuch Unternehmenssicherheit* wieder, in dem der Autor auch Lizenzmanagement, Projektmanagement oder Finanzmanagement zu den Aufgaben der Sicherheitsprofis hinzuzählt.

Mit einem derartig weit gesteckten Verständnis von Sicherheit gibt es nahezu keinen Bereich im Unternehmen oder der Behörde, in dem die Sicherheitsprofis nicht zuständig wären. Man kann sich leicht vorstellen, welche Auswirkungen es hat, wenn diese umfassenden Mitspracherechte in der Organisationsstruktur in einer Stelle zusammengeführt würden und welche hohen Anforderungen an eine Person zu stellen wären, die diese Stelle besetzt. Insbesondere kann man sich den Widerstand derer vorstellen, die sich von dieser Person in die Karten schauen lassen müssten.

---

59 Z. B.: Klaus-Rainer Müller; Handbuch Unternehmenssicherheit: Umfassendes Sicherheits-, Kontinuitäts- und Risikomanagement mit System; 2005; Vieweg+Teubner; ISBN: 9783528058890 ⮱

60 Z. B.: Gerald L. Kovacich, Edward P. Halibozek; The manager's handbook for corporate security: establishing and managing a successful assets protection program; 2003; Butterworth-Heinemann; ISBN: 9780750674874 ⮱

Am Ende von Abschnitt 4.2.1 hatte ich angekündigt, dass sich an der Auslegung der Sicherheitsbegriffe eine Frage festmacht, die großes Konfliktpotential beinhaltet. Nämlich die Frage danach, wie viel Einfluss die Sicherheitsprofis innerhalb einer Organisation haben sollen. Je nach Begriffsverständnis können hier völlig unterschiedliche Vorstellungen entstehen.

Der Weg ist das Ziel

Daher ist es auch so wichtig, sich im eigenen Unternehmen oder in der Behörde darüber klar zu werden, wie weit man die einzelnen Begriffe auslegt. Man sollte sogar soweit gehen, diese Begrifflichkeiten offiziell zum Diskurs zu stellen und nach dem Motto *„der Weg ist das Ziel"* zu einem gemeinsamen Verständnis zwischen allen Beteiligten zu kommen. Tut man das nicht, sind Verteilungskonflikte vorprogrammiert.

4.3 Konflikte steuern

Wir hatten bereits festgestellt, dass Konflikte an sich nichts Schlechtes sein müssen und es vielfach darum geht, gestärkt aus ihnen hervorzugehen. Wir hatten aber auch festgehalten, dass wir unnötige Konflikte vermeiden wollen, wenn sie durch unangemessene Kommunikation zustande kommen. Vielfach geht es bei der Prävention von Konflikten nicht darum, sie auf unbestimmte Zeit aufzuschieben, sondern die Konfliktamplitude zu senken und die Konfliktdauer zu verkürzen, um den unangenehmen Teil des Konflikts auf möglichst kurzem Weg hinter sich zu bringen.

4.3.1 Unnötige Eskalation

Impfung möglich

Diese Art von Prävention ähnelt einer Impfung: Man wird zwar mit dem Krankheitserreger infiziert, aber in abgeschwächter Form. Es empfiehlt sich also auf dem Weg durch die unvermeidlichen Konflikte strukturiert und planvoll vorzugehen, um – ähnlich wie bei einer Impfung – den Konflikt gerade auf dem Level auszutragen, das nötig ist, um den anvisierten Zustand zu erreichen, der nach einem bewältigten Konflikt steht. Die unnötige Eskalation muss ebenso verhindert werden, wie eine unnötige zeitliche Ausdehnung des Konflikts.

Abbildung 33 zeigt unter anderem diese vermeidbaren Konfliktanteile. Wir wollen uns im Folgenden eine Methode erarbeiten, mit der wir das Verständnis für diese Anteile schärfen können, um sie zukünftig möglichst vermeiden zu können.

Zunächst gibt es in jedem Konflikt einen Anfang und ein Ende, also einen Zustand, vor dem Konflikt und einen Zustand nach dem Konflikt.

Abbildung 33: Vermeidbare Konfliktanteile

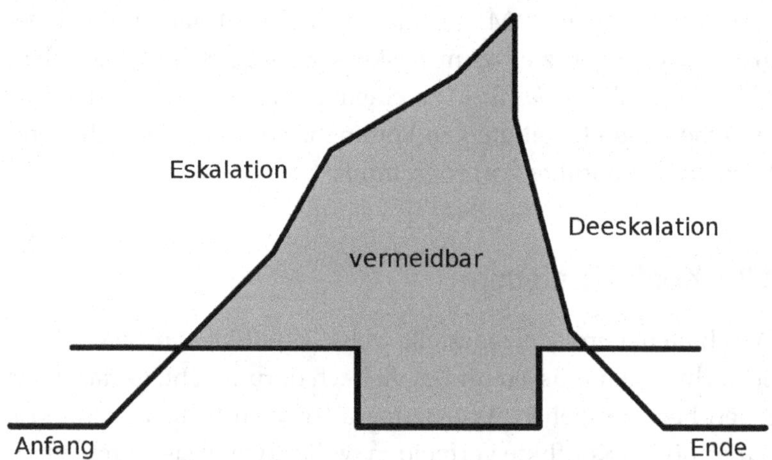

Einstieg

Der Einstieg in einen Konflikt ist nach unserer Definition dadurch bestimmt, dass mindestens zwei Akteure ihre Interessen darlegen und sich zeigt, dass sie einander entgegenstehen und die Akteure auf die Durchsetzung ihrer Interessen bestehen.

Eskalation

In einem unkontrollierten Konflikt kann dieser an sich harmlose Informationsaustausch auf sehr unterschiedliche Art und Weise eskalieren. Der in der Abbildung gezeigte Kurvenverlauf ist also nicht zwingend und kann von Fall zu Fall anders aussehen.

Deeskalation

Soll der Konflikt überwunden werden, folgt auf die Eskalation des Konflikts eine Phase der Deeskalation, die schließlich mit einer Lösung endet. In unkontrollierten Konflikten ist es durchaus denkbar, dass ein zeitweise abgeflauter Konflikt erneut aufflammt und sich schlimmstenfalls dauerhaft hinzieht. Sie haben sicherlich von teilweise jahrzehntelang dauernden Nachbarschaftsstreitigkeiten gehört, die auch durch Gerichtsbeschlüsse nicht beizulegen sind.

Dabei sollte man nicht nur die Eskalationsspitzen vermeiden, sondern ab und an auch mal eine Pause einlegen und den berühmten Gang zurückschalten. Nach einer überschlafenen Nacht sieht man Konflikte vom Vortag oft viel nüchterner und ist dann leichter bereit sich auf eine Lösung und das Beilegen des Konflikts zu einigen.

Pausen tun gut

Sicherheitsprofis sollten sich von der Hoffnung trennen, ohne Konflikte auszukommen: Sicherheitsmaßnahmen haben leider keinen Selbstzweck. Daher wird deren Umsetzung immer im Konflikt mit dem Ziel stehen, auf sie zu verzichten und daher wird es auch immer Konflikte geben, die man in anderen Jobs nicht durchstehen muss. Die Aufgabe besteht also darin, die Konflikte zu gestalten und richtig anzugehen. Dafür ist es wichtig, ein möglichst großes Set an Werkzeugen zur Verfügung zu haben. In der Praxis funktioniert nicht alles, was sich in der Theorie noch gut angehört hat. Daran sollten Sie immer denken.

Konflikte gehören dazu

4.3.2 Konfliktpipeline

Alle Konfliktanteile, die ein gewisses Maß übersteigen und eine unnötige Eskalation beinhalten, sollten umschifft werden. Dazu sollte man potentiell schwierige Gespräche vorher gedanklich durchspielen und in etwa planen, wann man über was sprechen möchte. Ein gewisser Zeitplan ist dafür natürlich unumgänglich, damit man nicht in der hitzigsten Phase abbrechen muss und am Ende nicht zu einem Konsens kommt.

Gehen Sie Ihr Gespräch zuvor im Geiste durch und versuchen Sie dabei auch die Position Ihres Gegenübers abzuschätzen und zu berücksichtigen. Es empfiehlt sich nach dem folgenden idealtypischen Ablauf vorzugehen:

Idealtypischer Ablauf

1. Anfang
2. Einstieg in das Gespräch (Information)
3. Dialog (Argumentation)
4. Lösungssuche (Beschluss)
5. Beendigung

Aber auch bei der besten Planung lässt sich nicht jedes Problem mit nur einem Gespräch klären. Dann muss die Lösungssuche vertagt werden, auch wenn es schwerfällt. Es muss in jedem Fall vermieden werden, dass in so einer Situation vorschnelle Lösungen auf den Tisch kommen, die nicht von allen Gesprächsteilnehmern mitgetragen werden. Das beendet zwar meist das Gespräch, nicht jedoch den Konflikt. Halbherzig akzeptierte Lösungen werden dann vermutlich bald wieder in Frage gestellt.

Gespräch ohne Lösung

Ein Gespräch ohne Lösung des Problems zu beenden, ist schwer zu ertragen – insbesondere für Führungskräfte und Entscheider. Daher ist es wichtig schwierige Gespräche nur dann zu beginnen, wenn man damit Aussicht auf Erfolg hat und ein Vertagen zumindest in der Planung auszuschließen. Portionieren Sie ein besonders konfliktträchtiges Thema lieber in mundgerechte Happen und gehen Sie Schritt für Schritt vor.

Abbildung 34: Die Konfliktpipeline[61]

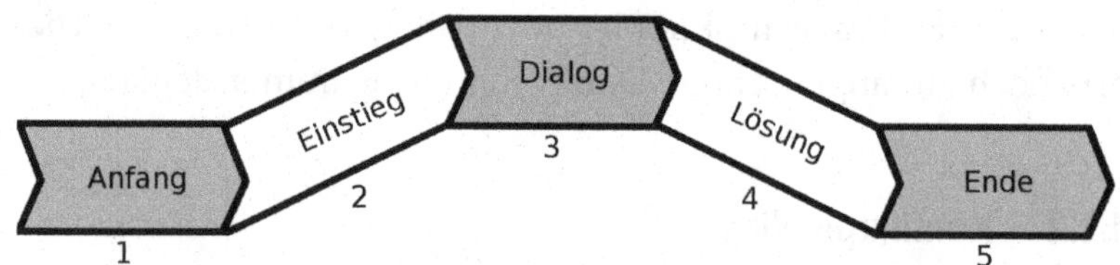

Im Folgenden wird der idealtypische Ablauf eines Gesprächs mit Hilfe der Konfliktpipeline in geregelte Bahnen geleitet. Die Konfliktpipeline ist in fünf Abschnitte eingeteilt, die den Konflikt parallel der unvermeidbaren Konfliktanteile aus Abbildung 33 entlang leitet.

Abbildung 35: Abschnitt 1: Der Anfang

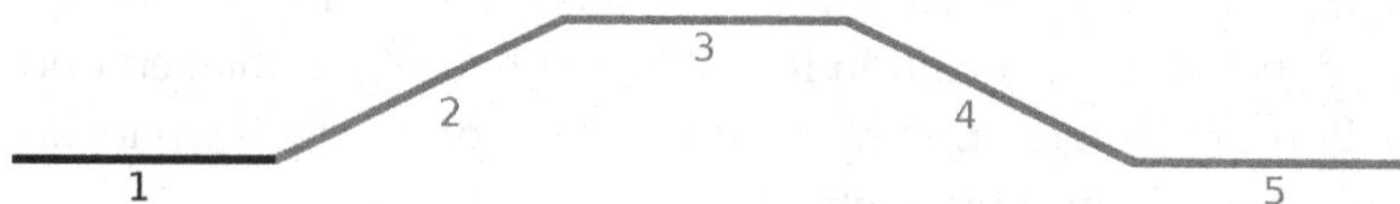

Abschnitt 1

Im 1. Streckenabschnitt geht es darum, die Gesprächspartner auf das Gespräch innerlich und äußerlich vorzubereiten. Dazu muss neben dem eigentlichen Gesprächsthema der äußere Rahmen geklärt werden. Woher kommen die Gesprächspartner? Haben sie

[61] In Anlehnung an Karl Benien; Schwierige Gespräche führen; 2007; rororo; ISBN 9783499614774; Seite 124 ff

gerade ein anstrengendes Meeting hinter sich? Wenn sich Ihre Gesprächspartnerin gerade eben über die IT-Abteilung geärgert hat, ist es sicher keine gute Idee mit ihr über zusätzliche Einschränkungen durch Sicherheitsmaßnahmen zu sprechen, bevor nicht der Ärger über die IT-ler aus dem Kopf ist.

Wichtig ist in diesem Abschnitt auch, einen angenehmen Gesprächsrahmen zu schaffen. Das gilt zum einen äußerlich – also keine Störungen durch Telefon, E-Mail o. ä. – und zum andern innerlich. Unter Umständen müssen sie dazu gemeinsam gegen die IT-Abteilung wettern: *„Wirklich schlimm, wenn die Server immer dann ausfallen, wenn man sie am nötigsten braucht. Ich kann Ihren Ärger sehr gut verstehen. Da könnte man einiges in Sachen Ausfallsicherheit verbessern."* In keinem Fall sollten Sie ein Streitgespräch darüber eingehen, ob der Ärger überhaupt gerechtfertigt ist: Auf diesem Weg eskaliert das Gespräch, noch bevor das Thema Sicherheit überhaupt im Raum steht.

Wenn schon vor dem Gespräch feststeht, dass es um ein *„geladenes"* Thema geht, sollten Sie einen gezwungenen Smalltalk über das Wetter oder das Wohlbefinden der Kinder lieber unterlassen, da diese netten Fragen schnell als unehrlich verstanden werden könnten, wenn Sie danach den Schwenk zum eigentlichen Streitpunkt machen.

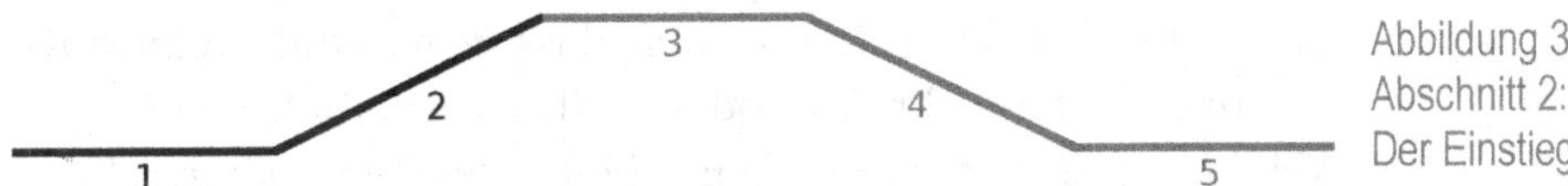

Abbildung 36: Abschnitt 2: Der Einstieg

Abschnitt 2

Im 2. Abschnitt der Konfliktpipeline müssen die Gesprächspartner ihren Standpunkt verdeutlichen, ohne jedoch schon in die Diskussion einzusteigen. Das beinhaltet, sich verständlich zu äußern und genau zuzuhören. Für Informations- und IT-Sicherheitsbeauftragte, Datenschützer, CISOs und Co. ist das Zuhören allerdings gar nicht so einfach. Ihre Gesprächspartner bringen in den seltensten Fällen das Fachwissen mit, eine konstruktive Aussage auf Augenhöhe zu formulieren. Hier ist gezieltes Nachfragen nötig, ohne dabei schon zu bewerten, ob etwas geht oder nicht. Sie müssen Ihr Gegenüber also dabei unterstützen sich verständlich auszudrücken. Vielleicht fragen Sie sich jetzt: *„Warum soll ich denn der anderen Person auch noch dabei* *helfen, ihre verbohrten, technisch unmöglichen und viel zu teuren Vorstellungen zu äußern?"* Da es in diesem Abschnitt noch nicht darum geht, die gemachten Aussagen zu diskutieren, liegt es in Ihrem eigenen Interesse, diese *verbohrten, technisch unmöglichen und viel zu teuren Vorstellungen* genau zu verstehen – dieses Wissen wird ihnen im 3. Abschnitt der Konfliktpipeline zugutekommen.

Bleibt noch die Frage: *„Wer fängt an?"* Den Einstieg ins Thema sollten die Sicherheitsprofis suchen. Wenn Sie dem Gegenüber den Vortritt lassen, könnte das zu Unsicherheit und Misstrauen führen, weil die meisten Menschen instinktiv wissen, dass Sie Gefahren nicht richtig einschätzen können. Wenn die Sicherheitsprofis den thematischen Einstieg übernehmen, vermeiden Sie in jedem Fall, dass die Aussage Ihres Gegenübers zu sehr daneben liegt.

Abbildung 37: Abschnitt 3: Der Dialog

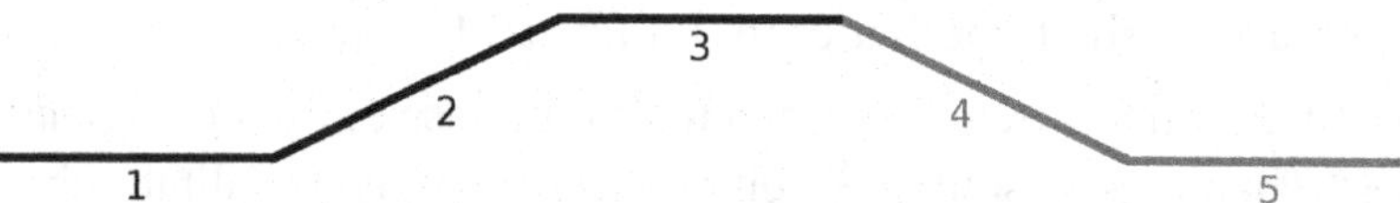

Abschnitt 3

Die bisherigen Abschnitte der Konfliktpipeline waren nicht sonderlich schwer. Im 3. Abschnitt muss sie jedoch besonders stabil gebaut sein. Während im 2. Abschnitt der Gesprächsdruck gestiegen ist, indem die Standpunkte ausgetauscht wurden, muss im 3. Abschnitt verhindert werden, dass sie mit immer eindringlicheren Worten bekräftigt oder endlos wiederholt werden. In Abbildung 33 waren das die grau hinterlegten unnötigen Konfliktanteile.

Am besten startet man in den 3. Abschnitt mit dem Beispielsatz über die konstruktive Kommunikation von Seite 87: *„Wir haben ein gemeinsames Problem, weil wir zur Zeit keine Idee haben, wie wir unsere gegensätzlich erscheinenden Ziele weitgehend vereinen können. Wir werden jedoch einen Weg suchen, das zu erreichen."* Diese Aussage beinhaltet die einzuschlagende Richtung für die Dialogphase. In diesem Teil des Gesprächs werden die Argumente ausgetauscht, nachdem vorher klar umrissen wurde, was der Konfliktgegenstand ist. Es reicht nicht aus, jeweils im Wechsel die eigene Position zu untermauern. Das würde nur der mittleren Ebene konstruktiver Kommunikation entsprechen: Man kennt und akzeptiert zwar die abweichende Meinung, ist aber nicht bereit nach einem gemeinsamen Weg zu suchen.

Dialog suchen

Im Dialog müssen sich die Parteien einander annähern, ohne ihre eigenen Ziele aufgeben zu müssen. Im Grunde ist das nichts anderes, als auf dem Wochenmarkt um den Preis für ein Kilo Äpfel zu feilschen. Der Händler nennt einen Betrag und Sie nennen natürlich einen viel niedrigeren. Wenn Sie sich immer wieder wechselseitig die beiden Beträge aufsagen, kommen Sie nicht weiter. Vielleicht will der Händler einfach einen bestimmten Gewinn mit dem Handel machen. Er schlägt Ihnen also vor, zwei Kilo Äpfel zu kaufen. Dafür kommt er Ihnen beim Kilopreis entgegen. Weil Ihnen das noch nicht reicht, sagen Sie, er müsse noch zwei Paprika obendrauf legen. Weil die Paprika ohnehin nicht mehr ganz so frisch sind, gibt der Händler wieder ein Stück nach usw.

Der Dialog findet also immer wechselseitig statt. Jeder ist dazu angehalten die Aussagen des anderen mit einfließen zu lassen. Ist Ihr Gegenüber dazu nicht bereit, müssen Sie diesen Part mit übernehmen – ähnlich wie schon im 2. Abschnitt der Konfliktpipeline. Wenn der Händler also auf seinem Preis beharrt, könnten Sie ihm vorschlagen, dass Sie zwei Kilo kaufen würden, wenn er im Preis nachgibt usw. Hier zahlt sich aus, ob Sie Ihrem Gegenüber im 2. Abschnitt richtig zugehört haben. Nur wenn Sie den konträren Standpunkt kennen, können Sie jetzt gut verhandeln. Je genauer dieser Standpunkt zu Beginn inhaltlich festgelegt werden musste, je weniger besteht jetzt die Möglichkeit auszuweichen.

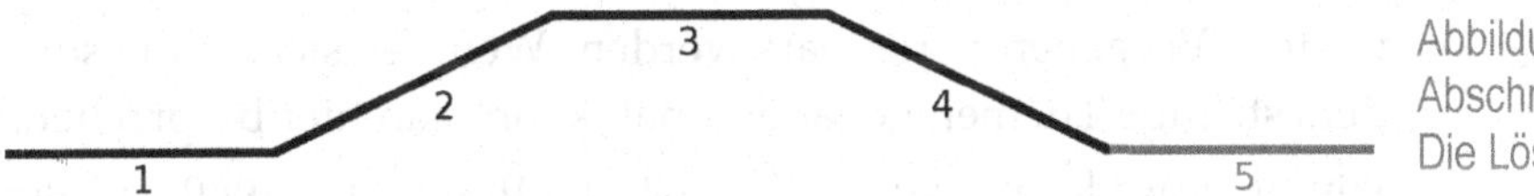

Abbildung 38: Abschnitt 4: Die Lösung

Abschnitt 4

Dialogphase (3.) und Lösungsphase (4.) sind nicht immer klar voneinander zu trennen. Umso verlockender kann es sein, zu einer schnellen Lösung zu kommen. Dabei besteht die Gefahr, dass die Beteiligten mit der übereilten Lösung im Nachhinein doch nicht so zufrieden sind, wie anfänglich angenommen. Deshalb müssen im 4. Abschnitt der Pipeline die bisherigen Ergebnisse verdichtet und rekapituliert werden, so dass jedem noch einmal vor Augen geführt wird, was die Lösung genau beinhaltet.

Als Beispiel möchte ich kurz ein Erlebnis schildern, dass mir an einem Oliven-Stand passiert ist. Dort gab es viele tolle, in Öl eingelegte Sachen, die man mit Brot nach Herzenslust probieren konnte. Anfangs wollte ich nur ein Schälchen Oliven. Mit jedem Probierhappen kam jedoch ein weiteres Schälchen hinzu. Ich ging bester Laune nach Hause. Die Qualität war wirklich toll. Leider musste ich die Hälfte wegwerfen, weil die Sachen nicht lange genug haltbar waren. Das Ganze hat mich nachträglich so geärgert, dass ich nie mehr an dem Stand eingekauft habe. Hätte mich der Verkäufer am Ende des Handels nochmal gefragt, ob ich das überhaupt alles essen kann, wäre ich sicher ein zufriedener Kunde geworden und wiedergekommen. Immerhin hatte ich zu Beginn gesagt, dass ich nur eine Schale Oliven will.

Auch wenn die Verlockung noch so groß ist, darf diese Phase nicht vernachlässigt werden. Ihr kommt eine ungeheure psychologische Bedeutung zu. Der unterdrückte Wunsch von heute ist der Vorwurf von morgen. Auch wenn es Ihnen gelingt Ihr Gegenüber einzulullen, Sie werden sich vermutlich nachträglich Ärger einhandeln. Denken Sie an den Oliven-Stand!

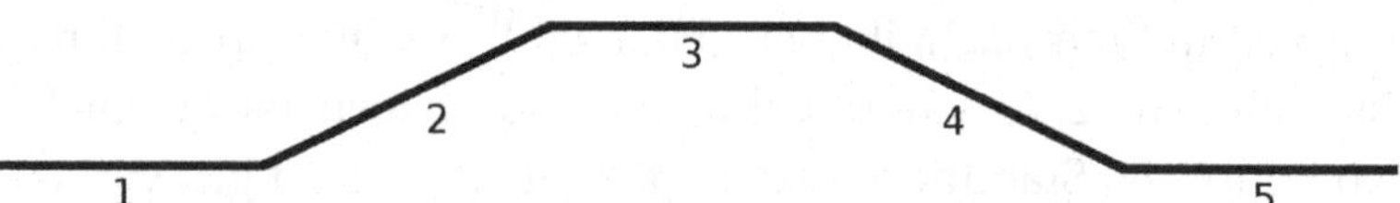

Abbildung 39: Abschnitt 5: Das Ende

Abschnitt 5

Im 5. und letzten Abschnitt der Konfliktpipeline gilt es, das Gespräch abzurunden. Gibt es noch offene „Reste" oder Impulse für andere Gespräche? Bei größeren Sachverhalten kann hier das weitere Vorgehen vereinbart werden. Wenn es sich um besonders strittige Themen gehandelt hat, kann man hier besprechen, wie man das Gespräch empfunden hat und ob es weiteres Verbesserungspotential gibt.

4.3.3 Fallbeispiel: Unbegleitete Besuchergruppen

In dem Pharma-Unternehmen ExAmple AG ist Dave als Sicherheitsbeauftragter für die Sicherheit des Werksgeländes verantwortlich. Auf dem Werksgelände gibt es mehrere hochsensible Bereiche. Dazu gehören auch die chemischen Labore, die oft von Besuchergruppen aus Universitäten, der Lokalpolitik o. ä. besichtigt werden. Der Laborleiter Oskar macht die Führungen mit den Gruppen und muss sie im Anschluss zum Werkstor begleiten. In der Vergangenheit kam es vor, dass Dave Besuchergruppen ohne Begleitung auf dem Werksgelände angetroffen hatte. Dave hatte danach mit Oskar gesprochen, der sich schnell einsichtig zeigte. Nach einigen Wochen wiederholte sich der Vorfall. Auch da sah Oskar seinen Fehler schnell ein und gelobte Besserung. Wieder einige Wochen später traf Dave sogar auf dem Flur des Labortrakts auf eine unbegleitete Besuchergruppe und ist darüber nun ziemlich verärgert.

Wie könnte Dave das dritte Gespräch angehen, wenn er ohnehin erwarten muss wieder nur leere Versprechungen zu bekommen? Eigentlich möchte er am liebsten an die Decke gehen. Entlang der fünf Abschnitte der Konfliktpipeline kann Dave seine Energie kanalisieren. Zum Einstieg sollte Dave direkt zur Sprache bringen, um was es ihm geht. Lange um den heißen Brei reden, bringt hier wenig. Nachdem Dave dafür gesorgt hat, dass das Gespräch nicht unnötig gestört wird, steigt er direkt ins Thema ein:

> *„Oskar, wir treffen uns hier zum dritten Mal, weil Sie eine Besuchergruppe nicht wie vorgesehen zum Werkstor eskortiert haben. Zuletzt habe ich eine Gruppe sogar im Laborbereich angetroffen. In den beiden Gesprächen zuvor haben Sie jeweils eingesehen, dass das nicht nur gegen unsere Richtlinien verstößt, sondern auch gefährlich ist und versprochen, dass es nicht wieder vorkommt. Ich möchte heute mit Ihnen darüber sprechen, warum Sie ihr Versprechen nicht gehalten haben. Mein Ziel ist es mit Ihnen eine Vereinbarung zu treffen, die nicht wieder gebrochen wird."*

Klar, treffend, knapp und wertfrei

Damit wäre der Anfang gemacht – klar, treffend, knapp und wertfrei. In den Abschnitten 2 und 3 müssen nun die Argumente ausgetauscht werden. Für Dave ist besonders wichtig, herauszubekommen, was Oskars Ziel ist. Sein Ziel ist ja sicher nicht, zwei Mal im Monat eine Besuchergruppe *„laufen zu lassen"*.

Gezielt Nachfragen

Dave erreicht das durch gezieltes Nachfragen. Gerne würde Oskar einfach wieder versprechen, dass es nicht wieder vorkommt. Diesmal lässt Dave aber nicht locker und widersteht der Versuchung einer schnellen Problemlösung. Nach einigem hin und her sagt Oskar, dass der Chef ihn manchmal direkt aus den Besucherführungen reißt und er dann keine Zeit mehr hat, sie nach draußen zu eskortieren. Da er nicht unhöflich sein wolle, würde er sie bitten, ohne ihn das Gelände zu verlassen:

> *„Ich kann doch den Herrn Professor oder den Bürgermeister nicht im Laufschritt zum Tor rauswerfen – das mach' ich nicht! Kann der Alte wegen mir selber machen!"*

Lösung am Kern des Problems

Dave ist durch sein gezieltes Nachfragen auf den Kern des Problems gestoßen. Jetzt gilt es mit Oskar eine Lösung zu erarbeiten, die ihm aus seinem Dilemma heraushilft. Eventuell sollte Dave mal mit Oskars Chef sprechen. Im letzten Abschnitt der Konfliktpipeline sollten die beiden vereinbaren in Zukunft früher über solche Probleme zu sprechen, bevor die Sicherheit gefährdet wird. Für solche Probleme ist Dave doch da.

4.4 Motivation

Ohne Motivation geht nichts. Motivation ist ein Schlüsselthema, wenn man Konflikte vermeiden möchte. Wie kann man jemanden dazu bringen, zu tun, was man von ihm will? Diese Frage beschäftigt die Motivationspsychologie seit Jahrzehnten, ohne dabei jedoch auf den Stein der Weisen gestoßen zu sein.

Abbildung 40: Wie man richtig motiviert, ist nicht so einfach, wie man denkt

Wer die Wahl hat...

Zunächst wäre da die Möglichkeit höflich zu bitten. Aber was, wenn die betroffenen Personen keine Lust haben und sich von freundlichen Bitten nicht beeinflussen lassen? Kommt man dann mit strammen Anordnungen weiter? Möglicherweise, wenn es darum geht, eine bestimmte Aufgabe zu erledigen. Wenn es aber darum geht, Personen dauerhaft dazu zu bringen, sich auch ohne Aufsicht an Sicherheitsmaßnahmen zu halten, führt das auch nicht zwangsläufig zum Erfolg. Sollte also Geld ein möglicher Anreiz sein, sich an Sicherheitsrichtlinien zu halten? Jede verschlüsselte Mail bringt 10 Cent, jede unverschlüsselte kostet diesen Betrag? Wenn man erreichen will, dass sich die Mitarbeitenden Mails mit sinnlosem Inhalt zuschicken und diese jeweils verschlüsseln, könnte das helfen. Oder kommt man etwa mit militärischem Starrsinn zum Ziel: Vormachen, Nachmachen und drillmäßiges Üben?[62] Sicher könnte ein ausgefeiltes Training der Schlüssel zum Erfolg sein. Alle Mitarbeitenden erreicht man so aber auch nicht. Oder sollte man den Mitarbeitenden hier und da einen Schubs in die richtige Richtung geben, in der Art wie der Signalton im Auto, der einen erinnert, das Licht angelassen zu haben? Das funktioniert jedoch nur bei Dingen, an die man auch erinnert werden möchte. Wenn alles versagt, kann man nötigenfalls durch Angst motivieren: *"Sicherheitsvorschriften einhalten, sonst Kündigung!"* Aber auch das ist zum Scheitern verurteilt,

62 Frederick Herzberg; Was Mitarbeiter in Schwung bringt, in: Motivation: Was Manager und Mitarbeiter antreibt; 2006; Redline Wirtschaft; ISBN: 9783636014078; Seite 71 ff

wenn die Geschäfts- oder Behördenleitung nicht motiviert ist, die Drohung auch durchzusetzen. Und wie motiviert man das eigene Top-Management? Man kann ja schlecht mehr Gehalt versprechen.

Nicht weniger als 100 %

Nicht alles, was dazu geeignet ist Mitarbeitende, Führungskräfte und Top-Management im Allgemeinen zu motivieren, eignet sich auch dazu sie für Sicherheitsfragen zu begeistern. Außerdem ist es im Allgemeinen vielleicht ein Erfolg, wenn eine Mitarbeiterin an 95 % aller Arbeitstage voll motiviert ist und die restlichen 5 % etwas nachlässt. In Sicherheitsfragen reicht das aber nicht: Wenn der Wachmann aus Nachlässigkeit in 5 % der Nächte die Alarmanlage nicht aktiviert, stehen den Einbrechern immerhin an 18 Tagen im Jahr die Türen offen. Das kann man beim besten Willen nicht als Erfolg bezeichnen. Es ist auch kein Erfolg, wenn 95 % der vertraulichen Mails verschlüsselt werden oder *„nur"* 5 % der Kreditkartendaten aus dem Webshop abhandenkommen. Sicherheitsprofis stehen vor keiner geringeren Aufgabe als alle Beteiligten zu 100 % zu motivieren. Ob auf einer Baustelle ein oder zwanzig Handwerker schlafen, ist ein großer Unterschied, und es wäre ein Erfolg, wenn man erreichen würde, dass nur einer schliefe und alle anderen arbeiteten. Für Sicherheitsprofis ist es aber leider egal, ob die Konkurrenz die brandneue Entwicklung von ein oder von zwanzig Mitarbeitenden zugespielt bekommt.

Wer sich einer solchen Herausforderung stellen soll, muss nicht zuletzt sich immer wieder selbst aufs Neue motivieren. Scheint das gesteckte Ziel doch kaum zu erreichen und vieles vom Zufall abzuhängen: Zum Beispiel, dass die Einbrecher hoffentlich an einem Tag vor der Tür stehen, an dem die Alarmanlage aktiviert ist.

4.4.1 Was ist Motivation

Manipulation unterlassen

Bevor die Frage, was Motivation ist, in Form einer Definition beantwortet wird, soll klar gemacht werden, was sie nicht ist: Motivation ist deutlich von der Manipulation abzugrenzen. Suggestivfragen, Polemik oder Demagogie gehören zu den manipulativen Methoden, die vielleicht zum Ziel führen, denen jedoch eine klare Absage zu erteilen ist.[63] Manipulation schadet jeder Bemühung ein Vertrauensverhältnis aufzubauen und damit auch dem Versuch konfliktpräventiv zu kommunizieren. *Manipulation* zeichnet sich u. a. durch die folgenden negativen Eigenarten aus:

- Verschleierung von Tatsachen zum eigenen Vorteil
- Einseitige Begrenzung von Informationen oder Kontakten
- Unbewiesene oder unwahre Behauptungen

Motivieren ist positiv

Demgegenüber sind die Eigenarten[64] des *Motivierens* durchweg mit einer positiven Ausrichtung auf die zu motivierende Person ausgerichtet:

- ✓ Jemanden mit Motiven ausstatten, die diese Person vorher nicht hatte
- ✓ Vorhandenen Motiven zur Realisierung verhelfen
- ✓ Verhaltensweisen eine (subjektive) Bedeutung verleihen
- ✓ Anregen, begeistern, gewinnen

Handeln und Unterlassen

Wer motiviert, nimmt Einfluss auf Inhalt, Richtung und Intensität des Handelns einer anderen Person, ohne sie dabei zu manipulieren. Auch hier erkennt man sofort, welche Bedeutung eine ausgeprägte Motivationsstärke für Informations- und IT-Sicherheitsbeauftragte, Datenschützer, CISOs und Co. hat. Dreht sich doch deren Aufgabe in weiten Teilen um nichts anderes, als menschliches Handeln und Unterlassen zu beeinflussen.

Intrinsisch oder extrinsisch?

Aus psychologischer Sicht unterscheidet man Motivation nach den zwei Formen intrinsischer und extrinsischer Motivation. Für Sicherheitsprofis gilt die Faustregel: Andere extrinsisch und intrinsisch motivieren, sich selbst intrinsisch. Nur selten hört man von Informations- und IT-Sicherheitsbeauftragten, die auch noch dazu angestachelt werden, die Rechtevergabe auf dem Server noch restriktiver umzusetzen und ebenso selten sind die

---

63 William P. Ferris in: Norbert Albs; Wie man Mitarbeiter motiviert: Motivation und Motivationsförderung im Führungsalltag; 2005; Cornelsen Verlag Scriptor; ISBN: 9783589236800; Seite 14 ff

64 Reinhard K. Sprenger, Thomas Plassmann; Mythos Motivation: Wege aus einer Sackgasse; 2005; Campus Verlag; ISBN: 9783593376370; Seite 21

Berichte über Mitarbeitende, die das Datenschutzkonzept besser kennen als ihre Datenschutzbeauftragten, weil sie einfach von sich aus Interesse am Schutz personenbezogener Daten haben. Es sei denn, es betrifft die eigene Person. Unter Umständen entfaltet sich dann doch ein Maß an intrinsischer Motivation, das durch Einflussnahme von außen nie zu erreichen gewesen wäre.

Ziele, Zwänge, Prioritäten und Risiken

Wer Mitarbeitende, Top-Management und letztlich sich selbst motivieren will, der muss sich an die bereits bekannten vier Problemfelder erinnern: Ziele, Zwänge, Prioritäten und Risiken. Aus ihnen lassen sich die Motivatoren und Hygienefaktoren ableiten, auf deren Grundlage man zu einer Verhaltensänderung motivieren kann.

Motivatoren und Hygienefaktoren

Motivatoren sind nach vorne gerichtet. Sie sind bestimmend für die Zufriedenheit und motivieren zu Leistung und gegebenenfalls zur Leistungssteigerung. Die *Hygienefaktoren* haben zwar nicht diese motivierende Kraft. Bei ihrem Fehlen jedoch sorgen sie für Demotivation und Unzufriedenheit. Motivatoren erzeugen überwiegend intrinsische Motivation, wohingegen Hygienefaktoren eher extrinsisch motivieren. Herzberg hat diesen Zusammenhang in seiner Zwei-Faktoren-Theorie beschrieben.[65]

Tabelle 5: Motivatoren und Hygienefaktoren nach F. Herzberg

Motivatoren Führen zu Zufriedenheit	**Hygienefaktoren** Führen zu Unzufriedenheit
Erfolg	Unternehmens-Organisation
Anerkennung	Dienstaufsicht
Arbeitsinhalt	Verhältnis zu Vorgesetzten
Verantwortung	Arbeitsbedingungen
Vorwärtskommen	Bezahlung
Entwicklung	Verhältnis zu Kollegen/ Mitarbeitern

[65] Nach F. Herzberg in Norbert Albs; Wie man Mitarbeiter motiviert: Motivation und Motivationsförderung im Führungsalltag; 2005; Cornelsen Verlag Scriptor; ISBN: 9783589236800; Seite 71 ff

In Tabelle 5 sind einige Motivatoren und Hygienefaktoren aufgelistet. Die wichtigsten stehen in der Tabelle jeweils oben. Grundlage dieser Einordnung waren 12 Mitarbeiterbefragungen, bei denen über 3500 Vorfälle am Arbeitsplatz erfasst wurden. Die genannten Begriffe wurden von den Befragten auf die eine oder andere Seite der Tabelle *„gewählt"*. Im individuellen Fall kann beispielsweise der Arbeitsinhalt durchaus als Hygienefaktor empfunden werden, oder die Bezahlung als Motivator. Die Tabelle ist daher nicht zu starr zu betrachten.

Man erkennt auf den ersten Blick, dass Sicherheitskonzepte, Sicherheitsaudits und Sicherheitsrichtlinien allesamt auf der rechten Seite der Tabelle beheimatet sind und überwiegend dazu geeignet sind Unzufriedenheit zu erzeugen. Es scheint also angebracht und am vielversprechendsten, Sicherheitsanstrengungen mehr in Richtung der Spalte mit den Motivatoren zu verlagern, wenn man unnötige Konflikte vermeiden will. Die im Folgenden vorgestellten Ansatzpunkte werden sich an diesem Ziel orientieren und damit einen weiteren Baustein liefern, der es Sicherheitsprofis ermöglicht, der „Buhmann-Falle" zu entkommen.

4.4.2 Motivation von Geschäfts- und Behördenleitung

Abbildung 41: Malen Sie dem Chef ruhig mal den Teufel an die Wand

Verantwortung

Die wahrscheinlich schwierigste Motivationsaufgabe für Sicherheitsprofis ist es, diejenigen zu überzeugen, die für die Sicherheit im Unternehmen verantwortlich sind: das Top-Management.

Nur sind die sich dieser Verantwortung meist nicht bewusst. Oft stößt man bei Geschäfts- und Behördenleitung auf die Ansicht, dass sie durch die Anstellung von Informations- und IT-Sicherheitsbeauftragte, Datenschützer, CISOs und Co. die Verantwortung loswerden. Den Sicherheitsprofis kommt das vielfach gelegen, wurde doch gerade verdeutlicht, dass Verantwortung ein starker Motivator ist. Wer sein Top-Management motivieren will, muss diese Verantwortung – ganz selbstlos – zurückgeben, auch wenn das negative Auswirkungen auf die eigene Motivation haben könnte.

Anerkennung

Anerkennung ist ein weiterer Motivator, der einen Blick wert ist. Wenn die Chefin sich also neben all den Problemfeldern als Unternehmens- oder Behördenleiterin für die Security-Bühne interessiert, dann kann man das gar nicht genug loben. Das soll natürlich nicht heißen, dass Sie jeden Tag zur Chefin sollen, um ihr mitzuteilen wie toll sie ist – Anerkennung nach oben darf nicht anbiedernd sein. Die Anerkennung, die Sicherheitsprofis zu vergeben haben, ist eine fachliche. In der Kombination mit dem Motivator Verantwortung bedeutet das: Malen Sie der Chefin ruhig mal den Teufel an die Wand und zeigen ihr auf, wie groß die Verantwortung ist, die sie trägt und loben Sie ihr Verständnis für die schwer zu verstehenden Zusammenhänge von Bedrohung, Gefahr und Sicherheit.

Arbeitsinhalt

Je nach Typ kann auch Arbeitsinhalt ein vielversprechender Motivator für das Top-Management sein. Die höchste Führungsebene muss ihren Interessen entsprechend in die Arbeitsprozesse eingebunden werden. Die Chefin mit Verwaltungsbackground will organisatorisch eingebunden werden, der Techniker lieber in die kleinen Spielereien, die vielleicht auch zuhause zu gebrauchen sind. Dabei ist vor allem nötig, die eigenen Problemfelder in die des Top-Managements zu übersetzen und für Sicherheit im Allgemeinen zu begeistern – der Rest kommt dann fast von selbst. Um den folgenden Beispielen ein wenig vorwegzugreifen: Für die Verwaltungsspezialistin ist der Live-Hacking-Event vor allem von seiner organisatorisch, rechtlichen Seite interessant, während man den technikbegeisterten Chef am besten die Rolle des Hackers übernehmen lässt, der die Befehle für die

Man-In-The-Middle-Attacke eintippt und abends dem Junior erzählen kann, dass er ein „*Hacker*" ist.

Persönliche Entwicklung und Erfolg

Es lohnt sich darüber hinaus, die Motivatoren persönliche Entwicklung und Erfolg anzusprechen, insbesondere in einer globalisierten Wissens- und Kommunikationsgesellschaft. Wer im Top-Management auch in fünf oder zehn Jahren noch mithalten will, muss sich mit dem Wachstumsmarkt Sicherheit auseinandersetzen. Ein routiniertes Standing in einer globalisierten und vernetzten Welt ist dabei ein wichtiger Erfolgsfaktor.

Hygienefaktoren

Was sich nach allen gängigen Theorien zur Motivationspsychologie in keinem Fall lohnt, sind Anstrengungen, die die Hygienefaktoren betreffen. Kein Chef dieser Welt lässt sich für Sicherheit begeistern, weil er sich dann mit dem Sicherheitsteam besser versteht.

Sicherheitsvorfälle

„*Gebranntes Kind scheut das Feuer*", sagt der Volksmund und drückt damit aus, dass es eine Sache ist, von einer Gefahr zu wissen, und eine andere, eine Gefahr gespürt zu haben. Was das Sprichwort beschreibt, lässt sich auch an konkreten Zahlen festmachen. In einer Studie zur Wirtschaftskriminalität gaben die Befragten aus Unternehmen, die bereits Opfer von Datendiebstählen wurden, eine erheblich höhere Risikoeinschätzung für sich und andere Unternehmen ab: Während in nicht geschädigten Unternehmen nur 10 % das Risiko für das eigene Unternehmen als hoch einschätzen, sahen das in geschädigten Unternehmen hingegen 34 % der Befragten so – mehr als drei Mal so viele.[66] Und das, obwohl davon auszugehen ist, dass in den betroffenen Unternehmen Maßnahmen gegen eine Wiederholung der Vorfälle getroffen wurden. Auch wenn Vorfälle deutliche Auswirkungen auf die Risikoeinschätzung haben, wird man sie sich doch nicht herbeiwünschen.

Die Frage lautet also, wie man dem Kind das Feuer möglichst anschaulich macht, ohne dass es dabei Verletzungen davonträgt. Ein kleiner Schreck ist dabei durchaus erlaubt: Zwei mögliche Ansätze sind Live-Hackings und Penetrations-Tests.

---

66 Martin-Luther-Universität Halle-Wittenberg und PricewaterhouseCoopers; Wirtschaftskriminalität 2009: Sicherheitslage in deutschen Großunternehmen; 2009; Bezug über: www.pwc.de/de/crimesurvey; Seite 34

4.4.2.1 Live-Vorführungen/ Live-Hacking

Leichter als manch einer denkt

Bei Live-Vorführungen geht es darum, zu erläutern, wie einfach, schnell und effektiv eine Organisation aus den Angeln gehoben werden kann. Vorgeführt wird das Ganze an vorbereiteten Test-Systemen, an denen Einbruchsverfahren vorgestellt werden. Am Ende der Vorführung müssen alle Zuschauer sagen: *„Oh Gott, so einfach geht das?!"* Die Angriffe auf die Simulationsnetze sind relativ einfach vorzubereiten und einzustudieren und bilden meist keine komplexen Szenarien ab, reichen aber aus, um ein erstes Gefühl zur Verwundbarkeit von IT-Systemen zu bekommen. Mit der Auswahl eines passenden Szenarios lassen sich die Ergebnisse in die gewünschte Richtung lenken und verschiedene Aspekte der Sicherheitsarchitektur des eigenen Unternehmens ansprechen.[67]

Lieber auf Profis vertrauen

Die Auswahl geeigneter Szenarien hängt allerdings nicht nur am verfolgten Ziel, sondern auch an den nötigen fachlichen Kenntnissen. Nicht für jeden ist es empfehlenswert einen Versuchsaufbau mit einem Krypto-Trojaner vorzubereiten, oder den Infektionsweg mit einem Virus darzustellen. Man sollte sich auf eine solche Vorführung nur einlassen, wenn man wirklich weiß, was man tut, und das innerhalb des Unternehmens oder der Behörde entsprechend abgestimmt hat. Im Zweifel sollte man sich externe Unterstützung holen: Die Auswahl an Unternehmen, die Live-Hackings für Schulungen anbieten, ist reichhaltig.

Mit ein wenig Übung kann man auch mit begrenzten Mitteln und ohne große technische Kenntnisse ansehnliche Vorführungen gestalten, die zum gewünschten Erfolg führen. Im Folgenden sollen nun einige weniger schwierige Möglichkeiten vorgestellt werden.

---

67 Einige der Szenarien sind ursprünglich den Webseiten des Instituts für Internet-Sicherheit der Fachhochschule Gelsenkirchen entnommen. Die Videos sind mittlerweile leider nicht mehr verfügbar: https://www.internet-sicherheit.de/

Google-Hacking: *Beginnen wir mit einem ganz leichten Beispiel: In Google sehen die meisten Menschen eine mächtige Suchmaschine: Zwei, drei Wörter in die Suchzeile und schon bekommt man die gewünschten Resultate. Dass Google auch Angreifer mit einer geradezu unglaublichen Fülle von Informationen versorgt, ist nicht jedem bekannt und Bücher wie Google Hacking*[68] *von Johnny Long haben hauptsächlich die IT-Welt erreicht. Seine Google Hacking Database (GHDB) war viele Jahre frei im Internet zu erreichen*[69]*, wurde in den letzten Jahren aber von weiteren Projekten fortgeführt*[70]*. Hier finden sich hunderte von Google-Suchanfragen, mit deren Hilfe Angriffe eingeleitet werden können. Das Besondere: Sie müssen die Suchen nicht einmal selber eintippen – einfach anklicken und die Suchergebnisse auswerten. Mit der Anfrage* `intitle:"Index of" Buchhaltung.xls` *liefert Google alle Excel-Tabellen mit diesem Namen, die im Internet zu finden sind – fast alle sind aus Versehen auf irgendeinem Webserver gelandet. Mit ein paar Klicks und ein wenig Fantasie lassen sich auf diese Art tolle Beispiele finden.*

Geschwärzter Text: *Ebenso einfach können Sie vorführen, wie schnell man mit PDF-Dateien auf die Nase fallen kann. Alles was Sie tun müssen ist, einen einigermaßen bekannt gewordenen Fall nachzustellen, bei dem das Pentagon keine gute Figur abgegeben hatte: Entscheidende Teile eines Dokumentes waren zwar zunächst in Microsoft Word geschwärzt, aber dann mit einem PDF-Programm exportiert worden. Dabei blieben die geschwärzten Textstellen erhalten und ließen sich über die Zwischenablage wiederherstellen.*[71] *Probieren Sie aus, ob der Fall mit Ihrer Software auch passiert wäre und führen Sie das Ergebnis vor.*

68 Johnny Long; Google Hacking; 2005; Mitp; ISBN: 9783826615788

69 http://johnny.ihackstuff.com/ghdb/, archiviert unter: http://www.archive.org

70 https://www.exploit-db.com/google-hacking-database, eingesehen am 20.02.2020

71 http://www.heise.de/newsticker/meldung/Pentagon-blamiert-sich-mit-geschwaerztem-PDF-Dokument-157946.html eingesehen am 14.10.2014, archiviert unter: http://www.archive.org

Metadaten: *Als weiteres Problem bei der Sicherheit von Dokumenten stellen sich immer wieder die Metadaten heraus. Mit Metadaten werden, meist in den Dokumenteigenschaften, zusätzlich weitere Informationen angegeben, wie beispielsweise der Autor oder das Erstellungsdatum. Stellen Sie sich vor, aus den Metadaten einer Marketing-Broschüre geht hervor, dass diese eigentlich bei der Konkurrenz abgekupfert ist. Das Top-Management wäre sicher begeistert, davon beim Sonntagsfrühstück in der Zeitung zu lesen.*

Wayback-Machine: *Hinter diesem Begriff verbirgt sich ein Internet-Archiv (http://www.archive.org), das Zwischenstände von Webseiten speichert und dauerhaft archiviert. Unter Umständen entstehen daraus Datenschutzprobleme. Haben Sie zu allen Mitarbeiterfotos, die auf Ihren Webseiten veröffentlicht wurden, jeweils eine Einverständniserklärung? Oder finden sich in diesen Archiven vielleicht peinliche Fehler, die auf den Seiten mal zu sehen waren? Mit ein wenig Recherche finden Sie tolle Beispiele zum Thema: „Das Internet vergisst nichts."*

Tür-Falle: *Etwas mehr technisches Geschick erfordert eine Vorführung, bei der man zeigen kann, wie wichtig es ist, Türen zu sicherheitsempfindlichen Bereichen, die mit einem Türknauf statt einer Klinke ausgestattet sind, nicht nur zuzuziehen, sondern auch abzuschließen: Als Falle bezeichnet man den Schnapp-Mechanismus einer Tür, der in Krimis gerne mittels einer Kreditkarte ausgehebelt wird. Alles was man für einen „Einbruch" benötigt, ist eine längliche Plastikkarte. Kreditkarten zerbrechen übrigens meist – das klappt nur im Film! Das Öffnen einer solchen Tür ist nach einiger Ausdauer beim Üben in wenigen Sekunden bis Minuten möglich – auch für Laien.*

Phishing: *Mit ein wenig Unterstützung vom Web-Administrator lässt sich vorführen, wie leicht man an Nutzername und Passwort gelangt: Mit einer Mail lockt man einen Anwender zu einer gefälschten Eingabemaske, die nach Nutzername und Passwort fragt, und aussieht, wie die echte Eingabemaske. Nach der ersten Eingabe des Passworts kommt die Fehlermeldung für ein falsches Passwort und die Originalseite wird aufgerufen. Dass auf diese Weise die Zugangsdaten gestohlen wurden, bleibt Anwendern verborgen.*

Vorsicht geboten

Wie Sie sehen, kann man auch mit begrenzten Mitteln und ohne selbst ein Hacker zu sein, über Live-Vorführungen nachdenken. Wenn Sie Glück haben, macht sich im Auditorium während der Vorführung eine leise Panik breit und es stellt sich automatisch die Frage, auf welch wackligen Beinen die Sicherheit der eigenen Organisation steht. Wenn Sie mehr Möglichkeiten haben oder über mehr technisches Knowhow verfügen, dann können Sie auch fortgeschrittene Techniken einsetzen. Vergessen Sie dabei aber nicht, dass es sich bei derartigen Vorführungen immer um ein Spiel mit dem Feuer handelt. Es könnte sein, dass das eigene Management gar nicht begeistert davon ist, wenn der Sicherheitsbeauftragte vorführt, wie man ins Warenlager einbrechen kann, ohne dabei erwischt zu werden.

In Tabelle 6 sind die bisher genannten Beispiele zusammen mit weiteren Szenarien für Live-Vorführungen und Live-Hackings aufgeführt. Zu den meisten Szenarien finden Sie im Internet zahlreiche Videos, mit denen Sicherheits-Dienstleister für Ihre Vorführungen werben.

Tabelle 6: Mögliche Szenarien für Live-Vorführungen[72] (* im Text bereits ausführlicher vorgestellt)

Bereich	Schwachstelle	Szenarien-Beispiel
Physische Sicherheit	Tür-Falle Türschloss Gekippte Fenster	Kreditkarten-Einbruch* Schlüsseldienst einladen (Lock-Picking) Schlüsseldienst einladen
Daten-schutz	Telefon Website Mitarbeitende	Frage-Anruf/ Social Engineering Surfen mit Wayback-Machine* Personensuche im Internet
Plattform-sicherheit	Spaß-Software USB	Trojaner vorführen Autostart-Funktion ausnutzen
Sicherheit im Web	E-Mails Webseite Webserver	Phishing E-Mail* Cross Site Scripting (XSS) Google-Hacking*

[72] Teilweise aus: Institut für Internet-Sicherheit; FH Gelsenkirchen; http://www.internet-sicherheit.de/service/live-hacking-awareness-performance/szenarien/ eingesehen am 14.10.2014; archiviert unter http://www.archive.org

Sicherheit von Zugangsdaten	Passwörter Benutzernamen	Datenbank-Angriff vorführen Brute-Force-Angriff vorführen „Have I been pawned" zeigen[73] Daten-Sammlung mittels Skript
Mobile Sicherheit	Smartphone Bluetooth WLAN	Handy-Trojaner vorführen GPS-Ortungs-Software zeigen Telefonbuch-Einträge ändern Headset als Wanze benutzen WEP-Verschlüsselung knacken
Sicherheit von Dokumenten	Passwortschutz PDF	Word-Passwortschutz knacken Unerwünschte Metadaten anzeigen* Geschwärzten Text sichtbar machen*

4.4.2.2 Penetrations-Tests

Es wird konkreter

Während bei Live-Vorführungen nur theoretisch gezeigt wird, wie leicht ein Unternehmen angreifbar wäre, wird bei Penetrations-Tests (oder kurz: Pen-Tests) gezielt nach Schwachstellen gesucht. Je nach Budget können hier auch komplexere Szenarien durchgespielt werden, da man ja keine Zuschauer hat, die dadurch gelangweilt werden könnten. Am Ende geht es darum, die Ergebnisse anschaulich darzustellen. Nach den Tests müssen die Verantwortlichen sagen: *„Das lief ja gut"*, oder – was wahrscheinlicher ist – *„So geht's nicht weiter!"*

Die Gefahr für das Unternehmen ist dabei weniger, dass Schwachstellen aufgedeckt werden, sondern mehr, dass die Verantwortlichen nicht ausreichend auf diese Missstände vorbereitet wurden und aus allen Wolken fallen. Die Angriffe werden im Gegensatz zu Live-Vorführungen nicht in Simulationsnetzen vorgeführt. Die Operation wird quasi – trotz Testsystemen – am

[73] https://haveibeenpwned.com/

offenen Herzen durchgeführt – mit entsprechend hohem Konflikt-Risiko. Will man diese vermeiden, muss ein Penetrations-Test umfangreich vorbereitet, begleitet und nachbereitet werden. Aber auch hier lassen sich mit der Auswahl von passenden Methoden die Ergebnisse in eine gewünschte Richtung lenken und verschiedene Aspekte der Sicherheitsarchitektur ansprechen.

Eine Sache für Profis

Die Frage, ob man Pen-Tests selbst durchführt oder extern vergibt, stellt sich eigentlich nicht. Erstens sind verglichen mit Vorführungen viel tiefergehende Kenntnisse nötig, um ein aussagekräftiges Ergebnis zu erzielen; Pen-Tests lassen sich schwer einüben. Zweitens simulieren die Tests einen echten Angreifer – Neutralität bezüglich der Sicherheitsmaßnahmen ist also nötig. Befangene Pen-Tester würden das Ergebnis beeinflussen. Ein eigenes Team aufzustellen macht also nur Sinn, wenn das Unternehmen oder die Behörde, für die man arbeitet, groß genug sind und diese Neutralität sichergestellt ist.

Ein weiterer Aspekt macht Pen-Tests schwieriger als Vorführungen: Es werden ja im Grunde strafbare Handlungen simuliert und das erfordert eine klare Aufgabenbeschreibung und gegebenenfalls fundierte juristische Beratung. Es reicht sicher nicht aus, dass der Informations- und IT-Sicherheitsbeauftragte einem alten Studienfreund am Telefon beauftragt, zu probieren, wie weit er an der Behörden-Firewall kommt. Es muss vorher genau festgelegt werden, welche Testmethode angewendet wird, und was genau getestet wird.

Strafbarkeit der Methoden bedenken

Einige Methoden bleiben auch dann strafbar, wenn man von einem Kunden dazu beauftragt wird. Dies ist z. B. dann der Fall, wenn der Pen-Test-Auftrag Systeme beinhaltet, über die der Auftraggeber nicht die Kontrolle hat. Gerade in Zeiten von Cloud-Anwendungen kommt das häufiger vor, als man denkt. Insbesondere bei der Anwendung von Social Engineering besteht die Gefahr, sich trotz Auftrag strafbar zu machen. Auch wenn es vielleicht funktioniert, einen User dazu zu bewegen sein Passwort zu verraten, wenn man sich am Telefon als Polizist ausgibt, bleibt es strafbar, sich als Polizist auszugeben, wenn man keiner ist. Daran ändert auch der Auftrag eines Kunden nichts.

Hohes Konfliktpotential

Bevor wir uns die einzelnen Testmethoden genauer ansehen, ist jedoch auch ein Blick auf das generelle Konfliktpotential eines Pen-Tests angebracht. Während Vorführungen theoretisch zeigen, welche Auswirkungen schlecht konfigurierte Server und Netzwerke haben, werden hier ganz praktische Mängel offenbar, die irgendjemand zu verantworten hat. Möglicherweise zeigt sich sogar, dass jemand in der Vergangenheit sehr schlechte Arbeit gemacht hat. Will man im Anschluss an den Test nicht in ein Konflikt-Chaos stürzen, sollte man sich Gedanken über das Worst Case Szenario machen, durch das sich viele vor den Kopf gestoßen fühlen könnten. Angefangen bei Geschäfts- und Behördenleitung, über das IT-Personal, bis hin zu den Sicherheitsprofis: Für jeden kann ein Pen-Test ein Experiment mit offenem Ausgang sein.

Vorsicht: Nicht selbst in die Schusslinie geraten

Die größten Schwierigkeiten können entstehen, wenn sich das Top-Management falschen Hoffnungen hingegeben hat. Sie müssen sich auf ihre Fachleute verlassen. Auch wenn Sie ihnen nicht die nötige Unterstützung gegeben haben, werden sie die Schuld für ein schlechtes Abschneiden wohl kaum bei sich selbst, sondern bei den Sicherheitsprofis suchen. Dieser Eindruck muss natürlich unter allen Umständen verhindert werden, sonst stehen Informations- und IT-Sicherheitsbeauftragte, Datenschützer, CISOs und Co. nach dem Test schlechter da als vorher. Ebenso wenig sinnvoll ist es, vom schlimmsten Fall auszugehen, und dann wird nichts gefunden, weil man von 200 Anwendungen, die eine hat testen lassen, die als einzige nach sicheren Methoden der Softwareentwicklung programmiert wurde. Wenn die Führungskräfte am Ende sagen, *„ist ja dann doch nicht alles so schlimm wie Sie immer sagen“*, haben Sie sich einen Bärendienst erwiesen. Das gute Ergebnis des Tests steht Ihnen dann selbst im Weg. Was also ist der richtige Weg?

Stichtagsfeststellung

Dem Top-Management muss von Anfang an klar gemacht werden, dass es sich beim Testergebnis um eine Momentaufnahme eines kleinen Bereichs der gesamten Sicherheit handelt. Es werden nie alle möglichen Angriffsvektoren geprüft (siehe Hinweise zur Strafbarkeit weiter oben) und es werden auch nie alle möglichen Bereiche des Unternehmens geprüft. Weder ein gutes, noch ein schlechtes Ergebnis lassen also eine Aussage zur Gesamtsicherheit zu – das muss den Beteiligten zuvor klar sein und in der Planungsphase berücksichtigt werden. Wenn das IT-Personal durch ein schlechtes Ergebnis aus dem Tiefschlaf gerissen wird, hat es sich die Suppe meist selbst eingebrockt – das ist einfacher. Trotzdem bleiben Frustration und das Gefühl, von den Initiatoren des Pen-Tests ans Messer geliefert worden zu sein.

Aus freien Stücken

Am besten ist es, wenn keiner der Beteiligten zu dem Test überredet werden musste, sondern ihn von sich aus gewollt hat. Dafür ist es wichtig, bei diesen vorher auf Tuchfühlung zu gehen und nicht gleich mit der Tür ins Haus zu fallen. Dass ein Pen-Test für Entwickler und IT-Administratoren sonst leicht wie die Aufkündigung des gegenseitigen Vertrauens aussehen kann, liegt auf der Hand. Eine gute Vorbereitung sind die im vorigen Abschnitt besprochenen Vorführungen, die das Eis brechen können. Hat das technische Personal die Gefahr erst live vor Augen, ist er leichter bereit, auch eigene Fehler zu vermuten und ihnen auf den Grund zu gehen.

Der Ablauf eines Pen-Tests kann beispielsweise in fünf Phasen eingeteilt werden, von denen für die Prävention von Konflikten vor allem die Vorbereitung und Abschlussanalyse wichtig sind:

- Vorbereitung
- Informationsbeschaffung und -auswertung
- Bewertung der Informationen / Risikoanalyse
- Aktive Eindringversuche
- Abschlussanalyse

Die Vorbereitung der Vorbereitung

„Die Vorbereitungsphase beginnt mit der Definition des Ziels bzw. der Ziele des Penetrationstests“, lautet eine BSI-Empfehlung. Aber reicht das aus, um vermeidbaren Konflikten aus dem Weg zu gehen? Unter diesem Gesichtspunkt muss die Vorbereitungsphase früher ansetzen. Zunächst müssen wieder die Zwänge, Ziele, Prioritäten und Risiken der Betroffenen berücksichtigt werden, bevor man über die Ziele des Penetrations-Tests an sich sprechen kann. Wenn man Konflikte vermeiden oder konstruktiv steuern will, muss der Mensch im Zentrum des Interesses stehen und nicht die Technik. Wenn man sich die vier Problemfelder aller Beteiligten betrachtet, wird man schnell feststellen, dass diese – wie so oft – nicht deckungsgleich sind. Sie sind unter Umständen sogar gegensätzlich: Der IT-Sicherheitsbeauftragte will, dass alle Schwachstellen gefunden werden und der Administrator will,

dass möglichst keine gefunden werden. Die Datenschutzbeauftragte macht sich Sorgen um die personenbezogenen Daten, die während des Tests anfallen und die Chefin will einfach nur hören, dass der Laden läuft. Diese unterschiedlichen Problemfelder müssen synchronisiert werden und erst dann kann man über die Ziele des Pen-Tests nachdenken. Bei diesem Vorgehen erkennt man das Konfliktpotential rechtzeitig und kann darauf gezielt eingehen.

Black-Box und White-Box Tests

Neben den unterschiedlichen Phasen eines Tests kann man nach Black-Box und White-Box Tests unterscheiden. Neben den technischen Aspekten, die zu dieser Unterscheidung führen, gibt es auch einen ganz menschlichen: Black-Box Tests werden als fairer wahrgenommen als White-Box Tests. Einen Penetrationstest, bei dem der Tester im Voraus keine Information über das zu testende Netz erhält, nennt man Black-Box Test. Dies entspricht der Perspektive eines echten Angreifers, beinhaltet aber den Nachteil, dass der Tester ggf. Lücken nicht findet, weil er mit ihnen nicht gerechnet hat. Anders beim White-Box Test, wo alle Informationen zum System vorliegen, die auch dem Unternehmen oder der Behörde vorliegen. Das ist aus Sicht eines Administrators einigermaßen unfair, weil ein echter Angreifer diese Informationen nicht hätte. Aus einem technischen und ökonomischen Blickwinkel sind White-Box Tests natürlich sinnvoller, weil sie mit einiger Wahrscheinlichkeit mehr Schwachstellen aufdecken und in der Regel günstiger sind. Betrachtet man die Sache jedoch durch die Brille der Administratoren, deren Systeme während des Tests *„auf Links"* gedreht werden, erkennt man leicht das Konfliktpotential.

Art des Tests	Black-Box	White-Box
Philosophie	Überprüfen eines Systems gegen die Anforderungen aus den Sicherheitskonzepten. Nur das Außenverhalten des zu testenden Systems wird herangezogen und bewertet. Test aus der unwissenden Angreifer-Perspektive.	Überprüfen eines Systems auf Grundlage von Kenntnissen über die innere Funktion. Auch das „verborgene" Innenverhalten wird herangezogen und bewertet. Test aus der Angreifer-Perspektive mit Insider-Wissen.
Vorteile	Bessere Beurteilung des Gesamtsystems bei realen Angriff-Szenarien möglich. Beurteilung der zu Grunde gelegten Konzepte möglich.	Mit geringerem organisatorischem Aufwand verbunden. Schnellere, detailliertere Ergebnisse.
Nachteile	Größerer organisatorischer Aufwand. Interne Fehler können leicht übersehen werden, wenn noch keine Angriffsvarianten dazu bekannt sind.	Erfüllung der Anforderungen aus den Sicherheitskonzepten muss zusätzlich überprüft werden. Kann als „unfair" empfunden werden.

Tabelle 7: Gegenüberstellung Black-Box und White-Box Test

In der Summe gibt es bei Pen-Tests also einiges, was man falsch machen kann. Daher sollen die bisher gemachten Überlegungen mit einem Fallbeispiel aus der ExAmple AG erläutert werden.

4.4.2.3 Fallbeispiel: Live-Vorführung und Pen-Test in der ExAmple AG

Die Sicherheitsprofis der ExAmple AG, Alice (Datenschutz), Bob (CISO) und Dave (Werkssicherheit), hatten ein gemeinsames Ziel festgestellt. Sie sind sich einig:

> *„Wir brauchen mehr Unterstützung vom Chef!" Und Dave hatte gesagt: „Wir müssen ihm die Sache so schildern, dass er von selbst draufkommt, dass wir seine Unterstützung brauchen!"*

Neutrale Meinung

Bob hatte nun den Vorschlag, dass ein Pen-Test weiterhelfen könnte. Dann wäre nicht immer er der Überbringer der schlechten Nachrichten und der Chef würde *„von neutraler Seite die Misere mal schwarz auf weiß geschildert bekommen"*. Auf der anderen Seite möchte er dabei den Erfolg seines Website-Projekts nicht gefährden, mit dem er beim Vorstand endlich mal Punkten kann. Dave sieht das Problem ähnlich: Da sich auch die Administratoren in der Vergangenheit mehr um die Neueinführung von Applikationen kümmern mussten, als um deren Absicherung, würden sie bestimmt auch schlecht aussehen.

> *„Wenn wir es ordentlich einfädeln, und uns richtig vorbereiten, klappt es vielleicht", meint Alice. Sie hat auch schon eine Idee: „Wie wäre es, wenn wir in einem ersten Schritt ein Live-Hacking für den Vorstand veranstalten? Eine Vorführung, die zeigt, wie schnell durch einen kleinen Konfigurationsfehler die Systeme offenstehen können, könnte vielleicht dabei helfen, das grundsätzliche Verständnis zu wecken."*
>
> *„Da kommt doch sowieso keiner von den hohen Herren", wirft Bob ein.*
>
> *„Nicht, wenn wir nur vorführen, was uns interessiert. Wir müssen vorführen, was die Vorstände interessiert. Was das ist, müssen wir noch rausbekommen", erwidert Alice.*

Das bringt Bob auf eine Idee: „Die Frau vom Chef hatte mich mal gefragt, wie sie sich vor Phishing schützen kann und sie hat gesagt, dass sie sich Sorgen wegen der Kinder macht, dass die nicht irgendwas runterladen und dann der Staatsanwalt vor der Tür steht."

Und Dave wirft ein: „Der Technik-Vorstand ist doch Elektro-Ingenieur. Da könnte man den Versuchsaufbau vorführen, mit dem man Tastatursignale über die Stromversorgung abhören kann. Da haben wir alles im Labor dafür da. Das kann einer der Auszubildenden vorbereiten."

Alice ist begeistert von den Ideen und auch in Dave und Bob keimt Hoffnung auf, die Vorstände für das Thema Sicherheit begeistern zu können. Die drei haben mit ihren Ideen die eigenen Zwänge, Ziele, Prioritäten und Risiken in die Problemfelder der Vorstände übersetzt. Damit ist der erste Schritt getan.

Wenige Wochen später findet die Vorführung statt und die Vorstände sind begeistert. Der Chef hat sogar seine Frau und die zwei Kinder mitgebracht, damit die sich anschauen können, wie schlimm es um die Sicherheit im Allgemeinen bestellt ist. Als der Chef Alice, Bob und Dave nach der Veranstaltung fragt, ob denn auch alle Abteilungen gut mit ihnen zusammenarbeiten, damit *„so etwas nicht bei uns passieren kann"*, ist die Katze im Sack. Der Chef möchte nächste Woche mal genauer zum Thema Sicherheit in der ExAmple AG unterrichtet werden. Als Bob sich einen Ruck gibt und vorschlägt, die Sicherheit seines Website-Projekts durch ein unabhängiges Prüf-Team testen zu lassen, stimmt der Chef sofort zu: *„Na klar. So etwas wie eben vorgeführt wurde, möchte ich bei uns natürlich nicht sehen. Das ist ja richtig spannend, was Sie drei da machen."* Alice, Bob und Dave sind ihrem Ziel ein ganzes Stück nähergekommen, mehr Unterstützung vom Vorstand zu bekommen.

Individuelle Unterschiede

Natürlich wird es im Gegensatz zu dem Fallbeispiel in der Realität ein wenig schwieriger werden und insbesondere mehr Zeit in Anspruch nehmen, bis sich Veränderungen einstellen.

Vielleicht zeigt die Analyse von Zwängen, Zielen, Prioritäten und Risiken in Ihrer speziellen Situation eine ganz andere Richtung, die Sie einschlagen müssen. Mit der richtigen Strategie werden Sie Ihre Ziele bei der Geschäfts- und Behördenleitung auf diese Art aber vielleicht viel leichter erreichen können.

Werfen wir zum Schluss des Fallbeispiels noch einmal einen Blick zurück auf die Motivatoren. Sind diese vorhanden, führen sie zu Zufriedenheit; im Gegensatz zu den Hygienefaktoren, die zu Unzufriedenheit führen, wenn sie fehlen. Haben Alice, Bob und Dave richtig motiviert? Betrachten Sie die folgende Liste und versuchen Sie, sich die Frage selbst zu beantworten:

- ✓ Die Vorstände mit Motiven ausstatten, die diese vorher nicht hatten
- ✓ Deren vorhandenen Motiven zur Realisierung verhelfen
- ✓ Verhaltensweisen eine (subjektive) Bedeutung verleihen
- ✓ Anregen, begeistern, gewinnen

4.4.3 Motivation der Mitarbeitenden

Wenn es darum geht, einzelne Mitarbeitende für Sicherheitsthemen zu motivieren, dann ist das oft einfacher möglich, als einzelne Führungskräfte. Das Problem entsteht hier durch die schiere Anzahl und den Umstand, dass es schon immer schwer war, es allen recht zu machen.

Maßstab sind wieder 100 %

Für Informations- und IT-Sicherheitsbeauftragte, Datenschützer, CISOs und Co. ist es jedoch – wie bereits geschildert – von besonderer Bedeutung, alle Mitarbeitenden zu erreichen. Eine Kette ist nur so stark, wie ihr schwächstes Glied: Das ist der Qualitätsmaßstab, der für Sicherheitsprofis gilt. Die Herausforderung besteht also darin, nicht weniger als 100 % der Mitarbeitenden zu motivieren. Da hilft der Schreck, den Live-Hackings oder Pen-Tests vermitteln nur wenig, wenn die nötige Handlungssicherheit nicht vermittelt wird. Während Geschäfts- und Behördenleitung vordringlich zu den richtigen Entscheidungen motiviert werden müssen, gilt es die Mitarbeitenden ausgiebig zu schulen und die Arbeitsprozesse stets auf Praktikabilität hin zu untersuchen.

Strohfeuer vermeiden

Auch, wenn man bei Mitarbeitenden mit Live-Hackings und Pen-Tests die Ohren für das Thema Sicherheit öffnen kann, so ist es doch etwas anderes, sie dazu zu bringen, jeden Tag entsprechend der Sicherheitsrichtlinien zu arbeiten und im Zweifel bei den Sicherheitsprofis um Rat zu fragen. Mit einer Vorführung allein ist also nicht viel mehr erreicht, als mit einem Strohfeuer, das schnell erlischt, wenn man nicht den einen oder anderen Scheid Holz auflegt. Das Live-Hacking kann also im besten Fall ein Teil eines großflächig angelegten *„Kommunikations-Konzepts"* für die Sicherheitskultur sein. Drei Möglichkeiten, mit denen man für Handlungssicherheit bei den Mitarbeitenden sorgen kann, werden in diesem Abschnitt vorgestellt.

Mit Netz und doppeltem Boden

Auch hier steht wieder im Vordergrund, möglichst viele Motivatoren zu aktivieren. Mitarbeitende sind sehr unterschiedlich und es gibt keinen Prototyp, auf den man seine motivierenden Anstrengungen zuschneiden könnte. Was die eine Mitarbeiterin motiviert, schreckt den anderen ab. Was bei der einen Interesse weckt, lässt den anderen kalt. Das macht es nicht gerade einfach und lässt nur eine Herangehensweise zu: Mehrstufig, quasi mit Netz und doppeltem Boden und das Netz muss so engmaschig wie möglich gestaltet werden. Daher ist es bei Mitarbeitenden zusätzlich nötig, sich den Hygienefaktoren zuzuwenden, die zu Unzufriedenheit führen.

Abbildung 42: Für viele Mitarbeitende gleichen die Sicherheitsvorgaben dem biblischen Nadelöhr

Motivatoren

Bei Mitarbeitenden die Motivatoren *Erfolg, Anerkennung* und *Vorwärtskommen* über Sicherheitsmaßnahmen zu adressieren, wird nur schwer funktionieren. Einzig für das Security-Team oder einen kleinen Kreis des technischen Personals könnte darin ein Anreiz bestehen. Bessere Perspektiven bieten *Arbeitsinhalt, Verantwortung* und *Entwicklung*, obwohl sich die meisten Sicherheitsprofis scheuen, die Mitarbeitenden mit einzubeziehen – gerade was die Verantwortung angeht. Gerade hier bieten sich jedoch Ansatzpunkte, Menschen für eine Sache zu begeistern. Auch im Verhaltenskreuz wird das Einräumen von Entscheidungsfreiheit bevorzugt. Beschneidet man Verantwortung und Entscheidungsfreiheit, hat das zusätzlich negative Auswirkungen auf die Hygienefaktoren *Dienstaufsicht, Verhältnis zu Vorgesetzten* und *Arbeitsbedingungen*.

Auch mal wie mit kleinen Kindern

Verantwortung und Entscheidungsfreiheit sollten also im Mittelpunkt der Motivation von Mitarbeitenden stehen. Wenn man einem Kind die Gefährlichkeit von Schwimmbecken näherbringen will, wird es nicht ausreichen, ihm zu verbieten dort alleine hinzugehen. Und selbst, wenn man das Schwimmbecken einzäunt, wird das Kind sich irgendwann Gedanken darüber machen, wie es den Zaun überwinden kann – am besten ohne die nörgelige elterliche Obhut. Informations- und IT-Sicherheitsbeauftragte, Datenschützer, CISOs und Co. haben gegenüber den Eltern einen entscheidenden Vorteil: Sie haben es mit Erwachsenen zu tun. Keine Angst, auch meine Erfahrung hat manchmal die Frage aufgeworfen, ob dem wirklich so ist. In solchen Einzelfällen kann man es dann ja immer noch mit einem Verbot probieren. Leider zeigt die Erfahrung auch, dass man damit in diesen Einzelfällen ebenso wenig erreicht, wie mit dem Zaun ums Schwimmbad. Die Phantasie von Mitarbeitenden beim Umgehen von Sicherheitsmaßnahmen ist ebenso grenzenlos, wie die Phantasie von Gefängnisinsassen bezüglich ihres Ausbruchs.

Entsicherung am Arbeitsplatz

Dass sich viele Mitarbeitende im System der IT-Security tatsächlich wie in einem Zwangssystem fühlen und nach Ausbruchsmöglichkeiten suchen, hat die Studie *Entsicherung am Arbeitsplatz*[74] eindrucksvoll aufgezeigt: *„Ein 100 % dichtes Unternehmen ist seelisch nicht auszuhalten. Wie in einem modernen Neubau mit*

---

74 known_sense (Herausgeber u. a.); Entsicherung am Arbeitsplatz: Die geheime Logik der IT-Security in Unternehmen; 2006; known_sense; Seite 19 ff

Mehrfachverglasung wuchert hier der Schimmel schon nach kurzer Zeit selbst auf glatten Oberflächen, sofern nicht ab und zu ordentlich durchgelüftet wird."

In den folgenden drei Abschnitten soll ein Weg zu mehr Entscheidungsfreiheit bei der Motivation von Mitarbeitenden aufgezeigt werden. Ausgehend von Awareness-Kampagnen, die die Mitarbeitenden mit ins Boot holen sollen, werden im zweiten Abschnitt die Möglichkeiten kleiner Schupse besprochen, die die Entscheidungsfreiheit nicht einschränken, die Mitarbeitenden aber in die richtige Richtung lenken sollen. Im dritten Abschnitt wird dargestellt, wie man Mitarbeitende für den Moment der Wahrheit wappnen kann, bei dem sie bei einer sicherheitsrelevanten Entscheidung auf sich alleine gestellt sind.

4.4.3.1 Awareness-Kampagnen

Professionalität ist Trumpf

Mit Awareness-Kampagnen versucht man die Sicherheitskultur in Organisationen positiv zu beeinflussen. Dabei wird ein möglichst breites Spektrum an Kommunikationskanälen genutzt, um – wie bereits gefordert – ein möglichst engmaschiges Netz zu spinnen, das alle Mitarbeitenden erreicht und motiviert. Dazu muss der Kampagne vor allem ein funktionierendes Kommunikationskonzept zu Grunde liegen. Ein professionelles, aufeinander abgestimmtes und hochwertiges Erscheinungsbild ist ebenso wichtig, wie ein an die Organisation angepasstes Vorgehen. Eine Awareness-Kampagne lässt sich nicht mit A4-Zetteln machen, die am Gebäudeeingang ausgelegt werden. Der Rückgriff auf Wissen aus Marketing und Kommunikationspsychologie ist daher unumgänglich.

Zielgruppen-orientiert

Security-Awareness in einem Unternehmen der Pharma-Industrie funktioniert nicht nach denselben Gesetzmäßigkeiten wie in einer Behörde des Bundes. Das geht so weit, dass eine Kampagne, die im einen Unternehmen mit großem Erfolg durchgeführt wurde, in einem anderen auf taube Ohren stoßen kann. Bei der Gestaltung steht nicht die Technik im Mittelpunkt, sondern der Mensch und die betroffene Organisation. Auch wenn die technische Ausstattung und die mit ihrer Nutzung verbundenen Risiken in der Pharma-Industrie und in Bundesbehörden ähnlich sein mögen; auch wenn die Viren die den Rechner eines

Laboranten oder einer technischen Angestellten heimsuchen gleich sind – die Menschen sind es sicher nicht. Und auch innerhalb eines Unternehmens sind nicht alle Mitarbeitenden über einen Kamm zu scheren: Entwicklungsingenieure fühlen sich durch andere Dinge angesprochen als Buchhalterinnen. Diese Unterschiede müssen innerhalb der Kampagne berücksichtigt werden.

Erfolgsfaktoren

Da der Fokus einer Awareness-Kampagne auf den Menschen liegen sollte, verwundert es nicht, dass Kommunikation der Erfolgsfaktor Nummer Eins ist. Das beginnt schon in der Vorbereitung, in der möglichst alle Protagonisten der Security-Bühne mit einbezogen werden müssen. Das ist schon allein deshalb notwendig, um eine Bestandsaufnahme der Sicherheitskultur zu machen und zu ermitteln, wie die Leute *„ticken"*. Fehlt die Unterstützung von einer Seite, oder sind sich alle einig, dass die Sicherheitskultur verbessert werden muss? Dass ist zwar nebensächlich, wenn man sich auf das zu vermittelnde Wissen konzentriert, nicht jedoch, wenn man sich ernsthaft mit den betroffenen Menschen auseinandersetzen will. Aus den bisherigen Überlegungen ergeben sich die folgenden Voraussetzungen für eine funktionierende Kampagne:

- Professionelles und hochwertiges Erscheinungsbild unter Rückgriff auf Wissen aus Marketing und Kommunikationspsychologie
- Einbindung aller Beteiligten der Security-Bühne, insbesondere der Geschäfts- oder Behördenleitung und der Interessenvertretungen
- Berücksichtigung der unterschiedlichen Personengruppen durch angepasste Kampagnen-Teile

Phasenplan

Der Planungsaufwand für eine Awareness-Kampagne ist daher nicht zu unterschätzen und kann durchaus den größten Einzelposten ausmachen – durchaus vergleichbar mit einem Feuerwerk, dessen Vorbereitung Tage dauern kann, auch wenn es dann in nur wenigen Minuten abgefeuert wird. Wer motivieren will, der muss anregen, begeistern und gewinnen. Das funktioniert aber nicht, wenn man nach der ersten Leuchtrakete zwei

Stunden auf die nächste warten muss. Auf diese Art verpufft die Begeisterung, ohne dass sie in den Folgeschritten für die Wissensvermittlung genutzt werden kann. Daher sollte die Kampagne gut vorbereitet und dann entlang eines Phasenverlaufs durchgeführt werden.

In der **1. Phase** geht es darum, möglichst viel Aufmerksamkeit zu generieren und dem Kind einen Namen zu geben. Die Unternehmensleitung sollte durch ein Anschreiben den Startschuss geben und die Zielsetzung erläutern, die mit der Kampagne verbunden ist. Vielleicht gab es einen Anlass, der die Kampagne erforderlich gemacht hat und ein Ziel, das erreicht werden soll. Wenn man die Mitarbeitenden motivieren will, kann es nur gut sein, zu erläutern, was die Geschäfts- oder Behördenleitung motiviert. Es gibt überall Mitarbeitende, die bei allen Dingen zunächst überprüfen, wie das Management dazu steht, um dann die eigene Position festzulegen. Auf diese Art fahren Sie – ganz ohne Anstrengung – die ersten Erfolge ein. Alles was Sie tun müssen ist, dem Top-Management einen unterschriftsreifen Brief an die Mitarbeitenden vorzulegen. Am besten einen, der die Unterstützung der Personal- und Interessenvertretungen genießt. Phase 1

Der Startschuss wird von einer ganzen Reihe von Materialien begleitet, die nur einen Zweck haben: Die Kampagne muss ein wiedererkennbares Gesicht bekommen, so dass ihr alle weiteren Anstrengungen zweifelsfrei zugeordnet werden können. Flyer, Plakate und Give-Aways enthalten zunächst kaum Informationen und auch Artikel in Unternehmenszeitungen oder auf Intranet-Homepages stellen die Kampagne nur vor – die inhaltliche Arbeit erfolgt danach.

Die **2. Phase** dient der Wissensvermittlung und bildet den Schwerpunkt der Kampagne. Das zuvor aufgebaute Interesse am Thema Security muss jetzt bedient werden, bevor es wieder verfliegt. Die einzelnen Teile dieser Phase müssen auf die zuvor identifizierten, unterschiedlichen Personengruppen zugeschnitten sein. Vorträge und Live-Vorführungen müssen zielgruppenorientiert angeboten werden. Für Mitarbeitende im Außendienst empfehlen sich Web-basierte Trainings. Mit Workshops können kleinere Gruppen angesprochen werden und in Einzel-Coachings können besonders sicherheitsrelevante Positionen Phase 2 gezielt bedient werden. Eine weitere Möglichkeit bilden Wettbewerbe, an denen sich jeder beteiligen kann. Erwarten Sie dabei aber nicht zu viel Euphorie. Es sollte wirklich einfach sein teilzunehmen, damit man jeden erreicht.

Denkbar wäre zum Beispiel eine Postkarten-Aktion an alle Mitarbeitenden, die mit der Hauspost an das Security-Team zurückgeschickt werden kann. Alles was man tun muss, ist den Satz *„Security in der ExAmple AG heißt für mich …“* zu vervollständigen. Die Gewinner werden von einer Jury ermittelt und die besten Sprüche in einer Plakat-Aktion verwertet, die in der dritten Phase der Kampagne durchgeführt werden kann. Die Anzahl und Qualität der zurückgeschickten Karten wird sich übrigens erheblich steigern, wenn einer der Juroren der Geschäftsführer oder die Dienststellenleiterin ist.

Phase 3

Schwerpunkt der **3. Phase** ist die Verfestigung der erreichten Position. Nach dem erlebnisreichen Mittelteil der Kampagne wird das Interesse an Sicherheitsthemen meist früher als später nachlassen. Das ist erstens nicht verwunderlich – haben die meisten Mitarbeitenden doch andere Dinge zu tun – und zweitens nicht so schlimm, wie auf den ersten Blick vermutet. Wenn man durch Awareness-Kampagnen erreichen kann, dass die Sicherheit in einer Wellenbewegung stetig steigt, ist einiges gewonnen.

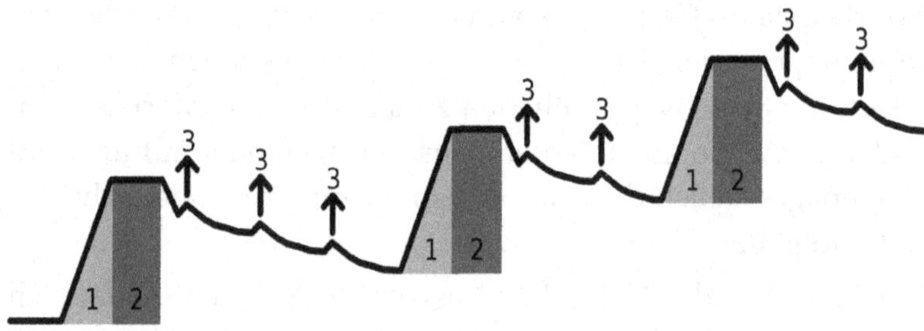

Abbildung 43: Anstieg der Sicherheit jeweils entlang der drei Phasen einer Awareness-Kampagne – Phase 3 stabilisiert bisherige Erfolge

Konservierungsmaßnahmen

Dazu muss jedoch erreicht werden, dass die Welle langsamer zurückgeht, als sie steigt. Die ganze Anstrengung war umsonst, wenn in der Folge nicht regelmäßig aufgefrischt wird und man stattdessen auf den Status quo ante zurückfällt. Security-News-Letter, ein Security-Jour-fixe, eine Kolumne in der Unternehmenszeitung oder ein Kalenderblatt mit Sicherheitsvorfällen sind mögliche Ansätze. Mit Broschüren können einzelne Aspekte aufgefrischt oder vertieft werden. Wo das nötig ist, ergibt sich aus der Bewertung des Erfolgs in der zweiten Phase. Insbesondere für erfolgreiche Kampagnen bietet es sich an, im Rahmen der Öffentlichkeitsarbeit einen *„sozialen Druck"* aufzubauen, der vor einem Rückfall bewahrt.

Die hier gemachten Vorschläge können nur ein erster Gedankenanstoß sein, wie umfangreich man in Kampagnen für Sicherheit werben kann. Sie erhebt daher keinen Anspruch auf Vollständigkeit. In der folgenden Tabelle 8 sind die drei Phasen und ihre möglichen Bestandteile zusammengefasst:

Tabelle 8: Phasen einer Awareness-Kampagne

Phase 1 Aufmerksamkeit/ Branding	Phase 2 Wissensvermittlung/ Education	Phase 3 Festigung/ Consolidation
Startschuss durch das Management	Vorträge	News-Letter
	Live-Vorführungen	Security Jour fixe
Flyer	Web-Trainings	Unternehmens-zeitung
Plakate	Workshops	Kalenderblatt
Give-Aways	Einzel-Coachings	Broschüren
Unternehmens-zeitung	Wettbewerbe	Öffentlichkeitsarbeit/ PR

4.4.3.2 Kleine Schupse

Homo oeconomicus

Viele Menschen gehen davon aus, dass jeder Mensch richtig denkt und entscheidet – eine Sichtweise, die sich in der Figur des *homo oeconomicus* aus den Wirtschaftswissenschaften manifestiert. Dieser trifft seine Entscheidungen auf Grundlage von

- Maximierung des eigenen Gewinns,
- vollkommener Voraussicht und
- unendlich schneller Reaktionsfähigkeit.

Weiterhin gilt, nach dieser Theorie, dass es ein homo oeconomicus nur mit Partnern zu tun hat, die über die gleichen Fähigkeiten verfügen.[75] Gehen wir in einem ersten Schritt davon aus, dass Mitarbeiter auch bei sicherheitsrelevanten Entscheidungen nach diesem Muster funktionieren und betrachten als Beispiel folgende Situation: Jennifer aus der Forschungsabteilung unseres Pharma-Unternehmens ExAmple AG bekommt per Mail eine PDF-Datei zugeschickt. *„Forschung in die Ecke gedrängt: Veröffentlichungspflichten für Medikamentenstudien weiter verschärft"*, heißt es im Betreff. Wenn es sich bei Jennifer um einen homo oeconomicus handelt, würde das bedeuten, dass sie…

1. …ihren Gewinn maximieren will und daher am Inhalt der PDF-Datei interessiert sein wird.
2. Ausgestattet mit vollkommener Voraussicht weiß Jennifer, dass in der PDF-Datei nur eine alte Pressemitteilung zum Thema wiedergegeben wird und die Datei so manipuliert wurde, dass sie eine bekannte Schwachstelle des PDF-Readers ausnutzt und einem Angreifer so Administrator-Rechte verschafft.
3. Durch die unendlich schnelle Reaktionsfähigkeit aller Beteiligten ist es möglich, dass Jennifer sofort die deutsche Polizei informiert, die in Zusammenarbeit mit der US- Polizei unmittelbar nach Empfang der Mail den Wohnort des Straftäters ermittelt hat und diesen in Cincinnati verhaftet.

Theoretisch keine Probleme...

Da der Straftäter aus der Welt des homo oeconomicus ebenfalls über die vollkommene Voraussicht verfügt, will er nicht ins Gefängnis, sondern seinen Gewinn maximieren. Daher hat er die Mail natürlich nie verschickt, weil er ja wusste, dass er sofort verhaftet werden würde. Nach dieser Theorie gibt es also gar keine interessanten Mails, keine bösartigen PDF-Dateien, und keine Jennifer, die sie anklicken könnte: Alle Sicherheitsprobleme wären gelöst.

[75] Günter Wöhe; Einführung in die Allgemeine Betriebswirtschaftslehre; 1996; Vahlen; ISBN: 3800620928; Seite 45

Wir wissen, dass die Anwendung dieses Modells einen vielleicht zum Wirtschaftswissenschaftler macht, nicht jedoch zum Informations- und IT-Sicherheitsbeauftragten oder zur Datenschützerin. Natürlich gibt es jede Menge manipulierte PDF-Dateien und jede Menge Jennifers, die sie öffnen. Wir müssen bei der Gestaltung von Sicherheitsrichtlinien von fehlerbehafteten, echten Menschen ausgehen, die nicht mit unendlicher Weisheit, in Sekundenbruchteilen ihren Gewinn maximieren. Im Gegenteil: Echte Menschen öffnen manchmal mit unendlicher Ignoranz, drei Tage nach der Sicherheitsschulung, gegen besseres Wissen, nach mehreren missachteten Warnmeldungen und unter Vernichtung des Quartalsgewinns der gesamten Firma eine PDF-Datei, in der nur für Potenzpillen geworben wird. Dass die Reaktionsfähigkeit der Ermittlungsbehörden bei weltweiten Straftaten nicht die beste ist, ist auch kein Geheimnis.

...praktisch schon

Die Menschen mit denen Security-Profis zu tun haben, entsprechen eher einem *homo carens securitate*[76]. Dieser trifft seine Entscheidungen auf Grundlage von

Homo carens securitate

- hoher Risikobereitschaft bis hin zur Gefährdung des eigenen Gewinns und des Gewinns anderer,
- mangelhafter oder fehlender Voraussicht und
- einer Reaktionsfähigkeit, die weit unter der Reaktionsfähigkeit von Hackern, Crackern und Bot-Nets liegt.

Stellen wir uns vor, Dave und Bob treffen sich auf eine Partie Schach. Dave ist nicht so gut und er wird mit einer ziemlichen Wahrscheinlichkeit gegen Bob verlieren. Mit ein paar Tipps könnte seine Situation deutlich verbessert werden. Angenommen, Dave bekommt immer einen kleinen Schups, wenn er eine Figur auf ein angegriffenes Feld stellen will, oder eine seiner Figuren von Bob angegriffen wird – mehr nicht. Dave muss immer noch selbst spielen und selbst entscheiden, er macht jetzt nur weniger Fehler. *„Möchten Sie wirklich den gesamten Ordner mit allen 157 Dateien löschen?"* Das wäre ein solcher Schups. Oder: *„Der Ordner ExAmple_AG ist zu groß für den Papierkorb. Soll wirklich der gesamte Ordner unwiderruflich gelöscht werden?"* Einen

Kleiner Schups, große Wirkung

76 Der Mensch, der am Mangel an Sicherheit leidet

allwissenden homo oeconomicus würden diese Fragen nur aufhalten, für den homo carens securitate sind sie die letzte Rettung.

Nudge

Das Buch Nudge[77], der beiden Professoren Thaler und Sunstein beschäftigt sich ausführlich mit solchen und anderen Schupsen, die Menschen vor offensichtlichen Fehlern bewahren sollen, ohne sie in ihrer Entscheidungsfreiheit einzuschränken, was – wie wir bereits gelernt haben – besonders wichtig ist. Ein Beispiel aus dem Buch, dass auch vielfach in der Presse[78] zitiert wurde, stammt ursprünglich vom Flughafen Schiphol: Dort wurde in den Urinalen der Herrentoilette das Bild einer schwarzen Stubenfliege angebracht, gleich neben dem Abfluss. Das Ergebnis: Die Trefferrate erhöhte sich um 80 %. Das Beispiel macht deutlich, worum es beim richtigen *„Schupsen"* geht: Die Fliege ist ein Anstoß, keine Anordnung. Überlegen Sie sich, wie hoch die Erfolgsquote einer flughafenweiten Anordnung zum besseren Zielen auf der Toilette gewesen wäre – bei Zuwiderhandlung mit Hausverbot belegt.

Im Abschnitt zum Verhaltenskreuz haben wir gesehen, dass das Einräumen von Entscheidungsfreiheit wichtig ist, um unnötige Konflikte zu vermeiden. Die Frage lautet nun, wie sich Menschen durch Sicherheitssysteme in eine Richtung schupsen lassen, ohne dabei ihre Entscheidungsfreiheit einzuschränken. Wie können Sicherheitsprofis das erreichen? Wie sieht eine *„Sicherheitsfliege"* aus?

Beispiel: Dialogfenster

Wenn man viel mit dem Computer arbeitet, zielt man tausende Mal am Tag auf Schaltflächen und Dialogfenster. Bei deren Gestaltung durch den Programmierer sollten nicht nur Gesichtspunkte der Anwendungsfreundlichkeit einfließen, sondern auch Sicherheitsaspekte eine Rolle spielen. Betrachten Sie das folgende Dialogfenster aus einer früheren Firefox-Version. Man bekommt es angezeigt, wenn man mehrere sogenannte Tabs mit Web-Seiten geöffnet hat und das Firefox-Fenster beenden will:

---

77 Richard H. Thaler, Cass R. Sunstein; Nudge: Wie man kluge Entscheidungen anstößt; 2009; Econ; ISBN 978-3-430-20081-3

78 Welt am Sonntag; 07.09.2008; http://www.welt.de/wams_print/article2406700/Libertaerer-Paternalismus-Verfuehrung-zum-Guten.html

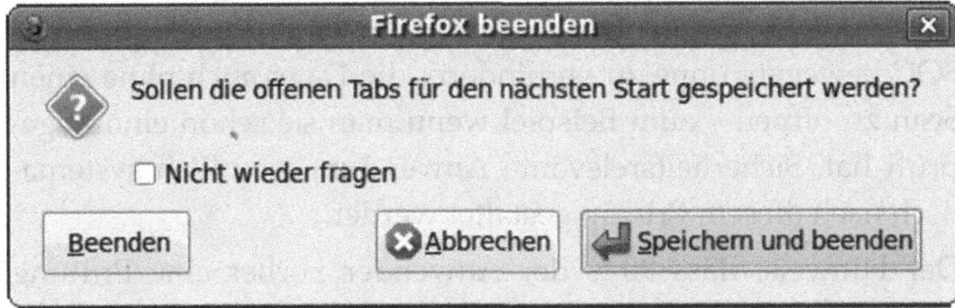

Abbildung 44: Typischer Software-Dialog

Auf die Frage *„Sollen die offenen Tabs für den nächsten Start gespeichert werden?"* gibt es ja eigentlich nur zwei Antworten: *„Ja"* und *„Nein"*. Wir sehen aber drei Schaltflächen, die auch noch ungleichmäßig angeordnet sind. Ist das Dialogfenster also schlecht gestaltet? Nein, es enthält einen kleinen Schups des Entwicklers: Man liest den Fließtext von links nach rechts. Dort angekommen ist die *„Ja"*-Schaltfläche mit der Aufschrift *„Speichern und beenden"* am nächsten, am größten und obendrein vorausgewählt. Entscheidet man sich vorschnell gegen das Speichern, klickt man vermutlich auf die vermeintliche *„Nein"*-Schaltfläche direkt daneben, der Dialog verschwindet und das Browser-Fenster bleibt weiter offen. Warum? Weil der Entwickler eine dritte Schaltfläche vorgesehen hat, die das ganze Beenden abbricht und dem Anwender noch eine zweite Chance gibt. Die eigentliche *„Nein"*-Schaltfläche zum Beenden des Browsers steht am linken Rand des Dialogs. Auch das Kontrollfeld *„Nicht wieder Fragen"* ist geschickt auf die linke Seite verbannt. Der Anwender wird quasi in eine Strafrunde zum Nachdenken geschickt.

Wie müsste demnach ein Dialogfenster aussehen, das darauf hinweist, dass es gefährlich ist, extern zugesendete Dateien zu öffnen? Was halten Sie von diesem Vorschlag:

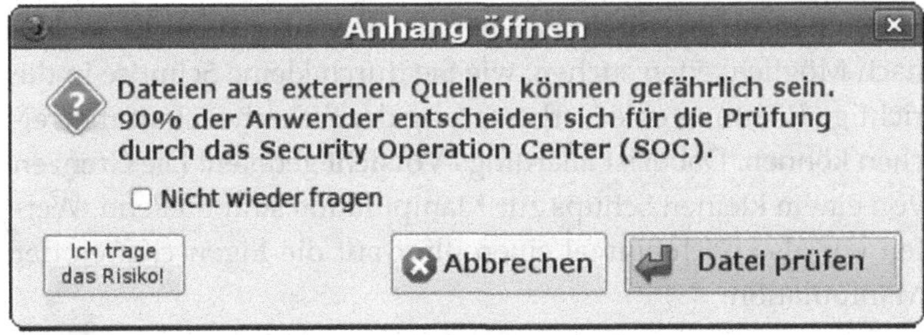

Abbildung 45: Optimierter Software-Dialog

Dieses Dialogfenster würde viele zu einer Prüfung durch das SOC bewegen, ohne zu verhindern, die Datei auch ohne einen Scan zu öffnen – zum Beispiel wenn man sie schon einmal geprüft hat. Sicherheitsrelevante Anwendungen sollten systematisch nach diesem Prinzip gestaltet werden.

Herdentrieb

Der Hinweis, dass 90 % der Anwender vorher eine Prüfung durch das SOC veranlassen, greift zu einem anderen psychologischen Trick: Thaler und Sunstein berichten in ihrem Buch von einem Fall aus Minnesota. Die Steuerbehörden wollten die Zahlungsmoral der Steuerpflichtigen erhöhen und führten ein Experiment durch: Einigen Betroffenen sagte man, dass ihre Steuern für gute Zwecke verwendet werden würde, anderen sagte man, dass Steuersündern hohe Strafen drohen. Einer dritten Gruppe wurde mitgeteilt, dass bereits 90 % der Bürger ihre Steuern ordnungsgemäß und vollständig bezahlt hätten. Die Zahlungsmoral verbesserte sich ausschließlich bei der dritten Vergleichsgruppe. Wenn Ihnen das zu manipulativ erscheint, können Sie statt *„90 % der Anwender…“* auch *„Schlaue Anwender…“ verwenden.* Die meisten Menschen wollen weder abseits stehen noch zu den dummen Anwendern gehören. Das Fenster ohne einen Sicherheits-Schups könnte hingegen so aussehen:

Abbildung 46: Software-Dialog ohne „Schups“

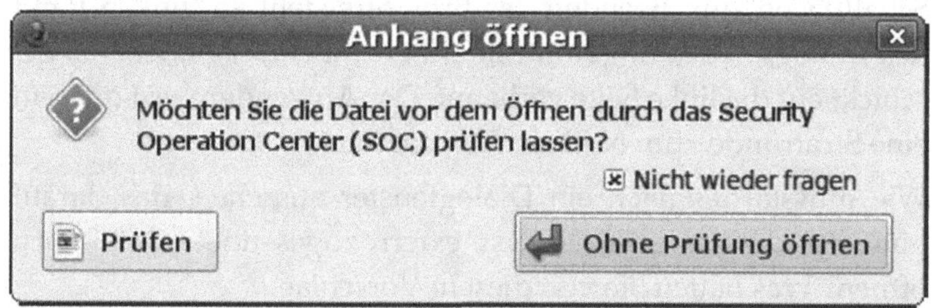

Manipulation vermeiden

Sie sollten in Ihrem Unternehmen oder Ihrer Behörde gezielt nach Möglichkeiten suchen, wie Sie durch kleine Schupse in die richtige Richtung eine Verbesserung der Sicherheitskultur erreichen können. Dabei ist allerdings Vorsicht geboten! Die Grenzen von einem kleinen Schups zur Manipulation sind fließend. Werfen wir also noch einmal einen Blick auf die Eigenschaften der Manipulation:

- Verschleierung von Tatsachen zum eigenen Vorteil
- Einseitige Begrenzung von Informationen oder Kontakten
- Unbewiesene oder unwahre Behauptungen

Sie sollten also nur schreiben, dass sich 90 % der Anwender für einen Virenscan entscheiden, wenn dem auch so ist. ES ist es auch hier ratsam, die anderen Protagonisten der Security-Bühne möglichst früh mit ins Boot zu holen und das Vorgehen gemeinsam festzulegen.

4.4.3.3 „drive-by"-Risikoanalysen

Die Frage, wie wir Menschen Entscheidungen treffen ist wirklich spannend. Warum gibt es Menschen – z. B. der Bauingenieur Thomas – die auf der einen Seite Brücken über hunderte Meter tiefe Schluchten bauen und sich auf der anderen Seite mit einer halb in Russisch geschriebenen Phishing-Mail die Zugangsdaten zu einem Webshop stehlen lassen? Warum sind Menschen gleichzeitig so schlau und doch so – naja – dumm? Ein Erklärungsansatz ist, dass wir uns bei unseren Entscheidungen auf zwei Systeme des Denkens stützen: ein automatisches und ein reflektierendes.

Tabelle 9: Zwei kognitive Systeme[79]

Automatisches System	Reflektierendes System
Unkontrolliert	Kontrolliert
Mühelos	Angestrengt
Assoziierend	Deduzierend
Schnell	Langsam
Unbewusst	Bewusst
Erlernt	Regelgeleitet

Reflektierendes System

Das reflektierende System tritt in Erscheinung, wenn sich ein Mensch schwierigen Entscheidungen stellt, wie z. B. Thomas, wenn er die Tragfähigkeit von Brückenpfeilern berechnet. Diese Entscheidung trifft er bewusst und kontrolliert. Auf Grundlage

[79] Richard H. Thaler, Cass R. Sunstein; Nudge: Wie man kluge Entscheidungen anstößt; 2009; Econ; ISBN 978-3-430-20081-3; Seite 34

von genauen Bauvorschriften und statischen Berechnungen kommt er langsam und mit einiger Anstrengung zum Ziel.

Automatisches System

Wenn Thomas sich neben der Berechnung von Brückenpfeilern jeden Tag noch durch einen Berg von E-Mails klicken muss, kann leicht passieren, dass das automatische System die Oberhand gewinnt. Das Logo des Webshops und das passende Design der Mail sehen gut aus und schon werden die Zeilen mit dem russischen Akzent vom automatischen System ins Unterbewusste verbannt. Mühelos gibt Thomas, wie schon x-mal zuvor, Username und Passwort in die Eingabefelder ein: beim ersten Mal scheinbar falsch, aber beim zweiten Mal hat es gepasst. Auf diese Weise klickt das automatische System für ihn alle Mails durch und er kann schnell wieder zurück zu seinen Berechnungen.

Gefahrenquelle im Kopf

Würde Thomas die Gefahr erkennen, würde das reflektierende System ihn dazu veranlassen, die Mail genau zu prüfen und ihm würden die Rechtschreibfehler auffallen. Er würde merken, dass in der Adresszeile des Browserfensters nicht die Adresse seines Webshops steht, sondern eine Domain mit einem kleinen Schreibfehler und er würde merken, dass die Seite auch kein Sicherheitszertifikat zur Verfügung stellt. Er verlässt sich auf sein Bauchgefühl und sein automatisches System plaudert Username und Passwort aus.

Programmierte Abläufe

Wie gut oder wie schlecht das automatische System entscheidet, liegt daran, wie gut es programmiert wurde. Fragen Sie eine beliebige Person Ihrer Organisation mit einer Skala von 1 (keine Angst) bis 10 (starke Angst), wie viel Angst sie vor Phishing und Cross-Site-Scripting hat; und fragen Sie, wie viel Angst sie vor Terrorismus, Flugzeugabstürzen oder Spinnen hat. Der Bauingenieur Thomas würde vielleicht so antworten:

Tabelle 10: Wovor hat Thomas Angst

Wie viel Angst haben Sie vor…	1	2	3	4	5	6	7	8	9	10
Terrorismus									x	
Phishing			x							
Flugzeugabstürzen										x
Cross-Site-Scripting		x								
Spinnen								x		

Wenn Thomas oft mit dem Flugzeug unterwegs ist, wird das automatische System die halbe Arbeit erledigen. Bei der Sicherheitskontrolle wird er automatisch den Gürtel ausziehen, die Uhr ablegen und den Schlüssel aus der Hosentasche nehmen. Am Gate zückt er geübt die Bordkarte, nimmt sich eine Zeitung, steigt ein, anschnallen, fertig. Dafür ist er bereits programmiert. Da er ein wenig Angst vorm Fliegen hat, hat er auch ein Programm, das fortwährend prüft, ob die Stewardessen nervös sind oder bereits ein Triebwerk raucht. Jemand, der keine Angst vor Flugzeugabstürzen hat, wird sein automatisches System eher auf den Tomatensaft oder das Essen ausgerichtet haben, um den Flug so angenehm wie möglich hinter sich zu bringen. Er würde keinen Grund sehen eine permanente Risikoanalyse für einen Flugzeugabsturz durchzuführen, weil er das Risiko anders einschätzt.

Automatische Risikoanalysen

Da Thomas nichts von Phishing weiß, hat er auch keine Angst davor und folglich auch kein Programm zur Verfügung, mit dem er bei jeder E-Mail, die etwas mit Zugangsdaten zu tun hat, eine Extrarunde für eine Risikoanalyse einlegt. Er hat nur ein Programm zum Eingeben Usernamen und Passwörtern und zum schnellen Durchklicken seiner Mails. Ihm fehlen die Security-Programme, die ihn sicher durch den Alltag am PC bringen. Das ist bei vielen Sicherheits-Profis anders. Sie haben für praktisch jedes Risiko ein Programm parat, dass sie abspulen, weil sie so viele Risiken kennen. Bei manchem kann das in eine ziemliche Paranoia ausarten.

„drive-by"-Risikoanalysen

Diese Art von automatischen Risikoanalysen möchte ich *„drive-by"*-Risikoanalysen nennen. Sie werden nicht nach einem ausgeklügelten Vorgehensmodell durchgeführt, sie bestehen vielmehr aus mehreren Komponenten, mit denen Sie in der Vergangenheit programmiert worden sind. Nur eine davon entspricht den Sicherheitsrichtlinien des Unternehmens oder der Behörde (vgl. Abbildung 47). Hier muss sich zeigen, was aus den Flyern und den jährlichen Informationsveranstaltungen hängen geblieben ist. An der Komponente des aktuellen Gemütszustands und der Bindung ans Unternehmen lässt sich wenig ändern: Wer gut aufgelegt ist oder unter Stress steht, geht eben leichter mal ein Risiko ein und wem das Unternehmen egal ist sowieso. Bei den Komponenten Risiko-Fachwissen, persönliche Bindung und Umgang mit Fehlern können die Sicherheitsprofis jedoch noch einiges verbessern.

Abbildung 47: „drive-by"-Risikoanalyse: Sicherheitsrichtlinien und persönliche Bindung zum Sicherheits-Team müssen sich ergänzen

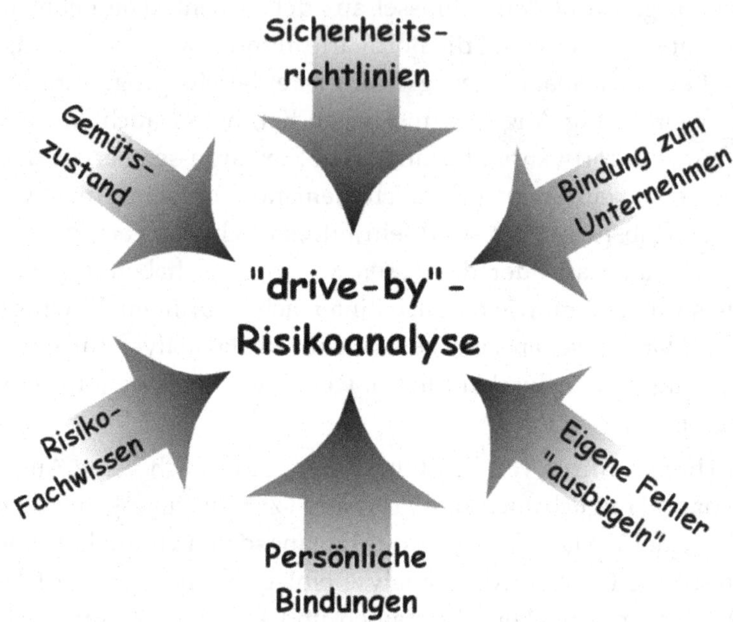

Einfluss der Komponenten

Am Einfluss der drei oberen Komponenten aus Abbildung 47 lässt sich wenig ändern. Was sich im Allgemeinen verbessern lässt, ist der Einfluss der unteren drei Komponenten: Risiko-Fachwissen, persönliche Bindung und das Verhalten bei eigenen Fehlern. Diese drei Komponenten lassen sich vor allem durch ein ausgeprägtes Vertrauensverhältnis zwischen Mitarbeitenden und Sicherheitsprofis beeinflussen.

Persönliche Bindung

Wenn Thomas also mit Flugangst zu kämpfen hat, wird er damit besser zurechtkommen, wenn er die Besatzung der Maschine vertrauensvoll fragen kann, ob ein verdächtiges Klappern gefährlich ist, und ob es schlimm ist, dass er vergessen hat, sein Handy im Handgepäck aus zu machen. Ohne eine persönliche Bindung wird er sich den ganzen Flug über unnötige Gedanken über das Klappern machen und das Handy weiter eingeschaltet im Handgepäck in den oberen Staufächern liegen lassen, um nicht aufzufallen – wird schon keiner merken. Seine „drive-by"-

Risikoanalyse versagt systematisch, weil ihm der persönliche Draht zu jemandem fehlt, der sich mit Flugzeugen auskennt.

Vertrauensverhältnis

So geht es auch Mitarbeitenden, die sich auf der einen Seite Gedanken darüber machen, Sicherheitsvorfälle verursacht zu haben, die es gar nicht gibt. Die diesen Sachverhalt aber auf der anderen Seite für sich behalten, aus Angst den Arbeitsplatz zu verlieren oder gar ausgelacht zu werden.[80] Derartige Barrieren können nur durch ein gutes Vertrauensverhältnis zum Sicherheits-Team abgebaut werden. An dieser Stelle möchte ich erneut den IT-Grundschutz zitieren, der von IT-Sicherheitsbeauftragten fordert, dass *„Mitarbeiter davon überzeugt werden (müssen), dass ehrliche Antworten nicht zu Problemen für sie selbst führen.*[81]*"*

Freibeuter gegen Konquistadoren

Das Security-Team muss für die Mitarbeitenden der Organisation immer ein vertrauenswürdiger Ansprechpartner sein, der nicht als das Problem, sondern als Teil der Lösung betrachtet wird. Die *„Buhmann-Falle"*, in der manche Security-Profis festsitzen, resultiert vielfach aus dem verklärten Bild, dass die Hacker die Freibeuter des Internets seien und die Sicherheitsprofis die Konquistadoren, mit denen man nur widerwillig zusammenarbeitet. Wer erreichen will, dass das automatische System der Mitarbeitenden in wirklich brenzligen Situationen zuerst an das Sicherheits-Team denkt, der muss es in weniger brenzligen Situationen darauf trainieren.

4.4.4 Eigenmotivation und der Umgang mit Frustration

Die Karten liegen insgesamt nicht gut für Security-Profis. Eigentlich kann man nur verlieren und mancher hat sich nach einigen Jahren in der Branche schon gefragt: *„Warum tue ich mir das eigentlich an."* Viele geben irgendwann resigniert auf und nur die wenigsten halten über Jahrzehnte hinweg durch. Hat man Personal und Top-Management endlich auf Kurs, ändern sich die Angriffsvektoren oder die Personalfluktuation frisst die erzielten Erfolge wieder auf. Wie motivieren Sie sich immer wieder bei Null anzufangen?

---

80 known_sense (Herausgeber u. a.); Entsicherung am Arbeitsplatz: Die geheime Logik der IT-Security in Unternehmen; 2006; known_sense; Seite 17

81 Bundesamt für Sicherheit in der Informationstechnik; BSI-Standard 100-2 IT-Grundschutz-Vorgehensweise; 2008; Seite 27

Ein Fehler ist ein Fehler zu viel

Die Erfahrung zeigt, dass Sicherheitsprofis ihre Motivation kaum von außen beziehen. Was die klassischen Motivatoren angeht, sieht es nicht rosig aus: *Erfolg* hat man, wenn nichts passiert. Es ist wie im Fußball: Wenn ein Stürmer 90 Minuten tatenlos rumsteht und in der Nachspielzeit im Stolpern den Siegtreffer erzielt, ist er der Held des Tages. Der Torwart und die Abwehrspieler, die 90 Minuten lang glänzend gespielt haben und sich in der 91 Minute einen Fehler leisten, sind die tragischen Verlierer. Dementsprechend schlecht sieht es aus, was die *Anerkennung* angeht. Sie stellt sich erst mit der Dauer ein, wenn langsam klar wird, dass es nicht nur an den schlechten gegnerischen Stürmern liegen kann, dass die Mannschaft keine Gegentore kassiert.

Abbildung 48: Spaß am Job – nicht immer leicht

Erfolgsdruck

Die Motivatoren Erfolg und Anerkennung sind also einigermaßen ungeeignet, sich selbst zu motivieren: Der Erfolg ist schwer messbar und Anerkennung bekommt man nur für 100 % Erfolg. Sinkt der Erfolg auf 99 % und es kommt zum Sicherheitsvorfall, ist auch die Anerkennung dahin. Wenn man sich diesem Erfolgsdruck aussetzt, kann schnell Frustration aufkommen, also Enttäuschung darüber, dass die erwartete Anerkennung durch das Management oder die Mitarbeitenden ausbleibt.

Gegentore im Fußball sind auch so eine Art Sicherheitsvorfall, und den Verteidigern geht es ähnlich wie den Security-Profis:

Beide betreiben ein undankbares Geschäft, für das man sich entweder selbst, oder untereinander motivieren muss – sozusagen von Abwehrspieler zu Abwehrspieler. Welche Anerkennung wiegt wohl schwerer? Die von der Chefin, die gar nicht richtig versteht, was sie da anerkennt, oder die von Branchen-Kollegen, die genau wissen welche Anstrengungen hinter den Ergebnissen stecken?

Wenn Sie jetzt einwenden, dass die Anerkennung von oben ein gewichtiges Argument in Sachen Bezahlung und Verhältnis zu Vorgesetzten ist, dann haben Sie natürlich Recht. Die beiden Punkte *Bezahlung* und *Verhältnis zu Vorgesetzten* haben wir jedoch als sogenannte Hygienefaktoren kennengelernt: Diese motivieren nicht, wenn Sie vorhanden sind – einzig ihr Fehlen führt zu Unzufriedenheit. Es ist deutlich vielversprechender, sich Motivation unter gleichgesinnten Fachleuten zu holen. Sei es in der eigenen Firma oder Behörde oder auf Messen, bei Networking-Veranstaltungen oder in Internet-Communitys.

Abbildung 49: Anerkennung von den Kollegen ist wichtig

Der Kontakt zu anderen Sicherheitsprofis ist aber nicht nur gut, um Anerkennung zu finden. Der Austausch mit ihnen und die Teilnahme an Veranstaltungen bieten viele Möglichkeiten sich fachlich weiterzuentwickeln und von neuen Methoden und Ansätzen zu erfahren.

Tue Gutes und rede darüber

Vorausgesetzt, das eigene Unternehmen ist groß genug, bietet es sich an, regelmäßige Fachtagungen anzuberaumen, bei denen weniger die Wissensvermittlung oder ein bestimmtes Thema im

Vordergrund stehen, sondern der Austausch mit den Kollegen. Offene Veranstaltungsformate mit der Möglichkeit auch spontan eigene Themen zu setzen, eignen sich hier besonders gut. Eine Möglichkeit, mit der natürlich auch die Motivatoren Arbeitsinhalt, Verantwortung und Vorwärtskommen angesprochen sind: Einen firmeninternen Fachkongress zu initiieren oder sich in der Unternehmenszentrale als Veranstalter anzubieten, macht neben Arbeit nicht nur Spaß, sondern empfiehlt für größere Aufgaben in der Zukunft. Eine derartige Veranstaltung lässt sich natürlich wunderbar mit einer Live-Vorführung verbinden, zu der man auch die Geschäfts- und Behördenleitung einladen kann. Auch wenn niemand kommt – wahrgenommen wird man in jedem Fall. Abschnitt 5.6 - *Tue Gutes und rede darüber* befasst sich eingehender mit diesem Ansatz.

Selbstreflexion

Will man selbst herausfinden, was einen motiviert, muss man sich überlegen, welche Tätigkeiten in der Vergangenheit Freude bereitet haben und welche eher nicht. Welche Arbeit fiel einem leicht und was hat man eher auf die lange Bank geschoben? Wann war man guter Laune und wann hat man gereizt reagiert? Welche Aufgaben der Vergangenheit konnte man erfolgreich abschließen und wo ist man hinter den eigenen Erwartungen zurückgeblieben? Kurz: Welche Motivatoren und Hygienefaktoren kamen in der Vergangenheit zum Tragen?

Lust-Frust-Bilanz

Diese Fragestellung lässt sich übersichtlich in einer persönlichen Lust-Frust-Bilanz[82] bearbeiten. Auf der einen Seite stehen Erlebnisse, die zur Zufriedenheit beigetragen haben und auf der anderen Seite die, die zu Unzufriedenheit geführt haben. Die Lust-Seite ist also die Seite Ihrer persönlichen Motivatoren, und die Frustseite die Ihrer Hygienefaktoren.

[82] Anita Bischof; Selbstmanagement: Effektiv und effizient; 2009; Rudolf Haufe Verlag, ISBN: 9783448093964; Seite 7 ⮱

Lust-Seite (Seite der Motivatoren)	**Frust-Seite** (Seite der Hygienefaktoren)
…	…

Tabelle 11: Die persönliche Lust-Frust-Bilanz

An dieser Stelle geht es also nicht darum, die Untersuchungsergebnisse von Herzberg zu betätigen, die in Tabelle 5 dargestellt worden sind, sondern die Grundlage für Ihr ganz persönliches Motivationskonzept zu ermitteln. Mit einiger Wahrscheinlichkeit kann man davon ausgehen, dass Sie in Zukunft von denselben Dingen motiviert werden, wie in der Vergangenheit.

Potential-Übersicht

Ausgehend von der persönlichen Lust-Frust-Bilanz, wie sie in Tabelle 11 dargestellt ist, werden nun für die Zukunft Tätigkeiten ermittelt, die das Potential haben, zu motivieren oder eher zum Gegenteil beizutragen. In einer Potential-Übersicht werden diese Chancen und Risiken dann gegenübergestellt:

Chancen-Potential (Seite der Motivatoren)	**Risiko-Potential** (Seite der Hygienefaktoren)
…	…

Tabelle 12: Die persönliche Potential-Übersicht der Chancen und Risiken

Übersicht für die Zukunft

Die ermittelten Chancen entsprechen den Motivatoren, die in der eigenen Arbeit verborgen liegen, und die Risiken den Hygienefaktoren. Die zwei vorliegenden Gegenüberstellungen liefern Anhaltspunkte, wie man seinen Arbeitsbereich zukünftig gestalten sollte, auch wenn man sich leider nicht immer aussuchen kann, welche Aufgaben man in Zukunft angeht und noch weniger, welche man liegen lässt.

Eigenmotivation als Team-Aufgabe

Frust entsteht vor allem dann, wenn man immer wieder in dieselben Messer läuft und von denselben Enttäuschungen getroffen wird. Als Sicherheitsprofi wird man Mitarbeitende und Management nur von einer Sache überzeugen können, wenn man selbst mit Begeisterung dabei ist. Daher ist die eigene Motivation durchaus als vordringliche Aufgabe zu betrachten, bei der man neben dem Beistand durch externe Fachkollegen insbesondere auch auf die Unterstützung im Security-Team zählen sollte. Wenn sich die verschiedenen Security-Disziplinen gegenseitig im Weg stehen, ist nicht mehr viel Gegenwind aus der Chefetage nötig, um den Spaß an der Arbeit zu verlieren. Unter Umständen können Sie das Security-Team dazu bewegen aus ihrer jeweiligen Sicht eine Lust-Frust-Bilanz und eine Potential-Übersicht zu erstellen, um nach Ähnlichkeiten zu suchen, für die sich eventuell auch ähnliche Lösungsansätze bieten. So wird Eigenmotivation nicht zu einem Problem fürs stille Kämmerlein, sondern zur Team-Aufgabe.

Auch, wenn Sicherheitsprofis eher im Hintergrund arbeiten und ihre Erfolge oft unsichtbar bleiben, so wissen wir doch, dass sie das Richtige tun, und für eine gute Sache kämpfen. Als Held und Regisseur der Security-Bühne sind Sicherheitsprofis besonders dann erfolgreich, wenn sich die Mitarbeitenden und das Management auf ihre Hauptrollen auf den anderen Bühnen des Geschäftslebens konzentrieren können. Das erfordert – neben allen anderen Anstrengungen – dass Sicherheitsprofis sich für ihre Erfolge selbst loben müssen, bevor sie sich in gewohnter Art mit der Suche nach Sicherheitsmängeln befassen und seitenlange Auflistungen erarbeiten, was sie alles noch nicht erreicht haben.

4.5 Zusammenfassung

Babylonische Verhältnisse

Das Kapitel Konfliktprävention hat einen weiten Bogen gespannt. Im Mittelpunkt der Überlegungen stand die Frage, wie man das Thema Sicherheit an den Mann bzw. die Frau bringt. Grundvoraussetzung dafür ist, eine gemeinsame Sprache zu sprechen, um sich nicht in einem babylonischen Sprach-Wirrwarr zu verlieren. Dass es für diese Forderung gerade für Sicherheitsprofis allerlei Grund gibt, haben wir gesehen und wir haben festgestellt, dass schon viel gewonnen ist, wenn man sich in der eigenen Organisation auf ein gemeinsames Vokabular einigen kann.

Lösungsfindung in der Pipeline

Mit der Konfliktpipeline wurde ein Modell vorgestellt, mit dem man sich gezielt auf Konflikte vorbereiten kann. Die unnötigen Teile sollen vermieden und die für die Lösungsfindung wichtigen Bestandteile sollen in geregelte Bahnen geleitet werden. So kann insbesondere vermieden werden, dass voreilig beigelegte Konflikte wieder aufkeimen, wenn einige Zeit vergangen ist: Der unterdrückte Wunsch von heute ist der Vorwurf von morgen. Nach dieser Formel ist es unter Umständen sogar nötig, die Argumente seines Gegenübers mit ins Feld zu führen, falls das nicht von sich aus passiert. Konflikten wird so die emotional explosive Seite genommen und sie werden auf das reduziert, was sie im Kern sind: Der Weg zur Lösung eines gemeinsamen Problems, in dem sich alle Beteiligten wiedererkennen.

Gekonnt motivieren...

Wie schafft man es jedoch, Mitarbeitende und Top-Management für Sicherheit zu begeistern, ohne den Umweg über konstruktive Konflikte gehen zu müssen? Wie stattet man Menschen gezielt mit Motiven aus, die diese vorher nicht hatten? Ob Live-Vorführung, Penetration-Test, Awareness-Kampagnen oder kleine psychologische Schupse: Ziel ist es anzuregen und zu begeistern und den Mitarbeitenden die Handlungssicherheit zu geben, die Lage auch dann richtig zu beurteilen, wenn sie in der einen oder anderen Situation die eingetretenen Pfade verlassen müssen, die Sicherheitskonzepte und Richtlinien vorgeben.

...andere und auch sich selbst

Wer all diese Herausforderungen erfolgreich meistern will, der muss nicht nur Top-Management und Mitarbeitende motivieren, sondern auch für sich immer wieder die Kraft finden, sich dieser schwierigen Aufgabe zu stellen. Die meisten Sicherheitsvorfälle wären einfach zu vermeiden und doch ist niemand davor gefeit, irgendwann zu den Opfern zu zählen. In solchen Frust-Situationen hilft oft nur der Beistand von Vertrauten aus der Branche, die dazu beitragen, die Rückschläge – die selbst den besten Sicherheitsprofis begegnen – im richtigen Licht zu betrachten.

5. Kapitel

5 Sicherheits-„Hebel"

„Gebt mir einen festen Punkt im All,
und ich werde die Welt aus den Angeln heben."
-- Archimedes

Leichteres Spiel

Wer eine stabile Tür aufstemmen will, muss einen langen Hebel ansetzen. Bei Aktienoptionen sind große Hebel gefragt und auch in vielen Kampfsportarten kommt man ohne gut platzierte Hebel nicht zum Erfolg. Hebel dienen dazu, der eingesetzten Kraft dadurch mehr Geltung zu verschaffen, dass man sie nicht direkt am Objekt ansetzt, das man zu bewegen sucht, sondern über einen Hebelpunkt, der die Kraft am Objekt verstärkt. Auch für Sicherheitsprofis gibt es eine Reihe von Hebeln, mit denen sie sich ihre Arbeit erleichtern können.

Mächtige Werkzeuge

Einige dieser Sicherheits-Hebel haben wir bereits im Abschnitt über Motivation kennen gelernt: Live-Vorführungen, Penetration-Tests und Awareness-Kampagnen. Sie sind mächtige Werkzeuge, mit deren Hilfe die zu vermittelnde Botschaft der

S. Klipper, *Konfliktmanagement für Sicherheitsprofis*, Edition <kes>,
https://doi.org/10.1007/978-3-658-31841-3_5

Sicherheitsprofis mehr Gewicht bekommt – die Botschaft an sich bleibt die gleiche.

Security-Marketing

Sicherheits-Hebel eignen sich nicht nur zur Steigerung der Motivation. Sie dienen als Kommunikationsbeschleuniger und verbessern so das Verständnis für Sicherheitsthemen. Sie sind in gewisser Weise die Marketing-Instrumente der Sicherheitsprofis: Je mehr man davon zur Auswahl hat, umso besser kann man Sicherheit in der konkreten Situation präsentieren. Daher gibt es auch keine besonders guten oder weniger geeigneten Hebel. Die Auswahl muss situativ erfolgen und auf den Analyseergebnissen aufbauen, die unter Anwendung der Instrumente aus den vorherigen Kapiteln erzielt werden.

Der Ast auf dem man sitzt

Effektive und effiziente Kommunikationsmittel sind der Schlüssel zu einem konfliktfreien Arbeitsalltag, in dem Sicherheitsprofis nicht in der „Buhmann-Falle" landen, sondern als wichtiger Bestandteil des Unternehmens oder der Behörde wahrgenommen werden. Das Ziel ist erreicht, wenn Mitarbeitende, Top-Management und Security-Team zusammenarbeiten und nicht – wie so oft – gegeneinander. Mitarbeitende die das Security-Team austricksen wollen, müssen begreifen, dass sie den Ast absägen, auf dem sie sitzen.

5.1 Security by ...

Management by...

In der Betriebswirtschaftslehre wird eine ganze Reihe von Management-Konzepten unter der Überschrift *Management-by* zusammengefasst.[83] Wichtige Konzepte sind zum Beispiel *Management by objectives,* bei dem Mitarbeitende und Führungskräfte gemeinsam Ziele vereinbaren, *Management by exception,* bei dem Mitarbeitende in Normalsituationen und Routinefällen selbstständig entscheiden und Vorgesetzte nur in Ausnahmefällen eingreifen oder *Management by delegation,* bei dem Aufgaben durch Führungskräfte an die Mitarbeitenden delegiert werden.[84]

---

83 Übersicht in: Management-by-Konzepte: Akademische Schriftenreihe; Isabell Preisler, 2008; GRIN Verlag; ISBN: 9783640142149; Seite 5 ⮱

84 Henner Schierenbeck; Grundzüge der Betriebswirtschaftslehre; 2003; Oldenbourg Wissenschaftsverlag, ISBN: 9783486273229; Seite 156 ⮱

Das Konzept, nach der eine Organisation in Sachen Sicherheit vorgeht, ist sehr individuell und kann sogar von Abteilung zu Abteilung unterschiedlich sein. In der einen Abteilung gibt es klare Prozesse und Konzepte, während in der anderen Sicherheit weitgehend dem Zufall überlassen bleibt. Diese beiden Extreme werden in den beiden nächsten Abschnitten beschrieben.

5.1.1 Security by tradition

Unsystematisch...

Gerade kleinere und mittlere Unternehmen und Behörden sind weit entfernt von dem Idealbild eines Information Security Management Systems (ISMS) mit einem funktionierenden Risiko-Management-Prozess, wie man es beispielsweise gemäß ISO/IEC 27001 umsetzen kann. Wenn es überhaupt Konzepte zu Datensicherung, Informationssicherheit oder ähnlichem gibt, so hinken diese regelmäßig den tatsächlichen Gegebenheiten hinterher. Die Konzepte dienen nicht als Planungsinstrument für die Realität, sondern werden bestenfalls nachträglich an die Realität angepasst. In vielen Fällen muss das nicht einmal heißen, dass die IT-Systeme und die Prozesse nicht sicher wären. Das Zustandekommen der Sicherheitseinstellungen der Server, der Prozesse usw. ist aber weder systematisiert noch dokumentiert.

...als gelebte Praxis...

Security by tradition entsteht. Aber auch, wenn Sicherheitsmaßnahmen nicht strukturiert geplant werden, so bedeutet das nicht, dass es keine gibt. Auch ohne Konzept und formalisierten Prozess kommt für jeden Windows-Administrator irgendwann die Frage, wie er die Passwortrichtlinien festlegen will oder welche Protokolldaten gespeichert werden sollen. Selbst, wenn er für die Passwörter keine Mindeststandards festlegt und keinerlei Systemereignisse mitprotokolliert, so ist das eine Sicherheitsentscheidung, die getroffen wird: Toleriert er die damit verbundenen Risiken, oder toleriert er sie nicht? Ob der Server-Raum hinter einer nicht abschließbaren Glastür oder einer einbruchhemmenden Brandschutztür mit Sicherheitsschloss liegt, irgendwann wurde diese Entscheidung getroffen und sie hatte Einfluss auf den Ist-Zustand der Sicherheit des Server-Raums.

...historisch gewachsen.

Sicherheitsentscheidungen kann man nicht aus dem Weg gehen, selbst dann nicht, wenn man sich dagegen wehrt. Selbst das Aufschieben einer Sicherheitsmaßnahme ist eine Entscheidung gegen deren sofortige Umsetzung. In diesem Sinn gibt es auch in jedem Unternehmen und jeder Behörde eine Form von Sicherheitskultur, auch wenn damit weder ein Ziel verfolgt wird, noch nachvollziehbar oder gar messbar wäre, was bisher erreicht wurde und was nicht. Wenn es Sicherheitsmaßnahmen gibt, dann entweder aus Zufall oder aufgrund schlechter Erfahrungen, zum Beispiel mit Datenverlust oder Virenbefall. Irgendwann fängt jeder damit an, seine Daten zu sichern oder einen Virenscanner zu installieren. Spätestens dann, wenn die ganzen Viren, Würmer und Trojaner auf dem eigenen Rechner Unheil angerichtet haben. Diese Art der Sicherheitskultur ist historisch gewachsen: Security by tradition eben.

Kein logischer Zusammenhang

Im Einzelfall kann die Rechnung sogar aufgehen: Mit ein wenig Glück spart sich eine Organisation viel Geld für Sicherheitsmaßnahmen und Verwaltungsaufwand, ohne dass es je Opfer eines Angriffs wird, während andere Organisationen, die viel Geld in Sicherheit investieren, trotzdem angegriffen und geschädigt werden. Das ist im Einzelfall nicht auszuschließen.

Tabelle 13: Vor- und Nachteile von Security by tradition

Vorteile	Nachteile
Schnelle Entscheidungsfindung	Sicherheit ist Glückssache
Geringe bis gar keine Kosten	Schadenspotential/ Risiko unbekannt
Kein Verwaltungsaufwand	Keinerlei Dokumentation

Un-Sicherheitskultur

Wenn Sie in so einem Umfeld arbeiten, benötigen Sie sehr große Hebel um Sicherheitsmaßnahmen durchzusetzen. Sicherheit bleibt dem Zufall überlassen und nicht zuletzt wegen der fehlenden Dokumentation ist es unmöglich Aussagen zu Schadenspotential oder Risiko zu treffen. Für Sicherheitsprofis mag die Vorstellung eines solchen Unternehmens grausig klingen – es gibt sie aber leider und das nicht zu knapp. Das liegt vor allem an den Kostenvorteilen, die unbestreitbar vorhanden sind, solange es keine Sicherheitsvorfälle gibt. Denken Sie an die Webseite der kleinen Schreinerei, die Kundendatenbank eines Kleinunternehmers oder das W-LAN der Arztpraxis. Solange nichts passiert, wird man die Firmeninhaber nicht von Updates für Webserver, einem Backup der Kundendatenbanken oder besseren Passphrasen für die W-LAN-Verschlüsselung überzeugen können. Security by tradition ist daher die Art von Sicherheitskultur, von der man lieber sagen möchte, dass das etablierte System eine Un-Sicherheitskultur ist. Demgegenüber stehen Unternehmen und Behörden, in denen Sicherheit ein strukturierter und dokumentierter Prozess ist.

5.1.2 Security by concept

Security by concept basiert auf Sicherheitskonzepten. Ausgehend vom einen Extrem, Security by tradition, handelt es sich hierbei um den Zielzustand. Zwischen diesen beiden Polen rangiert die Sicherheitskultur in jeder Organisation oder zumindest in Teilen davon. Macht man die Unterteilung klein genug, kann man für jede Sicherheitsmaßnahme feststellen, ob man sich by tradition oder by concept für oder gegen sie entschieden hat. Hängen mehrere Maßnahmen zusammen, so lässt sich dieser Zusammenhang auch wieder in eine der beiden Kategorien einordnen.

Systematisch...

Man kann zum Beispiel auf dem Mail-Server einen Virenscanner by tradition haben, weil er beim Provider mit im Lieferumfang enthalten war, oder man hat sich bewusst – also by concept – dafür entschieden. Gleiches gilt für die Virenscanner auf den PCs, die den Mail-Verkehr ein zweites Mal überprüfen. Der Zusammenhang, dass nun jede Mail zwei Mal überprüft wird, kann ebenfalls by tradition entstanden sein oder eine bewusste Entscheidung by concept. Das kann durchaus sinnvoll sein, wenn beide Virenscanner unterschiedliche Virensignaturen verwenden. Was im einen Fall zufällig ist, ist im anderen Fall eine Dual-Vendor-Strategie.

...auf Grundlage von Konzepten...

Security by concept beantwortet also nicht die Frage, ob eine Sicherheitsmaßnahme getroffen wurde oder nicht. Man kann durchaus by concept auf eine Sicherheitsmaßnahme verzichten und damit sogar ein hohes Risiko eingehen. Entscheidend ist, dass man zu dieser Entscheidung auf Grundlage eines analytischen Vorgehens gekommen ist. So kann ein Unternehmen, das ein nach ISO/IEC 27001 zertifiziertes Managementsystem für Informationssicherheit etabliert hat, durchaus schlechter

...als analytisches Vorgehen.

abgesichert sein, als ein Unternehmen, in dem sich die Sicherheit über die Zeit entwickelt hat. Glauben Sie nicht?

Nehmen Sie als Beispiel auf der einen Seite eine Spedition mit externem IT-Sicherheitsbeauftragten und sechs Monate altem ISO/IEC-27001-Zertifikat fürs Rechenzentrum und auf der anderen Seite die nicht ISO-zertifizierten Server einer Unternehmensberatung, die auf Penetration-Tests spezialisiert ist. Was denken Sie, welche Server sicherer sind?

Security by concept erhöht auch nicht per se die Sicherheit. Durch analytisches Vorgehen schafft es aber auf jeden Fall Klarheit über Gefahren und Risiken und eine dementsprechend aussagekräftige Dokumentation. Diesen Vorteilen stehen höhere Kosten und ein größerer Verwaltungsaufwand gegenüber, durch den sich die Entscheidungsfindung verlangsamen kann. Die Vor- und Nachteile der beiden Konzepte sind in Tabelle 13 und Tabelle 14 gegenübergestellt. Die Vorteile der einen Tabelle sind im weitesten Sinne die Nachteile der anderen. Während die Vorteile von Security by tradition sich für das Top-Management sicher verlockend anhören, schrecken die Nachteile von Security by concept ab. Umgekehrtes gilt für Sicherheitsprofis.

Tabelle 14: Vor- und Nachteile von Security by concept

Vorteile	Nachteile
Analytisches Vorgehen	Langsame Entscheidungsfindung
Gefahren und Risiken genau bekannt	Hohe Kosten
Aussagekräftige Dokumentation	Hoher Verwaltungsaufwand

Neuer Blickwinkel

Sie fragen sich sicher schon, was die beiden Security-by-Extreme zu einem Hebel macht. Durch die Augen eines Sicherheitsprofis kann man diese Frage nicht beantworten. Sie müssen dazu versuchen, die Brille eines Geschäftsführers oder einer Dienststellenleiterin aufzusetzen und die folgende Gegenüberstellung betrachten (Tabelle 15), in der die Vor- und Nachteile von Security by tradition und by concept noch einmal gegenübergestellt sind. Sie sehen dort die Antwort eines Chefs auf die folgende Frage:

> *„Wie um alles in der Welt konnten sie die Umsetzung einer Sicherheitsmaßnahme ablehnen, wegen der es nun – unter ihrer Führung – zu einem schwerwiegenden Sicherheitsvorfall gekommen ist?"*

Sicherheitsprofis müssen Security by tradition also nicht deshalb aus allen Ecken der Firma vertreiben, weil dadurch mehr Sicherheit entstünde, sondern weil das Top-Management auf diese Art seiner mentalen Komfortzone beraubt wird, wenn es sich das nächste Mal gegen eine Sicherheitsmaßnahme ausspricht. Das ist ein sehr mächtiger Hebel, auch wenn man das nicht gleich auf den ersten Blick erkennt.

Security by tradition	Security by concept
„Für mich standen schnelle Entscheidungsfindung, geringe Kosten und ein geringer Verwaltungsaufwand immer im Vordergrund. Das hohe Risiko kannte ich nicht und auch das Schadensausmaß hat mich überrascht. Leider wurden diese Dinge vom Sicherheits-Team nicht ordentlich dokumentiert. Wir wurden dann Opfer eines gekonnt ausgeführten 0-day-Angriffs."	„Wir haben einiges für Sicherheit investiert, einen hohen Verwaltungsaufwand und lange Entscheidungswege auf uns genommen. Nach fundierten Analysen waren mir das Risiko und das mögliche Schadensausmaß genau bekannt. Mein Sicherheits-Team hat mir dazu regelmäßig Berichte vorgelegt und meine Entscheidung gegen die Maßnahme dokumentiert. Wir wurden dann Opfer eines gekonnt ausgeführten 0-day-Angriffs."

Tabelle 15: Security by concept beraubt Führungskräfte ihrer mentalen Komfortzone, wenn sie Sicherheitsmaßnahmen ablehnen

Verantwortung ist unangenehm

Nichts ist schlimmer als für die eigenen Entscheidungen die Verantwortung tragen zu müssen und nichts ist auf Dauer wirksamer, als die Wahrscheinlichkeit zu erhöhen, dass es irgendwann mal soweit kommen könnte. Sicherheitsprofis erreichen das durch die Etablierung eines Sicherheitsmanagement-Prozesses, der Entscheidungen analytisch vorbereitet und sie dokumentiert. Ziel ist es, jedes tolerierte Risiko by tradition in eines by concept zu überführen.

Abbildung 50: Security by concept aus Sicht eines Chefs

5.2 Good Cop – Bad Cop

Kassandra-Syndrom

Die Kommunikationssituation, in der sich Sicherheitsprofis befinden, ist nicht die beste. Nicht immer kann man sich aussuchen, mit wem man zu welchem Thema kommunizieren möchte. Wer Sicherheit als Hauptaufgabe hat, verbringt naturgemäß einen großen Teil der Zeit mit Unsicherheit: Allzu oft sind es schlechte Nachrichten, die man zu überbringen hat und mancher leidet das Schicksal der Kassandra aus dem antiken Griechenland, die zwar gegen Ende des Trojanischen Krieges den Angriff mit dem Trojanischen Pferd vorhergesehen hatte, deren Warnungen jedoch ungehört blieben.[85]

Gespräche über Unsicherheit, Gefahr und Risiken kann man als Sicherheitsprofi nicht umgehen, sind sie doch der eigentliche Grund, warum man seinen Job bekommen hat. Kein Sicherheitsprofi wird eingestellt, um alles schön zu reden[86]. Top-Management und Mitarbeitende möchten eigentlich schon wissen, wo der Schuh drückt, und aus welcher Richtung Gefahr droht. Sie wollen es nur nicht so oft gesagt bekommen, dass sie es

85 Der griechische Gott Apollon hatte Kassandra aus Liebe die Gabe der Vorhersehung geschenkt. Da sie seine Liebe nicht erwiderte, belegte er ihre Vorhersehungen mit dem Fluch, auf immer ungehört zu bleiben.

86 ...aber auch hier gibt es Ausnahmen – zumindest bei der Erwartungshaltung des Managements.

irgendwann nicht mehr hören können. Nichts ist schlimmer, als nur noch von Gefahren, Richtlinien und Verboten zu sprechen.

Gute und schlechte Nachrichten

Woher also gute Nachrichten nehmen und wie über die schlechten sprechen, ohne dem Kassandra-Syndrom anheim zu fallen? Wie verschafft man sich Gehör innerhalb der Organisation, für die man tätig ist? Wie findet man die richtige Mischung aus guten und schlechten Nachrichten? Gute und schlechte Nachrichten stehen sich als gegensätzliche Pole gegenüber und ergänzen sich in ihrer Wirkung. Wer in eine thematische Monotonie verfällt, verliert mit der Zeit die Aufmerksamkeit der Zuhörer.

5.2.1 Positive Nachrichten generieren

Zuerst stellt sich die Frage, wie man in die Rolle des *„Good Cop"* kommt, der versucht, mit guten Nachrichten Einfluss zu nehmen. Eigentlich gar nicht so schwer, wenn man es schafft, den Fokus von den Sicherheitskonzepten, Betriebsvereinbarungen und Service Level Agreements zu nehmen und sich mehr mit der sozialen Seite der Security zu befassen. Wer positive Nachrichten unter die Leute bringen will, der muss Spaß daran finden, sie zu erzählen.

Verzerrter Fokus

Es gibt viele positive Nachrichten im Bereich Sicherheit – sie stehen nur nicht im Fokus vieler Sicherheitsprofis, weil sie darauf zu wenig achten. Man soll ja die Gefahr im Auge behalten und die eigenen Leute vor schlimmen Vorfällen bewahren und nicht davon erzählen, welche Gefahren bereits gebannt sind. Dabei ist es wichtig, auch davon zu berichten, welche Erfolge man bereits erzielt hat.

Wo lagen sie richtig?

Jeden Tag kann man in der Zeitung oder den einschlägigen Online-Portalen von neuen Angriffsvarianten und Sicherheitsvorfällen lesen. Die Nachrichten, die man dort findet, sind nicht nur interessant, wenn sie eine neue Bedrohung aufzeigen, sondern auch dann, wenn man bereits vor einer der genannten Bedrohungen geschützt ist:

Wenn man beispielsweise bei einer umstrittenen Entscheidung für oder gegen eine bestimmte Software auch sicherheitstechnisch richtig lag, weil die abgelehnte Software durch eine Reihe von Sicherheitsmängeln in Erscheinung tritt, dann ist das durchaus erwähnenswert. Zum Beispiel so:

> *„Entscheidung für X-Tool goldrichtig: Y-Tool mit mehreren Sicherheitslücken in den Schlagzeilen!“*

Ähnliche Nachrichten lassen sich aus anderen Sicherheitsvorfällen generieren. Zum Beispiel zu einem Vorfall mit einem gestohlenen Laptop:

> *„Datenskandal nach Laptop-Diebstahl in XY GmbH: Unsere Laptops durch Festplattenverschlüsselung und starke Passwörter geschützt!“*

Auch ist es eine gute Nachricht, wenn man die Gefahr schnell abwenden konnte, die von einer neuen Sicherheitslücke ausging:

> *„Nur zwei Stunden nach Bekanntwerden der neuen Sicherheitslücken im Betriebssystem: Unsere Server bis auf weiteres durch Work-Around vor Angreifern geschützt!“*

Auch mal Loben

Viele Sicherheitsprofis haben mit der Zeit ein Gespür dafür entwickelt, wo sie suchen müssen, um Schwachstellen und menschliches Fehlverhalten zu finden. Es liegt auf der Hand, dass bei dieser Methode meist schlechte Nachrichten entstehen und Mitarbeitende irgendwann denken, dass sie ohnehin immer wieder alles falsch machen. Eine Möglichkeit das zu verhindern ist es, Kontrollen durchzuführen, bei denen Sie vorher wissen, dass alles in Ordnung ist. Gönnen Sie den Mitarbeitenden auch Mal das schöne Gefühl, bei nichts erwischt worden zu sein, auch wenn die Versuchung noch so groß für Sie ist. Insbesondere sollten Sie das Lob für die Einhaltung von Sicherheitsvorschriften ohne Einschränkungen gelten lassen und es nicht durch einen nachgeschobenen Tadel relativieren. Auf diese Weise können Sie die Mitarbeitenden in dem bestärken, was schon gut läuft und sie ermuntern, nicht nachzulassen: So übernehmen Sie die Rolle des *„Good Cop“*.

In vielen Fällen wird das eine Suche nach dem Trivialen sein. Bedenken Sie aber: Nicht alles was einem Sicherheitsprofi trivial erscheint, ist für Mitarbeitende und Führungskräfte auch trivial. Genauso wenig, wie die Meisten mit Absicht gegen Sicherheitsrichtlinien verstoßen, halten sie sich bewusst daran. Gewisse Abläufe werden einfach so erledigt, wie sie schon immer erledigt wurden. Nicht, weil sie so im Sicherheitskonzept stehen. Daher lohnt es sich durchaus, die Betroffenen dafür zu loben, wenn sie sich an die Standards halten, weil das einigen in der konkreten Situation vielleicht gar nicht bewusst ist – und wenn doch: Umso besser.

Was ist schon trivial?

Berichten Sie über umgesetzte Sicherheitsmaßnahmen – auch dann, wenn sie Ihnen nicht nennenswert erscheinen. Der Microsoft Patch-Day zum Beispiel kann gleichzeitig als gute Nachricht dienen, ohne dass dabei vergessen wird, dass damit nicht alle Sicherheitsprobleme gelöst sind:

Nachrichten zuhauf

> *„Microsoft Patch-Day: X Sicherheitslücken geschlossen. Ein Hersteller-Patch für die Y-Schwachstelle lässt weiter auf sich warten.“*

Wenn man sich seiner Sache einigermaßen sicher ist, kann man versuchen einen weitreichenden Schritt zu gehen und eine Zertifizierung anstreben. Damit schafft man eine Möglichkeit, sich die guten Nachrichten von externer Seite schwarz auf weiß bestätigen zu lassen. Man muss hierbei zwei Arten von Zertifikaten unterscheiden: Solche für Personen und solche für Organisationen.

Zertifizierung des Erreichten

Die Zertifizierung von Organisationen bietet sich vor allem für kleinere Teilbereiche der Organisation an, zum Beispiel die Service Delivery. Man sollte jedoch nicht dem Irrtum unterliegen, auf diese Weise einfach zu positiven Nachrichten zu kommen. Im Gegenteil: Zertifizierungen sind mit großen Anstrengungen verbunden – selbst dann, wenn sie nur einen abgegrenzten Teilbereich betreffen. Der Weg von der Idee bis zum Zertifikat ist steinig und kann sich schnell mehrere Jahre hinziehen. Als Person kann man ebenfalls Zertifizierungen anstreben, die ein gewisses Maß an fachlicher Expertise bescheinigen und ebenfalls geeignet sind, mit guten Nachrichten aufzufallen.

Brainstorming der guten Nachrichten

Das folgende Fallbeispiel soll einen Ansatz liefern, wie man sich im Sicherheitsteam gezielt darauf konzentrieren kann mehr positive Nachrichten zu generieren. Die Sicherheitsprofis der ExAmple AG, Alice, Bob und Dave führen dazu ein Brainstorming der guten Nachrichten durch.

5.2.1.1 Fallbeispiel: Alles bestens in der ExAmple AG

Ohren auf Durchzug

In der ExAmple AG hat sich eine schlechte Stimmung gegen das Sicherheitsteam zusammengebraut. Mitarbeitende und Management können nichts mehr von Kryptotrojanern, Sicherheitsvorfällen und sonstigen schlechten Nachrichten hören. Bei einigen haben sich wegen der vielen schlechten Nachrichten der letzten Zeit die Ohren schon auf Durchzug gestellt: Datenskandal hier, schwache Passwörter da – wer will das alles wissen?

Der CISO Bob, die Datenschutzbeauftragte Alice und der Sicherheitsbeauftragte Dave haben sich entschlossen, der schlechten Stimmung entgegenzuwirken, indem sie bewusst für positive Nachrichten sorgen. Sie setzen sich zusammen, um über ihre Lage zu sprechen. Alice beginnt:

> *„OK Jungs, vielleicht haben wir in letzter Zeit den Bogen ein wenig überspannt. Ich bin auch nach jedem Datenskandal, der durch die Presse ging, zum Vorstand gerannt und hab' ihm erzählt, dass das bei uns auch jederzeit passieren kann. Klar, dass der mich jetzt immer schon mit den Worten >Was is' es denn diesmal?< begrüßt. Rauskommen tut bei den Gesprächen fast gar nichts mehr.“*
>
> *„So kommt es mir auch vor“, hakt Bob ein. „Ich glaube, wir haben ihn ein wenig abgestumpft. Ich bin ja auch nur noch mit schlechten Nachrichten auf der Bildfläche erschienen. Den Titel größter Arbeitsverhinderer hatte ich ja schon – jetzt bin ich der größte Arbeitsverhinderer mit Kassandra-Syndrom.“*
>
> *„Ihr habt schon recht“, sagt Dave. „Aber ist es nicht unsere Pflicht, den Chef über die Risiken aufzuklären? Wir sind ja nicht die Marketing-Abteilung: Die sind doch fürs Schönreden zuständig, nicht wir.“*

Alice lässt nicht locker: „Es hilft nichts. Wenn wir immer nur schlechte Nachrichten verbreiten, hört man uns nicht mehr zu. Wir müssen auch mal was Positives berichten. Nur so erreichen wir, dass der Chef den Unterschied merkt, wenn wir wieder 'ne schlechte Nachricht haben."

Marketing in eigener Sache

Alice, Bob und Dave machen eine Liste mit Möglichkeiten, wie sie in den nächsten Wochen gezielt gute Nachrichten generieren können, und eine, über welche Medien sie verbreitet werden sollen (vgl. Abbildung 51). Die Idee einer Kunden-Info findet Alice recht reizvoll. Vielleicht können sie den Chef davon überzeugen, sich mit den Sicherheitsbemühungen der ExAmple AG bei den Kunden zu empfehlen.

Alice schlägt für die nächste Kunden-Info vor: „>Sicherheitsteam der ExAmple AG ist Angreifern einen Schritt voraus!<, das wäre doch eine nette Überschrift."

„Mir wird schlecht", stöhnt Bob skeptisch. „Und was, wenn nicht?"

„Nichts da", unterbricht Alice. „Du hast es mit Deinem Zertifikat doch international anerkannt und schwarz auf weiß: Du bist ein Sicherheits-Profi! Unser SPAM-Filter, das Patch-Management und die super Reaktionszeiten bei Incidents sprechen doch eine klare Sprache. Wenn wir das noch mit dem neuen Datenschutzkonzept und der neuen Vereinzelungsanlage zum Forschungstrakt kombinieren, ist an der Überschrift nichts auszusetzen."

Auch Dave ist nicht wohl bei der Sache: „Wir sollten uns lieber in Bescheidenheit üben, glaube ich. Meint ihr nicht, dass ein Artikel für die Mitarbeiter-Zeitung erst mal ausreicht? In der Kunden-Info könnte sich jemand herausgefordert sehen. Wer weiß, wer das alles liest. Das mit der Kunden-Info könnte man dem Chef ja vorschlagen, bezüglich der Dinge, die wir im nächsten Jahr noch verbessern wollen. Wenn ihm das gefällt, wäre das vielleicht ein Anreiz für mehr Rückendeckung und Bob wird den Titel als größter Arbeitsverhinderer los."

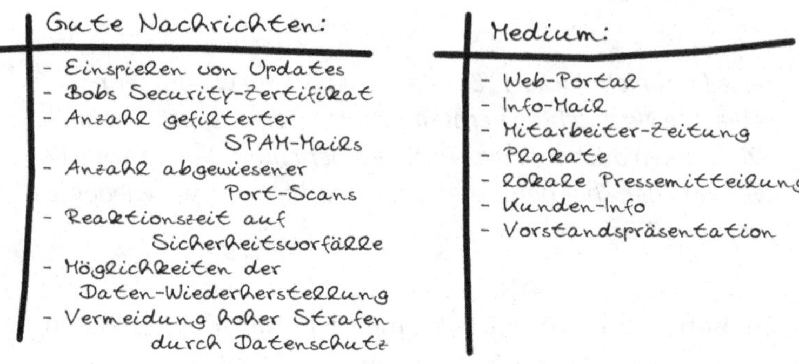

Gute Nachrichten:
- Einspielen von Updates
- Bobs Security-Zertifikat
- Anzahl gefilterter SPAM-Mails
- Anzahl abgewiesener Port-Scans
- Reaktionszeit auf Sicherheitsvorfälle
- Möglichkeiten der Daten-Wiederherstellung
- Vermeidung hoher Strafen durch Datenschutz
Medium:
- Web-Portal
- Info-Mail
- Mitarbeiter-Zeitung
- Plakate
- lokale Pressemitteilung
- Kunden-Info
- Vorstandspräsentation

Abbildung 51: Brainstorming der guten Nachrichten aus dem Sicherheitsteam

Brainstorming der guten Nachrichten

Alice, Bob und Dave einigen sich auf einen Artikel für die interne Info-Zeitung. Dem Vorstand wollen sie die bisherigen Erfolge präsentieren und vorschlagen, am Ende des Jahres mit den weiteren Verbesserungen in Form eines Informationsschreibens an die Kunden heranzutreten. Vielleicht haben sie Glück und er geht darauf ein. Um auch in Zukunft mehr auf positive Nachrichten zu setzen, beschließen sie sich ein Mal im Monat zu einem *„Brainstorming der guten Nachrichten"* zu treffen, damit sie im alltäglichen Geschäft aus Bedrohungen, Risiken und Sicherheitsvorfällen nicht vergessen, über die Erfolge zu berichten.

5.2.2 Negative Nachrichten meistern

Security-Wonderland?

Wenn der vorherige Abschnitt die Arbeit der Sicherheitsprofis aus der „Heile-Welt-Perspektive" beleuchtet hat, so geht es nun darum, die unangenehmen Nachrichten in den Mittelpunkt der Betrachtung zu rücken. Vielleicht hat Sie beim vorherigen Abschnitt auch eine leise Skepsis beschlichen: Zum wahren Leben in der Security-Branche gehören nicht nur positive Nachrichten. Und man kommt sicher nicht zum Ziel, wenn man immer nur alles in den schillerndsten Farben beschreibt und sich ein Security-Wonderland zurechtlegt.

Sicher nicht!

Alles Bitten und Betteln hilft nichts: Ein großer Teil der Security-Arbeit sind Gebote und Verbote und nicht jeder hält sich daran. Wie aber kommuniziert man sie, ohne im Verhaltenskreuz in Richtung Bevormundung und Geringschätzung abzudriften? Wir haben bereits gesehen, dass diese Richtung schnurgerade in die Buhmann-Falle führt.

Systemische Kommunikation

Die systemische Kommunikation bietet eine Möglichkeit, sich diesem Außenseiter-Problem aus einem weiteren Blickwinkel zu nähern.[87] Nach diesem Ansatz gibt es nicht auf der einen Seite einen Verursacher und auf der anderen Seite eine Wirkung, sondern immer eine bestimmte Wechselwirkung. Der Buhmann im Team ist also nicht der Verursacher und die Buh-Rufe des Teams nicht die Wirkung. Die Frage lautet:

> *„Was leistet der Buhmann innerhalb der Gesamtgruppe und was haben die Beteiligten davon, den Buhmann in seiner unangenehmen Rolle festzunageln?"*

Die Gesamtgruppe wehrt sich instinktiv dagegen, dass der Buhmann eine wichtigere Aufgabe für das Team leistet. Die Gruppenmitglieder finden es ganz angenehm, nicht selbst in die paranoide Welt aus Bedrohungen und Sicherheitsvorfällen eintauchen zu müssen. Diese Welt, in der man in Risiken und Sicherheitsmaßnahmen denkt, löst – wie wir bereits gesehen haben – bei vielen Unbehagen aus. Sie würden sich lieber in einer Welt sehen, in der man unbekümmert alle Türen offenlassen kann. Wir haben dieses paradoxe Verhalten bereits im Abschnitt über den Vertrauensverlust durch Sicherheitsmaßnahmen betrachtet. Da kommt es gerade recht, das Sicherheitsprofis diese unschöne Aufgabe übernehmen und man sich selbst auf die Position zurückziehen kann, von all diesen schlimmen Risiken nichts zu verstehen: Auch wenn die Sicherheitsprofis in der Buhmann-Falle festsitzen, so wissen doch alle auf eine verborgene Weise, dass sie für die Erhaltung des Gesamtsystems unentbehrlich sind.

Der Inquisitor

In vielen Fällen übertreiben die Security-Buhmänner ihr Verhalten sogar und drängen sich damit selbst weiter in diese Rolle – unter Umständen gefallen sie sich sogar darin. Die Studie *„Aus der Abwehr in den Beichtstuhl"*[88] zitiert Sicherheitsprofis, denen es ähnlich geht. Dort wird konstatiert, dass ein guter Sicherheitsmann keine Freunde haben kann oder zumindest etwas nicht

[87] Karl Benien; Schwierige Gespräche führen; 2007; rororo; ISBN 9783499614774; Seite 112 ff

[88] known_sense (Herausgeber u. a.); Aus der Abwehr in den Beichtstuhl – Qualitative Wirkungsanalyse CISO & Co.; 2008; known_sense; Seiten 12, 27, 28

stimmt, wenn der CISO die beliebteste Person im Unternehmen ist. Einer wird manchmal der Inquisitor genannt. Bezeichnend: Ich stand schon vor der Tür eines IT-Sicherheitsbeauftragten, an der das Bild Girolamo Savonarolas hing. Der war italienischer Dominikaner und Bußprediger und im 15. Jh. de facto Herrscher über Florenz. Er war für einige Hinrichtungen verantwortlich und sein Leben fand letztlich selbst bei einer Hinrichtung ein Ende.

In der falschen Rolle festhängen

Die Situation, dass das Gesamtkonzept davon abhängt, dass die Sicherheitsprofis in der Buhmann-Falle sitzen, ist natürlich verheerend. Man legitimiert damit alle, die schlecht auf einen zu sprechen sind. Dies gilt es zu vermeiden, wenn man negative Nachrichten zu überbringen hat. Die negative Nachricht muss also zunächst einmal von der eigenen Person gelöst werden. Die Botschaft darf nicht sein, dass man nun mal fürs Überbringen der schlechten Nachrichten zuständig sei. Damit erfüllt man zwar das Rollenverständnis der Gruppe, die Botschaft bleibt jedoch auf der Strecke. Die typischen negativen Nachrichten der Sicherheitsprofis sollten also von ihrer Sicherheitsrolle getrennt vorgebracht werden. Die nicht umgesetzten Maßnahmen sind nicht deshalb ein Problem, weil sie im Sicherheitskonzept stehen, sondern weil aus ihnen ein Risiko für die Ziele der Organisation resultieren. Ein Sicherheitsvorfall ist kein Problem des Sicherheitsbeauftragten, sondern des Unternehmens.

Wechsel der Stimmlage

Wer wie Alice, Bob und Dave im letzten Fallbeispiel vorgebaut und dafür gesorgt hat, dass Mitarbeitende und Management vom Sicherheitsteam auch mal Positives zu hören bekommen, der wird bei der Überbringung schlechter Nachrichten überhaupt erst Gehör finden. Eine der Grundregeln guter Rhetorik zum Beispiel lautet, ab und an den Tonfall zu variieren. Wer will, dass das Publikum zuhört und sich nicht untereinander unterhält, der muss auch mal leiser sprechen. Wer immer leise spricht, dem schlafen die Zuhörer ein. Der Wechsel in der Stimmlage erhält auf Dauer die Aufmerksamkeit.

Balance macht den Erfolg

Ein anderes Beispiel: Gute Führungskräfte wissen, dass sich Lob und Tadel abwechseln müssen, damit sie noch wahrgenommen werden. Wenn es schon ein Lob ist, wenn der Chef mal zehn

Minuten nicht schreit, dann ist das Gleichgewicht aus den Fugen geraten. Das gilt auch für Sicherheitsprofis: Die Balance macht den Erfolg. Wenn Sicherheitsprofis Schulnoten für Mitarbeitende und dass Top-Management verteilen müssen, dürfen es nicht immer nur Fünfen und Sechsen sein!

Schlechte Nachrichten müssen immer im Verhältnis zu guten Nachrichten wahrgenommen werden können. Erst, wenn man der Chefin wochenlang erzählt hat, welche Erfolge man erzielen konnte, wird er wahrnehmen, wenn es plötzlich bergab geht. Gleiches gilt für die Mitarbeitenden.

Am Adressaten ausgerichtet

Der Empfänger macht die Nachricht. Es ist also im Sinne der Kommunikation nicht entscheidend, ob ein bestimmtes Verhalten objektiv gut oder schlecht ist, sondern subjektiv. Wenn man am Anfang einer verbesserten Sicherheitskultur steht, sind auch objektiv kleine Schritte schon ein subjektiver Erfolg. Vielleicht trivial: Was in der fünften Schulklasse in Mathematik für eine zwei reicht, reicht eben in der Abiturprüfung noch nicht mal für ein mitleidiges Lächeln der Prüfer. Und die besten Mathe-Noten reichen im Studium meist nicht mal übers erste Semester. Schlechte Nachrichten müssen also nicht nur in einem angemessenen Verhältnis zu guten Nachrichten stehen, sondern auch zur konkreten subjektiven Situation passen.

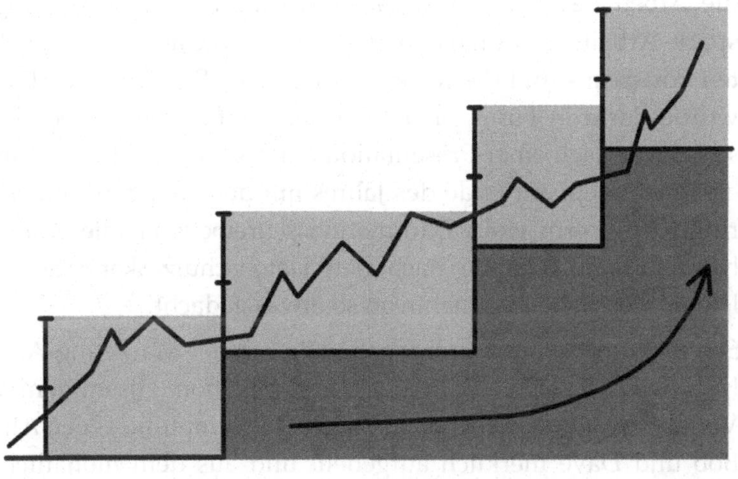

Abbildung 52: Systematische Verschiebung der y-Achse

Klassenziel erreicht

Was vor der Versetzung in die nächste Klasse noch für gute Noten ausgereicht hat, entspricht nach der Versetzung nicht einmal dem Klassenziel (Abbildung 52). Auf diese Weise verschiebt sich die Bewertungs-Skala der y-Achse systematisch nach oben. Da Unternehmen und Behörden nicht in Schuljahren funktionieren, muss man sich den gedanklichen Wechsel in die nächsthöhere Klasse, also die *„Versetzung"* simulieren. Sie kann unter zwei Voraussetzungen erfolgen:

- Die internen gesetzten Ziele wurden erreicht – Zeit für neue Horizonte.
- Durch neue Bedrohungen, große Sicherheitsvorfälle oder andere externe Zwänge fällt die Notenskala objektiv so stark aus dem Rahmen, dass eine Anpassung nötig ist, auch wenn es schmerzhaft ist.

Nicht immer eine freie Entscheidung

Aus den oben genannten Gründen ist es natürlich der Idealfall, wenn man sich den neuen Bewertungsmaßstab selbst auferlegen kann. Das ist aber nicht immer möglich. Manchmal sind die Sicherheitsbedenken größer, als die kommunikativen Zwänge: Dann muss es eben erst mal nur noch Sechsen geben und die Ergebnisse sind zunächst zwangsläufig *„unterirdisch"*.

5.2.2.1 Fallbeispiel: Alles schrecklich in der ExAmple AG

In der ExAmple AG ist seit dem *„Brainstorming der guten Nachrichten"* ein halbes Jahr vergangen. Alice, Bob und Dave hatten zuerst einen Artikel für die interne Info-Zeitung verfasst, in dem die Arbeit des Teams vorgestellt wurde: Die für jeden eingesparte Arbeitszeit durch den SPAM-Filter, die täglich abgewehrten Port-Scans und die Reaktionszeit nach Sicherheitsvorfällen wurde darin in Form einer Reportage aufgearbeitet. Der Vorstand war nach einer Präsentation der bisherigen Erfolge damit einverstanden, am Ende des Jahres mit den weiteren Verbesserungen in Form eines Informationsschreibens an die Kunden heranzutreten. Gerade nach den Datenschutz-Skandalen der letzten Zeit hatte er ohnehin an so etwas gedacht.

Bergauf...

Seit dem arbeiten die drei regelmäßig mit der Marketing-Abteilung und der Unternehmenskommunikation zusammen. Im Verlauf der letzten Wochen hatte sich die Stimmung gegen Alice, Bob und Dave merklich aufgehellt und aus dem monatlichen *„Brainstorming der guten Nachrichten"* konnten sie jede Menge

Positives herausziehen und der Chef hatte sich schon bei einigen Kunden mit seinem tollen Sicherheitsteam gebrüstet.

Diese Woche jedoch stellte sich heraus, dass einige Mitarbeitende das Netzwerk der ExAmple AG durch ausführen von Schadsoftware gefährdet haben. Auslöser waren einige Mitarbeitende, die untereinander ein Programm verteilt hatten, dass einen kleinen Nikolaus auf dem Bildschirm umherwandern lässt. Leider war das nicht die einzige Funktion der `Nikolaus.exe`: Bei Ausführung der Software wären der Rechner und alle verfügbaren Laufwerke verschlüsselt worden. Das wurde jedoch glücklicherweise durch die Endpoint-Protection verhindert, die Bob erst kürzlich implementiert hatte. Die Software wurde auch an Personen der Forschungsabteilung versendet und hätte dort schlimmen Schaden anrichten können. Bob ist skeptisch:

...und bergab.

> *„Die Endpoint-Protection hat den Trojaner gefunden und nicht ich – Kunststück."*
>
> *Dave sieht das anders: „Und wer hat die Endpoint-Protection eingeführt? Wenn die Herren Forscher im Labor aus Versehen über das Jahrhundertmedikament stolpern, fragt auch keiner ob das ein Glücksfall war, für den sie dann den Nobelpreis bekommen. Ich kann mich noch genau erinnern, wie viel Arbeit du hattest, die false Positives in den Griff zu bekommen. Wenn die Ransomware nicht korrekt erkannt worden wäre, hätte es zu spät sein können."*
>
> *„Und genau das werden wir dem Chef berichten", fügt Alice hinzu. „Jetzt haben wir ihn wochenlang mit guten Nachrichten Honig um den Mund geschmiert. Der geht bestimmt an die Decke, wenn er hört, wie nachlässig die Leute unsere Sicherheit gefährden. Ist ja nicht so, das Nikoläuse auf dem Bildschirm irgendwas mit der Arbeit zu tun hätten. Beim nächsten Mal greift die Endpoint Protection vielleicht nicht."*
>
> *Auch, wenn Bob eigentlich nicht für eine funktionierende Software gelobt werden will, stimmt er zu, auf den Chef zuzugehen: „Müller, Meier, Schulz – Ransomware an die Forschungsabteilung verschickt: Sechs, setzen! Bei der Gelegenheit könnte man endlich vorschlagen, die Internet-Anbindung in die Forschungsabteilung stärker abzusichern und das Netz stärker zu segmentieren. Man kann denen ja offensichtlich nicht trauen."*

Abbildung 53: Wohl dosiert zeigen Ermahnungen auch Wirkung

Kurve kriegen beim Chef

Mit Hilfe von Alice und Dave bereitet sich Bob auf den Termin beim Chef vor. Der ist natürlich überhaupt nicht begeistert und kann sich gar nicht erklären, wie es bloß so weit kommen konnte. Bob schildert ihm die Sache so:

> *„Das hätte ganz schön ins Auge gehen können. Leider steht der Forschungs-Leiter nicht so richtig hinter der ganzen Security-Sache, obwohl es im Moment so super voran ging. Vielleicht war das für den einen oder anderen eine Einladung."*
>
> *„Wir waren doch auf einem so guten Weg", sagt der Chef mit einigem Ärger. „Die schicken sich kleine Nikoläuse zu, weil sie keine Arbeit haben und dann ist ihre ganze Arbeit dahin. So geht's nicht. Wir geben doch nicht zigtausend Euro für Sicherheitstechnik aus, damit die sich Nikoläuse zuschicken können! Ich werde mir den Forschungs-Leiter mal vorknüpfen. Die sollen forschen und nicht rumspielen!"*
>
> *Jetzt kommt Bobs großer Moment: „Ich denke, dass das erst mal nicht nötig ist. Ich schlage vor, dass ich noch mal mit ihm rede, und ihm die Schwierigkeiten erläutere, die durch so einen Fehler entstehen. Wenn das auch nichts hilft, können Sie ja noch mal mit ihm sprechen, aber ich denke, dass er es einsehen wird."*

Erst petzen und dann retten

Der Chef geht auf Bobs Vorschlag ein und so hat Bob dem Abteilungsleiter nochmal den Kopf aus der Schlinge ziehen können, die er ihm zuvor vorsichtig um den Hals gelegt hatte. Gleichzeitig hat er sich so eine weitere Eskalationsstufe geschaffen, mit der er in Zukunft drohen kann.

5.3 Security-Storyboard

Phasenverlauf der Security

Im Kapitel über die Security-Bühne haben wir die historischen Beispiele von Pawero im alten Ägypten und von General Mengtian aus den Zeiten des Kaisers Qin Shiuangdi kennengelernt: Wenn ein Schutzwall seit längerer Zeit seinen Zweck erfüllt, wird in Frage gestellt, was die ganzen Anstrengungen bringen sollen. Und fast immer lässt sich so ein Phasenverlauf ablesen, nach dem auf der klassischen Security-Bühne gespielt wird.

Der 1. Akt heißt *Panik*, der 2. Akt *Rückfall*. Die Handlung geht aus der *Naivität* über einen *Vorfall* zurück in die *Naivität*. Security ist durch Vorfälle gesteuert, nach denen Maßnahmen ergriffen werden, die dafür sorgen, dass es keine Vorfälle mehr gibt. Entlang dieser Wellenbewegung verläuft das Security-Storyboard.

1. Akt : „Panik"	1. Naivität	2. Vorfall	3. Angst
2. Akt: „Rückfall"	4. Maßnahmen	5. Beruhigung	6. Naivität

Tabelle 16: Das Security-Storyboard mit seinen sechs Szenen

Die meisten Sicherheitsbeauftragten hängen in der 6. Szene fest und legen nur ab und an eine Schleife über die Szenen 2. bis 5. ein. Dabei geben sich alle Beteiligten große Mühe, in Windeseile zur 6. Szene zurückzukehren.

Großer Auftritt in der 4. Szene

Im Verlauf dieser Wellenbewegung ändern sich vor allem die äußeren Zwänge, die auf Informations- und IT-Sicherheitsbeauftragte, Datenschützer, CISOs und Co. einwirken. Sind die Beteiligten von Angst ergriffen, wird nach harten Maßnahmen gerufen. Gerät der Vorfall in Vergessenheit, kehrt sich der Ruf nach Maßnahmen ins Gegenteil. In der 4. Szene des Security-Storyboards haben Sicherheitsprofis ihre besten Momente. Wir wollen nun die Szenen noch einmal genauer betrachten und überlegen, wie man den Verlauf in der Praxis beeinflussen kann, damit Mitarbeitende und Management nicht immer wieder zurück in die Naivität verfallen. Unser Ziel lautet: So schnell wie möglich in die 4. Szene!

5.3.1 1. Akt: Panik

1. Szene: Naivität

In der 1. Szene ist die drohende Gefahr noch unbekannt und keiner der Akteure rechnet mit etwas Schlimmem. Unternehmen oder Behörden, die sich in diesem frühen Stadium des Security-Storyboards befinden, erinnern an den Beginn der Fälle in Aktenzeichen XY oder die ersten zehn Minuten in Horrorfilmen und die Zuschauer schlüpfen in die Rolle der Securityprofis: Durch die Filmtitel aufgestachelt, rechnen sie mit dem Schlimmsten. Heißt der Film ‚Der Tod aus der Dunkelheit', warnt die innere Stimme: *„Nein, nicht in den dunklen Keller gehen."* Und wenn bei Aktenzeichen XY Frau Schröder abends das Fenster im Erdgeschoss kippt ist klar: *„Das war ihr letztes gekipptes Fenster."*

Ebenso hilflos, wie man vorm Fernseher das Unvermeidliche kommen sieht und nichts machen kann, sind auch die Security-Profis hilflos, wenn Management und Mitarbeitende in der 1. Szene festhängen.

Abbildung 54: Erster Akt: 1. Naivität 2. Vorfall 3. Angst

2. Szene: Vorfall

Um die beteiligten Personen aus dem Dornröschenschlaf zu wecken, hilft nur eins: Ein Vorfall oder eine Awareness-Kampagne!

Wie die Akteure in der 2. Szene wachgerüttelt werden, ist für den Verlauf der Handlung nicht so wichtig – möglichst glaubhaft muss es sein, damit der 1. Akt in der allgemeinen Panik der Beteiligten seinen Höhepunkt finden kann.

In der 3. Szene macht sich die Angst breit, dass man von Anfang an viel zu naiv war. Nach dem ersten Schock steht fest: Das Erlebte bzw. Vorgeführte kann sich jederzeit wiederholen. Den Beteiligten wird klar, dass sie dieser Gefahr ohne die Hilfe von Profis schutzlos ausgeliefert sind: Der 1. Akt ist vorüber.

3. Szene: Angst

Für Informations- und IT-Sicherheitsbeauftragte, Datenschützer, CISOs und Co. muss klar sein: Der erste Akt muss im Schnelldurchlauf abgehakt werden. Dazu müssen insbesondere Naivität und Unwissenheit in Bezug auf Sicherheitsvorfälle bekämpft werden. Je eindringlicher die drohenden Gefahren aufgezeigt werden, je eindringlicher wird deren Beseitigung gefordert werden. Dabei sollte nicht vergessen werden, die Gefahren in die Problemfelder des Managements und der Mitarbeitenden zu übersetzen: Zwänge, Ziele, Prioritäten und Risiken – Entscheidend sind die Problemfelder der Betroffenen, nicht die des Sicherheitsteams. Ansonsten ist die ganze Schwarzmalerei vergebens.

Schnell durch den 1. Akt

5.3.2 2. Akt: Rückfall

Der 1. Akt endete mit Angst, Ratlosigkeit und dem Ruf nach den Sicherheitsprofis. In der 4. Szene können nun die Maßnahmen zur Gefahrenabwehr ohne Widerstand vorgestellt und umgesetzt werden. Alle sind froh, aus der Not gerettet zu werden. Je besser die zweite Szene (Vorfall) auf die Problemfelder von Management und Mitarbeitenden zugeschnitten war, umso mehr kann jetzt erreicht werden. Das Problem, das diese Szene aus Sicherheitssicht mit sich bringt, besteht darin, dass durch die Sicherheitsmaßnahmen, die gerade eben erst mühsam aufgebaute Drohkulisse Stück für Stück in sich zusammenbröckelt. In gewisser Weise zerstört man so die Begründung für die eigene Arbeit. An dieser Stelle der Handlung gleitet man unweigerlich und sanft in die 5. Szene.

4. Szene: Maßnahmen

5. Szene: Beruhigung

In Hollywood-Filmen ist die fünfte Szene des Security-Storyboards meist die Schluss-Szene[89]. Sie ist ja auch die schönste – die Gefahr ist gebannt und alle sind zufrieden. In der Realität der Security-Bühne sieht es anders aus und die Sicherheitsprofis wissen das: Die Leute in Horror-Filmen gehen immer wieder in dunkle Keller und Frau Schröders kippen seit 1967[90] nachts ihre Fenster und werden das leider auch in Zukunft tun. Die eigentliche Aufgabe ist es, bei neuen Bedrohungen von der 5. Szene direkt wieder ohne Umschweife in die 4. zurück zu kommen. Der schlechteste Fall wäre es, im Rahmen der 6. Szene wieder in den alten, naiven Trott zurückzufallen.

6. Szene: Naivität

Die 6. Szene findet man in Hollywood-Filmen meist als Beginn des zweiten Teils. Zum Beispiel in Alien I-IV[91] – Obwohl sich alle sicher waren: Das Alien war immer zu Beginn des nächsten Teils doch nicht tot. Nur die Hauptdarstellerin Lt. Ellen Ripley hat immer gewusst, dass die Gefahr weiterhin besteht. Ripley unterliegt übrigens im zweiten Teil der Sage demselben Irrglauben, dem auch manche Sicherheitsprofis unterliegen: Sie geht davon aus, dass man ihr für die Beseitigung der Gefahr danken wird – Fehlanzeige. Ihr wird sogar die Fluglizenz entzogen, um sie kalt zu stellen.

Unausweichliche Dramaturgie

Der Zyklus von der Naivität über Bedrohungen, Vorfälle und Maßnahmen zurück zur Naivität, scheint dem Security-Storyboard fest vorgegeben, die Dramaturgie unausweichlich. Auch das notwendige Wechselspiel von guten und schlechten Nachrichten, dass wir im letzten Abschnitt betrachtet haben, scheint diesen Zyklus nachzuzeichnen. Wir haben aber bereits da gesehen, dass wir der Handlung nicht hilflos ausgeliefert sind, sondern sie bewusst beeinflussen können. Wenn man das nicht tut, schrumpft die schöne Zeit der 4. Szene schlimmstenfalls auf wenige Tage im Jahr zusammen. Der Rest des Jahres spielt dann fast vollständig in den wenig erbaulichen Szenen eins und sechs.

---

89 Manchmal werden aus dramaturgischen Gründen die Szenen 2 – 5 noch einmal im Schnelldurchlauf wiederholt. Zum Beispiel ist der falsche Täter inhaftiert worden und der richtige mordet weiter.

90 Eduard Zimmermann startete die Sendung Aktenzeichen XY am 20. Oktober 1967.

91 Alien – Die Saga; Twentieth Century Fox Home Entertainment LLC

Abbildung 55: Zweiter Akt: 4. Maßnahmen 5. Beruhigung 6. Naivität

Regelmäßige Analyse

Man muss sich also regelmäßig fragen, wo man mit dem eigenen Unternehmen oder der Behörde geradesteht. In Verbindung mit den Vorschlägen aus dem Abschnitt über gute und schlechte Nachrichten bedeutet das, dass die 4. und 5. Szene die Zeit der guten Nachrichten umfasst und die sechste Szene in Form von schlechten Nachrichten vorweggenommen werden muss. Wenn man nicht permanent und über das ganze Jahr hinweg den Teufel an die Wand malt, bekommt man sogar mit hoher Wahrscheinlichkeit Gehör geschenkt.

Manchmal ist es hoffnungslos

Vor allem sollten Sie von den Betroffenen nicht zu viel Verständnis für die Funktionsweise von Sicherheitsmaßnahmen erwarten (Abbildung 55 versucht das anzudeuten). Mir hat vor einigen Jahren mal ein Bekannter mit seinem Smartphone aus einem Flugzeug eine E-Mail geschickt. Er wollte nicht telefonieren, weil dort das Einschalten des Telefons aus Sicherheitsgründen verboten sei. Dass die E-Mail natürlich über das Telefonnetz übertragen wurde, war ihm weder bekannt noch irgendwie verständlich zu machen.

5.4 Security braucht Avatare

Grafische Stellvertreter

Avatare kennt man vor allem aus dem Internet, als grafischer Stellvertreter einer echten Person in einer virtuellen Welt. Aber auch im Rahmen von e-Learning-Programmen oder im Marketing werden Avatare eingesetzt, um Kommunikationsprozesse zu verbessern. Auch in Internetforen werden Avatare genutzt, um die Nutzer mit dem Bild einer virtuellen Person zu identifizieren. Das Wort kommt aus dem Hinduismus und bezieht sich auf das Herabsteigen einer Gottheit in irdische Sphären.[92] Avatare existieren in Form eines Bildes, eines Icons oder sogar als animierte 3D-Figur. Die heutige Bedeutung des Begriffs geht auf den Roman Snow Crash[93] zurück.

Wenn man Avatare als graphische Stellvertreter bezeichnet, dann gibt es diese nicht erst seit diesem Jahrhundert. Auch vorher wurden graphische Stellvertreter eingesetzt, um bestimmte Eigenschaften und Botschaften zu transportieren. So wurde das HB-Männchen aus der bekannten Zigarettenwerbung der 60er Jahre zum Avatar für die Marke HB der British American Tabacco. Das HB-Männchen durfte machen was es wollte, man mochte es einfach. Ausgangspunkt waren verschiedene Alltags-Szenen, in denen irgendetwas schief ging, worüber sich das HB-Männchen Bruno gehörig aufregte. Die Aufregung steigerte sich so sehr, bis das HB-Männchen buchstäblich in die Luft ging.

> *„Halt! Wer wird denn gleich in die Luft gehen? Greife lieber zu HB. Dann geht alles wie von selbst."*

Und Bruno schwebte wieder zurück auf den Boden.[94] Auch heute noch geht man *„in die Luft, wie ein HB-Männchen"*.

Avatare nutzen

Was liegt also näher, als sich damit auseinander zu setzen, wie man ähnliche Methoden auch für das Marketing von Sicherheit verwenden kann. Das positive Endergebnis aus der eher unangenehmen Alltagssituation wird dabei mit dem Produkt in Verbindung gebracht. Ein ähnliches Konzept verfolgt die Werbung mit den beflügelten Zeichentrickfiguren von Red-Bull.

---

92 Alycia de Mesa; Brand Avatar: Translating Virtual World Branding Into Real World Success; 2009; Palgrave Macmillan; ISBN: 9780230201798; Seite 173

93 Neal Stephenson; Snow Crash; 2000; Spectra; ISBN 978-0553380958

94 Roman Anlanger; Trojanisches Marketing: Mit unkonventioneller Werbung zum Markterfolg; 2009; Rudolf Haufe Verlag; ISBN: 9783448087208; Seite 118

Die Gestaltung eines Avatars ist dabei durchaus leichter als man denkt – es gibt unzählige Vorlagen: Denken Sie an Märchen, Sagen oder die griechische Mythologie. Die dort enthaltenen Figuren sind oft schon seit der Kindheit bekannt und sie alle werden mit einer bestimmten Aussage verknüpft, auf der man aufbauen kann. So gab es in Köln einen Security-Stammtisch, der unter der Headline *„Wölfe und Geißen“*[95] auftrat. Für jeden, der das Märchen *„Der Wolf und die sieben Geißlein“* kennt, transportiert diese Bezeichnung eine gewisse Vorstellung davon, um was es dort geht, und das deutlich besser, als es die Bezeichnung *„Security-Stammtisch“* vermag.

Wölfe und Geißen

Aber nicht nur Märchen oder Geschichten kommen in Frage, um der Kommunikation auf die Sprünge zu helfen. Auch Gegenstände oder Gesten können dazu benutzt werden, gewisse Assoziationen hervorzurufen. Das gilt immer dann, wenn diese quasi als Aushängeschild einer gewissen Botschaft dienen. Denken Sie zum Beispiel an einen weißen Kittel: Wissenschaftliche Seriosität. Oder raufgekrempelte Ärmel: Keine Theorie – Praxis. Oder die flache Hand auf die Stirn: Fehler oder Vergessen. Die Liste ließe sich beliebig fortsetzen.

Aushängeschild einer bestimmten Botschaft

Abbildung 56: Unterschiedliche Avatare rufen unterschiedliche Assoziationen hervor

Entscheidend dabei ist, welche Botschaft man präsentieren, und welche Zielgruppe man erreichen will. Die Geschichte, der

Der erfolgreiche Avatar

95 http://www.woelfegeissen.de, archiviert unter http://www.archive.org

Gegenstand oder die Geste müssen innerhalb der Zielgruppe funktionieren. Das bedeutet natürlich, dass es nicht den einen Avatar gibt, mit dem man immer erfolgreich ist. Ohne eine individuelle Zielgruppenanalyse kann man schnell daneben liegen. Die gescheiterte Kampagne bleibt dann übrigens aus den gerade geschilderten Gründen ebenso erfolgreich im Gedächtnis. Es ist also Vorsicht geboten und man sollte bei der Umsetzung eine externe Beratung durchaus in Erwägung ziehen.

Wichtige Fragen

Die Aufgabe des Security-Avatars als graphischer Stellvertreter ist es auf der einen Seite, die Person aus der realen Welt mit bestimmten zusätzlichen Eigenschaften auszustatten. Auf der anderen Seite soll dem Avatar eine bestimmte Botschaft anhaften, die übermittelt werden soll. Bei der Ideensammlung für einen geeigneten Avatar müssen die drei folgenden Fragen berücksichtigt und mit *„ja"* beantwortet werden:

- Passt der Avatar zur Botschaft?
- Passt der Avatar zur Zielgruppe?
- Passt der Avatar zu seinem realen Gegenstück?

Wir wollen uns diesen Fragen im folgenden Abschnitt annähern. Die Frage nach der Zielgruppe ist darüber hinaus immer auch individuell und auf den Einzelfall bezogen zu beantworten.

Kern-botschaften...

Was ist also die Botschaft von Sicherheitsprofis? Sie verkaufen Sicherheit und ihre Botschaft lautet: *„Geht keine unnötigen Risiken ein. Seid wachsam. Hütet euch vor Fremden."* Die Frage, ob der Avatar zur Botschaft passt, muss auf dieser Grundlage beantwortet werden. Auch hier kann es im konkreten Einzelfall Varianten der Botschaft geben, die zu berücksichtigen wären. Um festzustellen, ob ein Avatar zu den Botschaften der Sicherheitsprofis passt, empfiehlt sich als erster Anhaltspunkt eine Matrix, in der die Botschaften und die Ideen für Avatare gegenübergestellt werden:

Botschaften/ Avatare	Ritter	Arzt	Bauarbeiter
„Geht keine unnötigen Risiken ein!“	+/-	++	+/-
„Seid wachsam!“	++	+	+/-
„Hütet euch vor Fremden!“	+	-	+/-

Tabelle 17: Beispiel-Matrix zur Bewertung der Ideen für Avatare

...an Zielgruppe anpassen

Diese Matrix sollte aber nicht alleine entscheidungsrelevant sein. Auch wenn der Bauarbeiter in der Beispieltabelle eher schlecht abschneidet, kann er für eine besondere Zielgruppe – zum Beispiel die Mitarbeitenden einer Bauunternehmung – die erste Wahl sein. Je nach Zielgruppe können auch Avatare erfolgreich sein, die für die Botschaft kaum geeignet sind oder sogar konträr zur Botschaft stehen und dadurch einen besonderen Kontrast setzen. Denken Sie beispielsweise an die Fernseh-Werbung, in der ein Rocker fürs Bausparen wirbt. Auch wenn dieses Beispiel nur bedingt geeignet ist, weil der Rocker ja den potentiellen Kunden darstellt und nicht den Anbieter, so zeigt es doch: Erlaubt ist, was für die Zielgruppe funktioniert. Daher sind die Ergebnisse der Matrix auch nur ein erster Anhalt. Man sollte durchaus versuchen, sie mit anderen Argumenten zur Zielgruppe weiterzuentwickeln.

Zuletzt sollte der gewählte Avatar auch zu seinem Gegenstück aus der realen Welt passen und diesen möglichst nicht karikieren. Wenn das virtuelle Konterfei der nächsten Awareness-Kampagne, zum Spott über das betroffene Security-Team anregt, dann ist es sicher nicht geeignet, die Sicherheit voranzubringen.

5.4.1 Fallbeispiel: Herkules und der Stall des Augias

3000 Rindviecher

Herkules ist ein Halbgott in der griechischen Mythologie. Ihm wurden vom König Eurystheus zwölf Aufgaben gestellt, die er zu bewältigen hatte, um sich von dem im Wahnsinn verübten Mord an seiner Frau Megara und seinen mit ihr gezeugten drei Söhnen rein zu waschen. Eine der zwölf Aufgaben bestand darin, die Rinderställe des Augias auszumisten. Diese Aufgabe war für einen Halbgott nicht nur herabwürdigend, sondern selbst für Herkules nahezu unerfüllbar. Die Ställe des Augias waren schon seit 30 Jahren nicht mehr ausgemistet worden und das bei der stattlichen Anzahl von über 3.000 Rindern. Eurystheus wollte zudem, dass Herkules die Aufgabe binnen eines Tages lösen sollte.

Richtig aufräumen

Noch heute werden stark verdreckte Räume als Augias-Ställe bezeichnet. Die Redewendung, *„einen Augias-Stall ausmisten"*, bedeutet so viel wie *„gründlich aufräumen"*. Der Augias-Stall ist unter den verdreckten Ställen dieser Welt der größte. Herkules löste die Aufgabe, indem er das Wasser der Flüsse Alpheios und Peneios durch den Stall leitete. Herkules scheint also gut geeignet als Avatar für die Security-Bühne. Das haben sich auch der CISO Bob, die Datenschutzbeauftragte Alice und der Sicherheitsbeauftragte Dave aus der ExAmple AG gedacht: *„Ein Mal den ganzen Laden so richtig durchspülen – das wär's!"*

Die drei Sicherheitsprofis unseres Pharma-Unternehmens wollen der Security-Offensive, die sie für das nächste Jahr geplant haben, ein Gesicht geben. Ein Avatar soll Pate stehen und die Botschaft transportieren. Herkules scheint ihnen für die Botschaft wie geschaffen. Gleich morgen wollen sie die Kampagne entwerfen und so schnell wie möglich in die Tat umsetzen.

Am nächsten Morgen machen sie sich ans Werk und Bob wiederholt zur Einleitung das gemeinsame Ziel:

> *„Der Chef hat uns aufgetragen, den Security-Dreckstall ExAmple AG auszumisten – wegen der Übermacht der „Rindviecher" eine fast unlösbare Aufgabe."*

Schnell sind die Botschaften in eine Tabelle eingetragen, die zeigt, dass die drei goldrichtig liegen. Herkules ist genau der richtige Mann für ihr Projekt:

Tabelle 18: Alice, Bob und Dave entscheiden sich für Herkules

Botschaften/ Avatar	Herkules
„Saustall ausmisten."	+++
„Fast unlösbare Aufgabe…"	+++
„… die trotzdem gelöst wird."	+++
„Vom Chef auferlegt."	+++
„3000 Rinder machen Mist."	+++

Herkules wird das Gesicht der kommenden Security-Offensive: Er schmückt Plakate, Flyer und er steht lebensgroß im Foyer. Eine Sprechblase verkündet: „*Jetzt wird mal so richtig ausgemistet – Schluss mit unsicher!*“ Er wird das Maskottchen der neuen Datenschutz-E-Learning-Plattform und unter seinem Namen erscheint zum ersten Mal eine Security-Kolumne in der Mitarbeiterzeitung. Alice, Bob und Dave sind mit ihrem Avatar sehr zufrieden. Sie freuen sich, so schnell zu Ergebnissen gekommen zu sein.

Herkules ist die richtige Wahl!

Nach wenigen Tagen melden sich die ersten Mitarbeiternden mit kritischen Bemerkungen zu Wort. Ein Chemiker aus der Forschung sagt:

Oder vielleicht doch nicht?

> *„Ihr seid also die Helden und wir die 3000 Rinder?! Da erkennt man ja gleich, wie ihr tickt.“ Eine Mitarbeiterin aus der Personalabteilung fragt: „Ihr seid wohl eher Augias als Herkules! Wer hat es denn so weit kommen lassen?“ Und der Controller stellt resigniert fest: „Und dafür ist also Geld da!“ Der Betriebsrat hatte von der ganzen Aktion nichts mitbekommen und ist sauer. Es dauert nicht lange, bis er die Sache aufgreift und mit dem Vorstand einen Termin vereinbart: „Wir lassen nicht zu, dass wir hier wie die Rinder in Augias' Stall dargestellt werden, nur weil wir unsere Arbeit machen. Wenn der Stall verdreckt ist, hat der Stallbursche versagt.“ Der Vorstand kommentiert: „Ich sag es ja immer: Die größten Arbeitsverhinderer! Bob, der CISO, ist der schlimmste! Am besten, wir setzen ihn auf die Straße.“*

In diesem Moment wacht Bob schweißnass in seinem Bett auf – er hatte nur geträumt, dass alles so furchtbar schief ging. Gestern hatten er und seine beiden Kollegen Alice und Dave die Idee, dass Herkules der richtige Mann für die geplante Security-Offensive sei. In der Arbeit angekommen, setzt er sich sofort mit Alice und Dave zusammen, um zu verhindern, dass der Albtraum der vergangenen Nacht Wirklichkeit werden könnte.

Ein Alptraum!

Wir wollen uns nun anhand von Bobs Albtraum systematisch überlegen, welche Fehler zu dem Fiasko geführt haben könnten. Wir greifen hierfür zurück an den Anfang des Buchs, als wir uns mit den vier Problemfeldern Zwänge, Ziele, Prioritäten und Risiken auseinandergesetzt haben. Wir hatten dort als

Zwänge, Ziele, Prioritäten und Risiken

Qualitätskriterium einer Nachricht festgehalten, dass diese subjektiv für den Empfänger innerhalb seiner Problemfelder verständlich sein muss. Bobs Irrweg begann mit der Botschaft, die er übermitteln wollte: *„Der Chef hat uns aufgetragen, den Security-Saustall ExAmple AG auszumisten – wegen der Übermacht der „Rindviecher“ eine fast unlösbare Aufgabe.“* Diese Botschaft ist vielleicht auf die vier Problemfelder von Alice, Bob und Dave zugeschnitten – in keinem Fall jedoch auf die Mitarbeitenden.

Tabelle 19: Werden die Problemfelder richtig angesprochen?

M = Mitarbeitende

S = Security-Team

Problemfelder:	Zwänge		Zeile		Prioritäten		Risiken	
Botschaften:	M	S	M	S	M	S	M	S
„Saustall ausmisten.“	+	++	-	++	-	++	-	-
„Fast unlösbare Aufgabe…“	-	-	-	-	-	-	-	++
„… die trotzdem gelöst wird.“	+	-	-	++	-	++	-	-
„Vom Chef auferlegt.“	-	++	-	-	-	-	+	-
„3000 Rinder machen Mist.“	-	-	-	-	-	-	-	++

In Tabelle 19 erkennt man schnell, dass die ausgewählten Botschaften nur in den Problemfeldern des Security-Teams punkten können. Für die Mitarbeitenden stellen sie bestenfalls Zwang und Risiko dar: Keine gute Mischung, um sie zu überzeugen. Die Auswahl der Botschaft führt in der Folge dazu, dass man den sympathietragenden Helden schnell mit den Securityprofis verbindet: Für die Mitarbeitenden bleiben dann nur noch die Rindviecher – nicht besonders wertschätzend. Das Wortbild *„Saustall ausmisten“* lässt zusätzlich wenig Spielraum für Entscheidungsfreiheit der Betroffenen. Dadurch driftet die Kampagne im Verhaltenskreuz in den ungünstigsten der vier Sektoren ab. Zuletzt zieht dann der vorschnelle Alleingang den Unmut des

Betriebsrats auf sich, weil er von der ganzen Sache nichts gewusst hat – unnötig, wie wir bereits gesehen haben.

Alles Falsch?

Ist Herkules deshalb als Held der Kampagne ungeeignet? Keinesfalls. Wenn die Figur im Vorfeld so positioniert wird, dass die Mitarbeitenden in der Figur ihre Problemfelder wiederfinden und die Kampagne mit allen Beteiligten gemeinsam angegangen wird, dann kann der Charme eines mythologischen Helden durchaus gute Dienste in der Kampagne leisten.

Abbildung 57: Stallbursche, Rind oder Papp-Herkules – wer ist hier wer?

Das erste, was Bob und seine beiden Kollegen machen müssen: Andere mit ins Boot holen. Wenn sie hinter die Zwänge, Ziele, Prioritäten und Risiken der Mitarbeitenden kommen wollen, auf die sie dann die zu übermittelnde Botschaft abstimmen müssen, dann sollten sie mit ihnen sprechen. Aber nicht nur die Mitarbeitenden sind wichtig. Für die Sicherheitsprofis schlägt das Risiko zu Buche, sich mit Interessenvertretungen und dem Vorstand Ärger einzuhandeln. Daher müssen sie auch hier die Kommunikation verstärken. Am besten ist es natürlich, wenn man das Gespräch in eine Richtung lenken kann, aus der das Gegenüber die Idee der Sicherheitsprofis so wahrnimmt, als sei es die eigene gewesen.

5.5 Security ist Cool

Aus irgendeinem Grund stecken viele Sicherheitsprofis nicht nur in der Buhmann-Falle fest, sondern gelten obendrein als ausgesprochen uncoole, spießige Bedenkenträger, die immer alles schwarz sehen und hinter allen Menschen einen potentielle Kriminelle sehen – alles ziemlich uncool. Ein Klischee, das verwundert, wenn man sich das Image von *„Sicherheitsprofis"* aus dem Kino anschaut.

Hollywood

„Duplicity" ist eigentlich ein Thriller, der aber das Zeug zum Social Engineering Lehrfilm hat. In Tony Gilroys Film jagen Julia Roberts und Clive Owen einem Produkt hinterher, von dem niemand weiß, was es eigentlich ist. Jedenfalls ist es sehr viel Geld wert. Die beiden ehemaligen Agenten – sie beim CIA, er beim MI6 – setzen ihre Kenntnisse mittlerweile als Sicherheitsberater und Industrie-Spione ein und versuchen ihre Auftraggeber gegeneinander auszuspielen. Dabei kommen eine ganze Reihe Social Engineering Techniken zum Einsatz. Zum Beispiel die Verführung der schüchternen Angestellten aus der Reisestelle. Die wird von ihrem Romeo-Agenten Clive Owen derart gut „geködert", dass sie selbst nachdem sie aufgeflogen ist, immer noch ekstatisch zu Protokoll gibt, dass sie es jederzeit wieder tun würde. Die Anbahnungsszene bereichert jede Security-Schulung!

Coolness-Faktor

Den Protagonisten aus Security-Filmen haftet eine gewisse Coolness an. Warum gelingt es so wenigen Sicherheitsprofis dieses Image auf sich zu übertragen. Dies wäre schon in Sachen Eigenmotivation ein wichtiger Schritt und es lohnt sich auch, dieses positive Image nach außen hin zu kommunizieren. Auch die Avatare aus dem vorherigen Abschnitt sind dazu ein Ansatz. Die Liste mit geeigneten Filmen ist sicher länger – Tabelle 20 zeigt eine kleine Auswahl, die Sie gerne aus Ihren eigenen Erinnerungen erweitern können.

Immer einen Schritt voraus

Ob Clive Owen als Romeo-Agent, die verlorenen Gerichtsakten von Ben Affleck oder die im Fitness-Studio vergessene CD aus Burn After Reading – von all diesen Filmen eignen sich nicht nur ausgewählte Szenen, um Sicherheitsprofis aus der uncoolen Spießer-Ecke herauszuziehen. Zumindest in Filmen sind sie intelligent und gutaussehend, sie jetten um die Welt und sind den anderen immer einen Schritt voraus. Ein Image, das nicht schaden kann.

Tabelle 20: Filmliste zu Security-Themen

Jahr	Titel[96]	Handlung
1973	Der Clou	Schwerpunkt sind Trickbetrügereien. Aus Sicht der Information Security besonders interessant: Das Vortäuschen einer Radiosendung als Man-in-the-middle-Attacke.
1975	Die drei Tage des Condor	Robert Redford spielt einen verfolgten CIA-Agenten, der Fernmeldetechniker beim Militär war. Interessant: Durch sein Insider-Wissen erhält er von der Telefongesellschaft Name und Adresse der Person hinter einer Telefonnummer genannt.
1992	Sneakers – Die Lautlosen	Spionagefilm, der sich um einen geheimen Krypto-Chip dreht. U. a. werden auch Bankkonten manipuliert und das Geld an gemeinnützige Organisationen verschoben.
1998	23 – Nichts ist so wie es scheint	Nach wahren Begebenheiten. Hier wird gehackt und spioniert was das Zeug hält. Im Mittelpunkt: Das Leben des Chaos-Computer-Club-Mitglieds Karl Koch[97] und dessen mysteriöser Tod.
1999	Insider	Ebenfalls nach einer wahren Begebenheit. Im Mittelpunkt steht ein Insider der Tabakindustrie, der sein brisantes Wissen mit der Presse *„teilt"*.

96 *Der Clou (a), Die drei Tage des Condor (b), Sneakers (c)* und *Insider (d)* in Kevin Mitnick; Die Kunst der Täuschung; 2003; mitp; ISBN: 978-3-8266-1569-6; Seite 159 (a), 102 (b), 255 (c), 261 (d)

97 Mehr Informationen in *„23 – Der Pressespiegel zu den realen Geschehnissen"*, http://www.uni-muenster.de/PeaCon/conspiracy/film23/Presse.htm; eingesehen am 21.11.2009

2000	Takedown	Film über Kevin Mitnick. Im Mittelpunkt Hacking, Viren und Social Engineering.
2002	Spurwechsel	Ben Affleck verliert in dem Film bei einem Auto-Unfall eine Akte mit dem letzten Willen eines Multimillionärs. In der Folge kommt es zu Erpressung, Urkundenfälschung und der Manipulation von Bankkonten durch einen Hacker.
2002	Catch me if you can	Auch in diesem Film wird die Realität zitiert: Es geht um die Begebenheiten im Leben des Frank W. Abagnale – Betrügereien, Fälschungen und Social Engineering am laufenden Band.
2007	Stirb langsam 4.0	Ein in Ungnade gefallener Pentagon-Sicherheitsexperte bringt alle Computernetzwerke des Landes unter seine Kontrolle. Natürlich gelingt es Bruce Willis auch diesmal – wenn auch mit der Hilfe zweier Hacker – die Welt zu retten.
2008	Burn After Reading	Spionagekomödie, die sich u. a. um brisante Informationen auf einer CD dreht, die in einer Umkleidekabine eines Fitness-Studios liegen geblieben ist.
2009	Duplicity	Zwei Ex-Agenten setzen ihre Kenntnisse wechselnd als Sicherheitsberater und Industrie-Spione ein und versuchen ihre Auftraggeber gegeneinander auszuspielen.

Die genannten Filme sollten in keiner Video-Sammlung von Sicherheitsprofis fehlen. Ebenso, wie in deren Bücherregalen Bruce Schneier[98] und Kevin Mitnick[99] nicht fehlen dürfen. Neben der Überzeugungskraft von Filmen verblasst jedes Fachbuch - vor allem bei den Mitarbeitern. Starten Sie doch die nächste Security-Schulung mit einem der Filme aus Tabelle 20 oder zeigen Sie zumindest einen Ausschnitt. Sie wären wahrscheinlich der oder die Erste in der Firma, die auf diese Art Schulungen beginnt, und manch einer würde sich an die beliebtesten Schulstunden mit Filmvorführung zurückerinnern. Aber positive Erinnerungen sind gut – besonders wenn sie bei einer Security-Schulung aufkommen. Zeigen Sie z. B. einige Filmausschnitte und lassen Sie Ihre Zuhörer die Filmtitel erraten. Wer die Antwort weiß, bekommt ein kleines Give-Away - am besten natürlich mit Security-Bezug. Ihrer Phantasie sind keine Grenzen gesetzt. Zugegeben, diese methodischen Ansätze muten vielleicht etwas experimentell an und sind auch nicht für jede Gruppe geeignet. Jedenfalls sind sie besser, als ein belehrender Frontalvortrag, bei dem das Publikum sich nach drei Tagen an nichts anderes mehr erinnern kann, als dass er furchtbar war.

Positive Erinnerungen willkommen

Und nicht nur Filme unterstreichen die Botschaft *„Security ist cool"*. Nehmen wir zum Beispiel die beiden wichtigen IT-Security-Konferenzen blackhat[100] und Def Con[101]: Diese finden jedes Jahr in Las Vegas statt – Spießern wäre sicher ein anderer Ort eingefallen. Überhaupt sehen manche Security-Konferenzen auf den ersten Blick eher wie ein riesen Spaß aus. Das gilt auch für den deutschen Chaos Comunication Congress[102] mit seinen legendären Partys dem sehr vielseitigen Programm. Die belgische Hacker-Konferenz BruCON[103] startet unter dem Motto *„Hacking for Beer"* – und das bei Partnern, wie PWC oder Google, die man durchaus als seriös bezeichnen kann. Diese Konferenzen zeichnen ein ganz anderes Bild von Sicherheitsprofis als es

Security ist cool

98 U. a. Autor des Klassikers Angewandte Kryptographie; 2005; Pearson Studium; ISBN: 978-3827372284

99 U. a. Autor des Buchs Die Kunst des Einbruchs; 2008; mitp; ISBN: 978-3826617461

100 https:/blackhat.com

101 https://defcon.org

102 https://events.ccc.de

103 https://brucon.org

ihnen im Allgemeinen zugeschrieben wird. Ein Aspekt, der in jedem Fall ein Blick wert ist, besonders wenn man vor der Aufgabe steht, alle Facetten von Persönlichkeiten im Unternehmen oder der Behörde anzusprechen, um sie für Security zu begeistern. Dass diese Aufgabe nur zu lösen ist, wenn man ihnen das Thema ebenso facettenreich aufbereitet, wie sie es aufnehmen, ist man auf dem richtigen Weg, den Erfolg einer Nachricht an der subjektiven Wirkung beim Empfänger zu messen. Man kann es gar nicht oft genug wiederholen: Die Zwänge, Ziele, Prioritäten und Risiken des Empfängers entscheiden darüber, ob eine Nachricht richtig vorgebracht wurde.

Faszinierende Freibeuter

Ob man die Botschaft *„Security ist Cool"* als lohnenswert erachtet oder nicht, hängt also nicht davon ab, ob man sie als Sicherheitsprofi gut findet oder nicht. Denn eines steht fest: Überlässt man diese Botschaft Crackern, Skript-Kidies und Trickbetrügern, dann ist das ein vermeidbares Sicherheitsrisiko. Angreifer werden so von Mitarbeitenden sogar als faszinierende Freibeuter gesehen, die eher anziehen als abstoßen[104].

5.6 Tue Gutes und rede darüber

Arbeit im Verborgenen

In einem Punkt arbeiten Sicherheitsprofis tatsächlich wie die Vorbilder im Film. Sie arbeiten im Verborgenen. Einziger Unterschied: Die Filmhelden gehen mit ihren Erfolgen in gewisser Weise *„an die Öffentlichkeit"*. Kein Wunder, dass sie als heldenhafte Retter in die Filmgeschichte eingehen und für die echten Sicherheitsprofis nur die Reste bleiben. *„Tue Gutes und rede darüber"*, lautet eine Redewendung, die man sich durchaus hinter die Ohren schreiben sollten.

Schritt ins Rampenlicht

Nur wie macht man das, ohne dabei zum Marktschreier zu verkommen? Diese Frage ist nicht leicht zu beantworten. Manchen liegt es einfach nicht, von den eigenen Erfolgen zu berichten. Wenn man aber nicht ab und an von den eigenen Erfolgen berichtet, ist klar, dass irgendo die Frage stellt, wozu man

---

104 known_sense (Herausgeber u. a.); Entsicherung am Arbeitsplatz: Die geheime Logik der IT-Security in Unternehmen; 2006; known_sense; Seite 17

eigentlich da ist. Erinnern Sie sich an die Szene, mit der die Security-Bühne vorgestellt wurde: Als plötzlich das Licht ausgefallen war, sagte der uneinsichtige Schauspieler, dem der Regisseur eben noch zum zehnten Mal den Text vorgesagt hatte: „*Wofür bekommen sie hier eigentlich ihr Geld, wenn da dauernd das Licht ausgeht.*“ So bitter es ist: Das kommt dabei heraus, wenn man sich auf Bescheidenheit beschränkt.

Abbildung 58: Helfen Sie Ihrem Publikum auf die Sprünge

Es ist die Aufgabe der Sicherheitsprofis für sich und alle, denen Sicherheit am Herzen liegt, die Werbetrommel zu rühren. Das bedeutet, die internen wie externen Beteiligten dahingehend zu beeinflussen, dass sie dem Thema Sicherheit aufgeschlossener gegenüberstehen.

Marketing

Gutes Marketing für das Thema Security…

- …erhöht die Identifikation aller Beteiligten mit den gesetzten Zielen.
- …verbessert die Unterstützung durch das Management.
- …steigert die Transparenz.
- …verbessert das Arbeitsklima im Security-Team und zu den Beteiligten.[105]

105 nach Johannes Voss; Von Wölfen lernen – effektiv und souverän im Projekt; 2007; Hanser Verlag; ISBN: 9783446409798; Seite 196 ff

Dieser Ansatz geht über das reine Generieren von guten Nachrichten hinaus, wie wir es im Abschnitt Good-Cop – Bad Cop bereits kennengelernt haben. In diesem Abschnitt ging es darum – im Sinne von Neuigkeiten – von der Sache selbst zu berichten während es nun darum geht, die passenden Hintergründe zu liefern und auch nach innen zu werben – also ins Security-Team hinein. Die Schlüsselfunktionen müssen dazu in gewisser Weise von der eigenen Leistungsfähigkeit überzeugt werden. Nur wenn dies erreicht wird, kann man auch Außenstehende überzeugen. Ging es im Abschnitt Good-Cop – Bad Cop noch darum nüchterne Nachrichten zu erzeugen, sind jetzt die Waffen des Leitartikels gefragt: Beziehen Sie Stellung zu den Leistungen des Security-Teams. Informationen, die auf jeden Fall weitergegeben werden sollten, sind:

- Sinn und Zweck der Sicherheit für die einzelnen Zielgruppen
  - Nur der Hinweis, dass man Sicherheit macht, um sicher zu sein, reicht natürlich nicht aus.
- Hintergründe zu getroffenen Entscheidungen
  - Zum Beispiel, welches Ziel mit der ISO-Zertifizierung verfolgt wird.
- Hintergründe zu den Personen, die dem Security-Team angehören
- Bereits erreichte Meilensteine
- Zukünftige Meilensteine

Erfolge im Mittelpunkt

Arbeiten Sie im Gespräch mit Mitarbeitenden und dem Top-Management heraus, welche Stärken im Security-Team stecken und hauen Sie sich nicht gegenseitig in die Pfanne. *„Tue Gutes und rede darüber…“* Die Überschrift dieses Abschnitts könnte man auch so erweitern: *„…und behalte den Rest für Dich.“*

Die Informations- und IT-Sicherheitsbeauftragten, Datenschützer, CISOs und Co. schlecht zu machen, übernehmen meist schon andere. Man muss den kritischen Geistern dabei nicht noch zur Hand gehen und zum Besten geben, wie schlecht das Datenschutzkonzept, oder wie untauglich die Firewall ist. Keine Frage, solche Mängel müssen angegangen werden, wenn sie denn bestehen. Sie sind aber sicher keine geeigneten Marketing-Botschaften.

5.7 Zusammenfassung

Wir haben in diesem Kapitel einige ergänzende Möglichkeiten kennengelernt, mit denen Security-Maßnahmen mehr Geltung verschafft werden kann. Auch im fünften Kapitel war entscheidend, welche Zielgruppe dabei angesprochen werden sollte. Unternehmen und Behörden, in denen eine gewachsene Sicherheitskultur herrscht, unterscheiden sich von solchen, in denen Sicherheitsmaßnahmen strukturiert geplant werden.

Orientiert an der Zielgruppe

Wir haben gesehen, wie ein gutes Zusammenspiel aus guten und schlechten Nachrichten funktionieren kann. Für die meisten Sicherheitsprofis sind nicht die schlechten Nachrichten das Problem: Die Frage lautet eher, woher man gute Nachrichten nehmen soll. Es lohnt sich, nach ihnen zu suchen. Wie in vielen Bereichen des Lebens lassen sich positive Nachrichten zur Bestärkung aller Beteiligten einsetzen und verleihen den negativen Nachrichten mehr Geltung. Wer ewig nur von bevorstehenden Katastrophen redet, verliert irgendwann das Auditorium.

Gute und schlechte Nachrichten

Im Abschnitt über das Security-Storyboard haben wir gesehen, dass die Arbeit von Sicherheitsprofis in gewissen Zyklen verläuft, die wie die Szenen eines Theaterstücks aneinandergereiht sind. In der Realität ist man der Szenenfolge allerdings nicht hilflos ausgeliefert; man kann sie gezielt beeinflussen und so erreichen, möglichst schnell in die vierte Szene zu kommen, in der die Sicherheitsprofis ihren großen Auftritt haben und sich an die Umsetzung ihrer Maßnahmen machen können.

Großer Auftritt

Danach ging es um Avatare – grafische Stellvertreter, die der nächsten Security-Awareness-Kampagne ein Gesicht geben können. Wenn man grobe Fehler vermeidet und bei Planung und Umsetzung die Grundlagen aus den vorangegangenen Kapiteln berücksichtigt, dann können Avatare helfen, die Reichweite und Akzeptanz von Kampagnen zu erhöhen.

Avatare

Anhand einiger Beispiele wurde gezeigt, dass Sicherheitsprofis alles andere als spießig sind. Im Gegenteil: *„Security ist cool."* Diese Botschaft ist jedoch nicht nur als polarisierende

Security ist cool

Selbsteinschätzung aufzufassen. Sie ist notwendig, um Cracker, Skript-Kidies und Trickbetrüger aus dieser Ecke zu drängen, in die sie zu Unrecht gerückt werden. Es ist nun mal nicht cool Leute über den Tisch zu ziehen.

Ab ins Rampenlicht

Im letzten Abschnitt ging es schließlich darum, wie wichtig es ist, nicht nur sein Handwerk zu verstehen, sondern es allen Beteiligten mitzuteilen. Wer immer nur im Verborgenen arbeitet, läuft Gefahr als überflüssig wahrgenommen zu werden. Daher lautet die abschließende Botschaft dieses Kapitels: *„Tue Gutes und rede darüber.“*

6.

Kapitel

6 Konflikte in Projekten

„Nachdem wir das Ziel endgültig aus den Augen verloren hatten, verdoppelten wir unsere Anstrengungen."
-- Mark Twain

Mehr Konfliktpotential

Das Kapitel *„Konflikte in Projekten"* wurde mit der zweiten Auflage dieses Buches nachgereicht, weil sich meine Tätigkeit in dieser Zeit hauptsächlich auf große Outsourcing-Projekte konzentrierte und ich dabei festgestellt habe, dass sich Security als Linienfunktion und Security als Projektfunktion doch ziemlich unterscheiden. Man geht die Dinge in einem Projekt schlicht und ergreifend anders an und damit sind auch andere Konflikte verbunden. Eines sollte klar sein: Die möglichen Konflikte werden nicht kleiner!

Vernichtende Schlagzeilen

„In 70 % der Unternehmen scheitern IT-Projekte"[106], „lediglich 40 Prozent aller internen IT-Projekte erreichen die geplanten

[106] Studie von alphabet, 2013, Bericht unter http://www.it-daily.net/studien/studien-der-woche/7548-studie-belegt-in-70-der-unternehmen-

S. Klipper, *Konfliktmanagement für Sicherheitsprofis*, Edition <kes>,
https://doi.org/10.1007/978-3-658-31841-3_6

Ziele“[107] oder „Millionen bei IT-Projekten verbrannt“[108] lauten gängige Schlagzeilen zum Erfog von IT-Projekten. Nicht selten spielen dabei Security-Themen eine wichtige Rolle.

Planungsfehler

Dienstleister versprechen zu viel und Einkäufer greifen vorschnell zum vermeintlich günstigsten Angebot. Man einigt sich auf Vertragsformulierungen, die eine Orientierung am BSI-IT-Grundschutz zusichern, ohne genau zu definieren, was mit *orientieren* eigentlich gemeint sein soll. Man sichert den Einsatz zeitgemäßer Verschlüsselungstechnologien zu, ohne sich darüber einig zu sein, was das eigentlich sein soll oder man einigt sich auf eine Abrechnung nach „Time and Material“ und Kunde und Auftragnehmer setzen intern eine völlig unterschiedliche Gesamtkostenschätzung an. Die Liste an möglichen Beispielen könnte nahezu beliebig verlängert werden.

Gräben im Verständnis

Haben Vertriebler, Juristen und Kaufleute die Bildfläche verlassen, kommt es dann in der Projektumsetzung durch die Fachleute zu Brüchen im Verständnis der gerade eben einvernehmlich unterschriebenen Verträge, die sich im Laufe eines Projekts auch gerne zu unüberwindlichen Gräben erweitern können.

Boden der Tatsachen

Da Security in den meisten IT-Projekten eben nur ein Nebenprodukt ist, kann es im Wettstreit um begrenzte Ressourcen schnell zu Entscheidungen kommen, die am Ende eine Übergabe in die Linie und eine Inbetriebnahme verhindern: *„Das kommt mir so nicht in mein RZ!“*, *„so kann ich die Firewall für das Projekt nicht freischalten“*, oder *„Ich werde dem System nicht die erforderliche Betriebsbereitschaft bescheinigen“* – so oder so ähnlich lauten dann die Todesurteile aus der Linie, die Projektverantwortliche wieder auf den Boden der Tatsachen zurückholen, von dem sie sich meist

---

scheitern-it-projekte-wegen-unterschiedlicher-planungssichten, eingesehen am 07.08.2014, archiviert unter https://archive.org

107 Studie von Forester, 2013, veröffentlicht unter http://www.effectiveui.com/downloads/publications/EffectiveUI_Study_Integrated_Thinking.pdf archiviert unter https://archive.org, Bericht unter http://www.silicon.de/41591125/60-prozent-aller-it-projekte-nicht-im-plan/, eingesehen am 07.08.2014, archiviert unter https://archive.org

108 Studie des Bundesrechnungshofs, 2012, Bericht unter http://www.computerwoche.de/a/millionen-bei-it-projekten-verbrannt%2C2528025 eingesehen am 07.08.2014, archiviert unter https://archive.org

Monate oder Jahre vorher verabschiedet haben, um im Projekt vermeintliche Meilensteinerfolge zu präsentieren.

Interessanterweise wird in den Projekten selbst das Scheitern üblicherweise kategorisch ausgeschlossen oder im Zweifel durch eine Scope-Anpassung und andere kosmetische Maßnahmen verschleiert. Wer da aus der Reihe fällt und sich allzu oft an die ursprünglichen Ziele zurückerinnert, der eckt leicht an und Sicherheitsprofis geraten da schnell in den Mittelpunkt der Wahrnehmung und die ist dann meist nicht gerade positiv. Kosmetik

Security ist nicht immer sichtbar. Nehmen wir als Beispiel die Verschlüsselung aller WAN-Verbindungen eines gewachsenen Mittelständlers in Innenstadtlage. Diese kann je nach Anzahl der Verbindungen schnell ins Geld gehen, ohne dass dadurch ein einziger User im Unternehmen einen sichtbaren Vorteil hätte. Da Projekte in Unternehmen jedoch auch irgendwie sichtbar sein müssen, um als Erfolg wahrgenommen zu werden, fallen im Kampf um begrenzte Mittel Security-Maßnahmen gerne mal hinten runter. Sichtbarkeit

Entweder durch Nachverhandlungen oder auch durch völlig sinnbefreite Diskussionen darum, was eigentlich eine WAN-Leitung ist: *„Ist eine Verbindung von Köln nach Düsseldorf nicht eigentlich eine LAN-Verbindung? Ist ja nicht weit bzw. wide?!"* Oder sie erörtern in hochkarätig besetzten Meetings, ob ein MAC-Filter noch der vertragsgemäßen Forderung einer Fremdgeräteerkennung nach Stand der Technik entspricht oder nicht. Sinnlose Diskussionen

Kernproblem sind die zusätzlichen Interessengruppen, die man innerhalb einer Projektorganisation hinzubekommt. Während man auf der Security-Bühne in der Linie eine überschaubare Anzahl von Mitspielern zu berücksichtigen hat, kommt im Projekt ein ganzer Blumenstrauß zusätzlicher Beteiligter hinzu. Wenn Sie jetzt denken, dass in der Linie auch nicht immer alle an einem Strang ziehen, dann kann ich Ihnen versichern, dass das in Projekten aus meiner Erfahrung heraus deutlich weniger der Fall ist. Zusätzliche Interessen

Diese Unterschiede zwischen Linie und Projekt herauszuarbeiten und zu systematisieren wird uns im Folgenden beschäftigen. Wenden wir uns jedoch zunächst den Gemeinsamkeiten zu, von denen es auch eine ganze Reihe gibt. Unterschiede und Gemeinsamkeiten

6.1 Gemeinsamkeiten zur Linie

Neutrale Betrachtungsgegenstände

Die für Sicherheitsprofis wichtigen Gemeinsamkeiten zwischen Projekt und Linie lassen sich überall dort verorten, wo die Betrachtungsgegenstände nichts von der internen Aufbauorganisation wissen, oder sich nicht dafür interessieren. Mit *„Betrachtungsgegenständen"* sind hier all die Dinge gemeint, mit denen wir uns als Sicherheitsprofis beschäftigen. Seien es Server, Gebäude, Kabelkanäle, Mitarbeitende, Angreifer oder eingesetzte Software. Ob ein Gebäude von einem Projekt oder einer Linienabteilung genutzt wird, ist dem Gebäude an sich egal; ebenso ergeht es dem Server oder einer x-beliebigen Anwendungssoftware. Auch einem Exploit ist es egal, ob es von einem Abteilungsmitarbeiter oder von einer Projektmitarbeiterin ausgeführt wird.

Angreiferseite

Auch für einen Angreifer ist es ohne Belang, in welcher Aufbauorganisation sich sein Angriffsziel organisiert – wenn er nur an die von ihm gesuchten Daten gelangt, oder die Systeme, Mitarbeitende und letztlich die geheimzuhaltenden Informationen in seinen Fokus geraten.

Technisch kein Unterschied

Vor allem aber macht es technisch keinen Unterschied, ob ein System in der Linie oder im Projektauftrag betrieben wird. Ist das System gepatcht, ist Port xy an der Firewall offen oder hat das IDS die Ohren auf Durchzug gestellt? Das alles sind Fragen, deren Sicherheitsbezug unabhängig von der vorzufindenden Aufbauorganisation zu beurteilen ist.

Tabelle 21: Gemeinsamkeiten zur Linie

Gemeinsamkeiten
Neutrale Betrachtungsgegenstände (Software, Hardware und Infrastruktur)
Technische Aspekte der Betrachtungsgegenstände
Angreifersicht auf die Betrachtungsgegenstände

Gleiche Bedrohung

Aus diesen Gemeinsamkeiten zwischen Linie und Projekt ergeben sich auch ähnliche Einzelbedrohungen. In der Summe mit den Bedrohungen, die wir im Folgenden anhand der Unterschiede erarbeiten, ergibt sich ein gemeinsames Bedrohungsszenario, dem wir auch in Projekten begegnen. Wirklich spannend sind daher für dieses Kapitel natürlich vor Allem die Unterschiede und das darin verborgene Konfliktpotential.

6.2 Unterschiede zur Linie

Organisatorische Unterschiede

Die Unterschiede wirken überwiegend nach innen und betreffen organisatorische Dinge, während die Gemeinsamkeiten meist aus Angreifersicht zu erkennen sind und einen technischen Hintergrund haben.

Wir haben in Projekten zunächst einmal Start- und Endtermine, Meilensteine und eine eigene speziell für das Projekt aufgestellte Aufbauorganisation. Wie diese auszusehen hat, bestimmt meist das Projekt selbst und Sicherheitserwägungen müssen dabei nicht unbedingt im Fokus stehen. Während mittlerweile fast jedes Unternehmen das Thema Sicherheit zumindest nebenamtlich mit Stellen bedacht hat, so kommen die meisten Projekte ohne diese Funktion aus. Wenn überhaupt, dann ist das Thema IT-Sicherheit besetzt. Informationssicherheit, Datenschutz oder physische Sicherheit bleiben meist außen vor und werden bestenfalls von den IT-Kollegen mitberücksichtigt.

Faktor Zeit

Im Unterschied zur Linie kann man eine insgesamt stärkere Berücksichtigung des Faktors Zeit beobachten und Security muss sich da häufig unterordnen und landet schnell auf irgendwelchen Restantenlisten und wird als „Restmüll" in die Linie abgekippt – *„Projekt ansonsten erfolgreich beendet"*. Der einzige Qualitätsanspruch ist es nahezu immer, nicht hinter den Sicherheitsstand der Vorgängersysteme zurückzufallen, was meist nicht schwer ist.

Interessenkonflikt

Es versteht sich von selbst, dass durch diese Konstellation im Kampf um begrenzte Ressourcen und die Einhaltung von Meilensteinen und Terminen Sicherheitsmaßnahmen schnell zur Verhandlungsmasse werden, wenn niemand das Thema vertritt. Die fehlende personelle Besetzung des Themas in Verbindung mit der stärkeren Orientierung an festen Terminen ist eine unschöne Konstellation für unsere Profession. Wir hatten uns in einem der vorigen Kapitel bereits mit der Entscheidung zwischen trocken Brot oder Eis mit heißen Kirschen beschäftigt. Der Interessenkonflikt, der uns bereits in der Linie begegnete, wird hier um einiges verstärkt, wenn Informations- und IT-Sicherheitsbeauftragte, Datenschützer, CISOs und Co. außen vor bleiben und die Projekte weitestgehend ihr eigenes Süppchen kochen.

Change

Projekte sind darüber hinaus bezüglich der vorhandenen Ressourcen deutlich stärker im Fluss. Ob finanziell oder personell – in Projekten herrscht die Veränderung vor und die eingesetzten Projektleiter können den thematischen Schnitt, die personelle Besetzung und die Verteilung der Mittel viel leichter anpassen, als das beispielsweise eine Linienvorgesetzte mit ihrer Abteilung kann, die in die Aufbauorganisation eines Konzerns eingebunden ist, eine feste Stellenbesetzung hat und deren Mittel weitestgehend fest verteilt sind, bevor das Jahr beginnt.

Viel bekommen, wenig zahlen

Spielen bei den Projekten externe Dienstleister eine Rolle oder handelt es sich gar um ein umfangreiches Outsourcing, so werden die betroffenen Vertragsparteien schnell zu Gegenspielern. Überspitzt gesagt: Die eine Partei will viel haben und nichts dafür bezahlen und die andere will wenig liefern und dabei ihren Gewinn maximieren. Das passt nicht zusammen und Security ist ohne Frage ein Kostentreiber, auch wenn oft vom Business-Enabler Security gesprochen wird. Das mag zwar auf den Hochglanzfolien der Vertriebsmittarbeiter von Security-Unternehmen schlüssig aussehen, in der Realität ist Security jedoch weiterhin, bis auf wenige Ausnahmen, kein Grund für einen Geschäftsabschluss.

Alles im Griff

Während in der Linie Budgets meistens ziemlich festgezurrt sind, ist in Projekten deutlich mehr im Fluss und das wirkt sich an dieser Stelle fatal aus. Es ist sehr unwahrscheinlich, dass ein Dienstleiter seine Mitarbeitenden im Projekt für Security-Themen verbraucht, die kaum sichtbar sind, statt sie an anderer Stelle im Projekt einzusetzen, an denen sie für den Kunden sichtbare Ergebnisse liefern. Man kann Security-Reports abliefern, die mit viel Arbeit erstellt wurden, oder einfach in allen Rubriken grün melden – alles im Griff.

Schwer umkehrbare Fehler

Versäumnisse lassen sich bei festen Endterminen von Projekten auch schwer wieder aufholen und Projekte neigen so dazu Security-Themen auf eine Restantenliste zu verbannen, um die sich dann die Linie kümmern muss. Im schlimmsten Fall fallen die dann aus allen Wolken, weil das, was man ausgeliefert bekommen hat noch nicht einmal mit Auflagen in Betrieb gehen könnte. Versäumnisse in der Projektarbeit werden so in die Linie verlagert und die damit verbundenen Konflikte landen auf fremden Schreibtischen.

Fehlende Kontinuität

Viele Köche verderben den Brei – so heißt es im Sprichwort und so ähnlich ist es auch in IT-Projekten. Bei Verhandlung, Ausarbeitung des Vertrags, Transition oder Transformation, bis hin zur Übergabe in die Linie haben eine Unmenge von Leuten ihre Finger im Spiel. Nicht nur, dass die unterschiedlichsten Fachleute mitwirken würden, die sich natürlich selten einig sind. Die Beteiligten werden von Phase zu Phase von der Projektidee bis zur Abnahme regelmäßig ausgetauscht. Von den Absprachen, die man einst mit einem x-beliebigen Vertriebsteam gemacht hat, will das nachfolgende Projektteam dann häufig nichts mehr wissen – Konflikt vorprogrammiert.

Vertrag kommt von vertragen?

Da helfen auch keine noch so ausgeklügelten Verträge, die meist doch nicht gelesen werden und wenn, dann von jedem anders. Ich habe erlebt, dass in einem großen IT-Projekt im Laufe von eineinhalb Jahren fünf verschiedene Security-Teilprojetleiter tätig waren – dass so nur schwer Kontinuität aufkommen kann, ist klar. Einer derartigen Fluktuation wird man in einer Linienabteilung in der Regel nicht begegnen.

Man kann in einem Vertrag leider keine Projektergebnisse vorwegnehmen. Man kann z. B. vertraglich ein Sicherheitskonzept für die Firewalls fordern und man kann ein Deckblatt geliefert bekommen und eine Seite Text, in der drinsteht, dass die Firewalls sicher betrieben werden – Punkt. Sie meinen, dass man dann protestieren sollte und mehr Inhalt einfordern sollte. Richtig. Eine Woche später bekommen Sie ebenso wenig hilfreich ein 120 Seiten langes Dokument, dass ganz offensichtlich für einen völlig anderen Kunden erstellt wurde – Kopfzeile ausgetauscht und fertig. Oder in dem Dokument ist in epischer Breite beschrieben, was die Firewalls alles könnten, aber nicht, was sie tatsächlich machen. Oder, oder, oder – willkommen in den alltäglichen Konflikten der Projektarbeit.

Vollendete Tatsachen

Mit jedem dieser Schritte schreitet das Projekt voran und der Tag, an dem die Sicherheitsprofis vor vollendete Tatsachen gestellt werden, steht irgendwann vor der Tür und die

Projektleitung verkündet stolz: *„Die neuen Firewalls wurden gestern in Betrieb genommen, die alten Firewalls abgebaut und bereits entsorgt.“ „Und wer hat das genehmigt“*, fragen Sie und bekommen als Antwort: *„Der Change wurde aus Versehen vergessen und wird natürlich nachgereicht.“* Sie können sich selbst ausmalen, wie gut das klappt einen bereits umgesetzten Change abzulehnen und ob das wohl irgendetwas ändern würde.

Security ist Verhandlungsmasse

Wenn es sich bei dem Projekt nicht explizit um ein Security-Projekt handelt, werden die Security-Anforderungen fast immer Verhandlungsmasse sein und die wenigsten Unternehmen sind bereit, einen Rechtsstreit zu riskieren, nur weil der Security das Sicherheitskonzept für die Firewalls nicht passt. *„Es hat 120 Seiten. Was wollen sie mehr?“*

Gehen wir das Ganze anhand des Beispiels mit den Sicherheitskonzepten für die Firewalls weiter durch. Wenn Sie also denken, dass man das eben im Vertrag genauer regeln muss, was in ein solches Konzept alles hinein gehört, dann können Sie sich ja mal fragen, wie viele dazu bereit wären einen geplanten Unterschriftstermin für ein umfangreiches Projekt zu verschieben, nur weil die Security auf weiteren zwei DIN-A4-Seiten formulieren will, was alles in einem Sicherheitskonzept für Firewalls zu stehen hat. Durch eine halbwegs versierte Verhandlungsführung auf Dienstleisterseite kontert man das aus, in dem man an die sorgsam formulierten zusätzlichen Textstellen ein Preisschild macht, dass nicht zu bezahlen ist. Außerdem fordert man ähnliche Dokumente für alle anderen Punkte des Vertrages, weil durch den Vorstoß der Security der *„Geist der vertrauensvollen Zusammenarbeit gestört“* sei. Das wiederum sprenge alle Termine und sei weiterer Kostentreiber ohne dem Projektziel einen Schritt näher gekommen zu sein. Im Zweifelsfall verweist man noch auf einen großen Referenzkunden, bei dem man das auch nicht so detailliert geregelt habe. Danach geht man wieder auf die etwas schwammigere Formulierung zurück, mit der beide Verhandlungsparteien leben können und die Verhandlungsführung des Dienstleisters garantiert, dass man bereits bei vielen anderen zufriedenen Kunden Firewalls betreibe und man sich natürlich an gängige Standards halte und immer im Kundeninteresse handle.

Vertragstricks und Mondpreise

In kleineren Projekten ist es übrigens keinen Deut besser, weil da erst gar niemand von der Security mit am Verhandlungstisch sitzt. Im schlimmsten Fall wird da die Forderung nach einem Sicherheitskonzept gleich ganz gestrichen. Ist der Vertrag erst unterschrieben, dann müssen Sie auf dieser Grundlage arbeiten – egal, wie sie zustande gekommen ist. Nahezu jede nachträgliche Forderung, die nicht im Sinne des Dienstleisters ist, wird dann mit entsprechenden Mondpreisen in der Nachverhandlung vom Tisch gefegt. Während man sich bei zusätzlichen Anforderungen aus der Linie heraus meist an mehrere Anbieter wenden kann und so auch realistische Angebote bekommt, ist das innerhalb eines Projekts oft nicht mehr möglich. Im besten Fall kann man Dienstleister überreden, dass man über Unterauftragnehmer zum Ziel kommt. Wenn Dienstleister nicht wollen, werden sie auch diese Möglichkeit torpedieren. Man wird sich dann einfach mit dem Unterauftragnehmer nicht einig, was die Vertragsbedingungen angeht. Hat der Dienstleister den Fuß erst in der Tür, ist es mit großen Aufwänden verbunden die Security-Fahne hoch zu halten. Wenn es Informations- und IT-Sicherheitsbeauftragte, Datenschützer, CISOs und Co. in der Linie bereits schwer haben, dann wird es in Projekten richtig hart.

Die Unterschiede überwiegen

Wie Ihnen vielleicht bereits aufgefallen ist, sind es gerade die Unterschiede zwischen Projekt und Linie, die ein nicht unerhebliches zusätzliches Konfliktpotential mit sich bringen. Ein wesentlicher Konfliktfaktor ist die gestiegene Anzahl beteiligter Personen, der schnellere Wandel und die zusätzlichen Interessengruppen, mit denen wir zuvor nichts oder nur wenig zu tun hatten. Betrachten wir nun Gemeinsamkeiten und Unterschiede.

Tabelle 22: Gemeinsamkeiten und Unterschiede zur Linie

Gemeinsamkeiten	Unterschiede
Neutrale Betrachtungsgegenstände (Software, Hardware und Infrastruktur) ❖ Technische Aspekte ❖ Angreifersicht	Härterer Termindruck Mehr Interessengruppen Schnellerer Wandel Vertragsanforderungen als zusätzliche Komponente Druckmittel Mondpreise

Unterschiedliche Bedrohung

Aus diesen Unterschieden zwischen Linie und Projekt ergeben sich auch abweichende Einzelbedrohungen. In der Summe ergibt sich so das Bedrohungsszenario, dem wir in Projekten begegnen. Dabei kommen keine echten Bedrohungen von außen hinzu. Der Hacker ändert sich nicht, das Exploit nicht und auch der betroffene Server läuft mit der gleichen Hard- und Software und den gleichen Schwachstellen. Die zusätzlichen Bedrohungen im Projekt kommen sozusagen von innen. Sie resultieren aus den unterschiedlichen Interessen der zusätzlichen Beteiligten, aus vertraglichen Unzulänglichkeiten und der Art und Weise, wie sich Projekte im Zeitverlauf entwickeln und geführt werden.

6.3 Interessengruppen im Projekt

Zwänge, Ziele, Prioritäten und Risiken

Für die resultierenden Konflikte und den richtigen Umgang mit ihnen sollten wir uns nun die mehrfach erwähnten zusätzlichen Interessengruppen näher anschauen und wie gewohnt nach ihren Zwängen, Zielen, Prioritäten und Risiken fragen.

Projektorganisation

Zunächst einmal haben wir da die Rollen innerhalb der Projektorganisation mit Projektleitungen, Teilprojektleitungen etc. und eventuell eingesetzte Gremien, wie einen Projektausschuss, ein Change Advisory Board, das Back Office des Projekts oder auch interne Projektauftraggeber. Wir wollen uns die wichtigsten hiervon in den folgenden Tabellen anschauen.

Tabelle 23: Zwänge, Ziele, Prioritäten und Risiken der Projektleitungen

Z–Z–P–R	Projektleitungen
Zwänge	Die Zwänge der Projektleitung kommen von den internen Projektauftraggebern und der Programmleitung und leiten sich jeweils aus deren Zielen ab, die wir weiter unten betrachten.
Ziele	Die Ziele der Projektleitung sind meist ziemlich einfach: in time – in budget. Finanzielle und Terminvorgaben sollen eingehalten werden. Inhaltliche Ziele sind da dehnbar und im Zweifel passt man schon mal den Projektscope an.

Prioritäten	Die Prioritäten ergeben sich aus den Zielen und den auferlegten Zwängen. Dabei ist es wichtig sich klar zu machen, dass Security-Maßnahmen nie dazu beitragen, dass Termine leichter zu halten sind und der Budgetrahmen eingehalten wird. Selbst wenn Sie sich innerhalb des Projektgefüges ein gutes Standing erarbeitet haben, wird Security nur im äußersten Ausnahmefall tatsächlich eine hohe Priorität haben.
Risiken	Die Risiken, die Ihnen jetzt vielleicht durch den Kopf gehen, sind ebenfalls andere als jene der Projektleitung. Hier sind keine Sicherheitsrisiken im Fokus, sondern alles, was den in-time-in-budget-Ansatz gefährdet und da ist mehr Security häufig gleichbedeutend mit mehr Risiko, nicht mit weniger Risiko.

Tabelle 24: Zwänge, Ziele, Prioritäten und Risiken der Teilprojektleitungen

Z–Z–P–R	Teilprojektleitung
Zwänge	Die Teilprojektleitungen bekommen ihre äußeren Zwänge entweder direkt von der Projektleitung auferlegt, oder sie ergeben sich aus den Vertragsteilen, die ihr Teilprojekt definieren. Häufig sind sie jedoch auch noch in der Linie eingebunden und dort anderen, projektfremden Zwängen der Linienvorgesetzten ausgesetzt.
Ziele	Die Ziele der Teilprojektleitungen sind meist inhaltlich und stehen daher in gewisser Konkurrenz mit den Zielen der Projektleitung, die Inhalte schon mal den externen Kostenvorgaben opfern.
Prioritäten	Die Gewichtung der Ziele wird meist von oben vorgegeben, wobei es zu Missverständnissen kommen kann, wenn die Kluft zwischen in time – in budget auf der einen Seite und inhaltlichen Themen auf der anderen Seite zu groß wird.
Risiken	Gleiche Situation wie bei den Projektleitungen: Geforderte Sicherheitsmaßnahmen stellen eher ein Risiko dar, als dass sie eines beseitigen.

Tabelle 25: Zwänge, Ziele, Prioritäten und Risiken der Projektauftraggeber

Z–Z–P–R	Projektauftraggeber
Zwänge	Die hier erreichte *„Flughöhe"* lässt selten einen Blick auf Details zu. Die auferlegten Zwänge kommen meist direkt aus der Unternehmens- und Behördenleitung. Projektauftraggeber denken in Zahlen und Trendcharts, die ihnen vorgegeben werden.
Ziele	Die Ziele sind hier ebenso eng gefasst. Meist wird mehr oder weniger ein Schlagwort für den Projektinhalt mit harten Zahlen und Daten umrissen. Die inhaltliche Diskussion wird häufig gescheut, weil die Projektauftraggeber bei ihrem Management eben nicht inhaltlich, sondern vor allem finanziell und terminlich Rechenschaft ablegen müssen.
Prioritäten	Auch die Prioritäten sind klar. Wer direkt dem Top-Management vorträgt, will dort nicht unangenehm auffallen. Auch wenn sich unangenehme Zahlen lange und breit erklären ließen: auf dieser Ebene ist man da selten gesprächsbereit, wenn von den Vorgaben abgewichen werden soll.
Risiken	Risiken? Sicher keine Sicherheitsrisiken. Während Projektleitungen und Teilprojektleitungen noch Gesprächsbereitschaft zeigen, wenn es um Sicherheitsmaßnahmen geht, ist auf dieser Ebene meist Schluss. Ausnahme: Prüfungen und Auflagen von Revision, Wirtschaftsprüfungsgesellschaften und Aufsichtsbehörden können hier als Risiko wahrgenommen werden, weil die Berichte meist beim Top-Management auf den Tisch kommen und damit wiederum direkt bei den Projektauftraggebern landen können.

Allen drei Rollen haben gemeinsam, dass die Risiken dieser Führungskräfte nicht gleich den Sicherheitsrisiken sind, von denen unsere Sicherheitsprofis geleitet werden. Hier entstehen die größten Missverständnisse und man kann viel Energie verschwenden, wenn man denkt, dass fehlende Sicherheitsmaßnahmen dort als Risiko wahrgenommen werden würden.

Risiko ≠ Risiko

Bei Projekten, die extern ausgeschrieben wurden, tauchen mehrere Vertragsparteien auf und es kommt nicht von ungefähr, dass Juristen diese konkurrierenden Parteien als Gegner bezeichnen. Und genau diese Juristen sind in dem Duo der Vertragsgegner die dritte Macht, die wir auch unter die Lupe nehmen müssen, um folgenschweren Missverständnissen vorzubeugen.

Vertragsparteien

Die Aufgabe der Juristen ist es, einen Vertrag zu ermöglichen, der juristisch schlüssig ist. Das muss nicht unbedingt bedeuten, dass der Vertrag dann auch technisch oder auch arbeitslogisch schlüssig ist.

Juristisch OK ≠ technisch OK

Ein Kollege hat mir von einem Fall berichtet, in dem vertraglich festgehalten wurde, dass für Fremdgeräteerkennung im Netz keine biometrischen Merkmale gefordert seien. Es gab zuvor ein Missverständnis auf Management-Ebene, dass von den Juristen in Vertragstext gegossen wurde. Danach war es auf Arbeitsebene nachher nicht mehr möglich, diese Vereinbarung zu streichen, auch wenn Hardware gar keine biometrischen Merkmale hat. Die Formulierung war juristisch ja in Ordnung und konnte leicht eingehalten werden und das Management war einverstanden.

Biometrie von Hardware

Üblicher sind inhaltliche Widersprüche im Vertrag. Für Juristen sind diese zu verkraften, solange ebenfalls geklärt ist in welcher Rangfolge einzelne Vertragsbestandteile Gültigkeit besitzen. Im Projektalltag ist klar, dass in großen Projekten kaum jemand den ganzen Vertrag kennt und diese Rangfolge auflösen kann. Hier verbirgt sich später großes Konfliktpotential, wenn der Dienstleister meint, alles erledigt zu haben und man dann mit als juristischen Fallen empfundenen Nachforderungen kommt. Juristisch Recht zu haben, ist nicht gleichbedeutend damit, auch zum Ziel zu kommen, gerade weil Security-Anforderungen meist in Wechselwirkung mit dem gesamten Projekt stehen.

Vertragliche Widersprüche

Eine weitere Interessengruppe sind externe Mitarbeitende. Es ist üblich, dass fest angestellt Mitarbeitende durch externe Kräfte

Externe Mitarbeitende

ergänzt werden, die ebenfalls eine ganz eigene Sicht und eine ganz eigene Interessenlage haben. Hiervon werden das Projekt und damit natürlich auch die Interessen von Informations- und IT-Sicherheitsbeauftragten, Datenschützern, CISOs und Co. beeinflusst. Wirtschaftlich gesehen kann es für Externe von Vorteil sein, wenn sich das Projekt verzögert, oder man Aufgaben erledigt, für die eigentlich die jeweils andere Vertragspartei zuständig wäre. Nicht alles was im Interesse externer Team-Mitglieder ist, ist auch im Interesse des beauftragenden Unternehmens. Das sollte man nicht überbewerten, aber auch nicht aus den Augen verlieren.

6.4 Zusammenarbeit zwischen Linie und Projekten

An einem Strang

Wie begegnet man nun diesen zusätzlichen Herausforderungen und Interessengruppen am besten, die eine insgesamt komplexere Situation für unsere Sicherheitsprofis ergeben? Eine in der Praxis gut bewährte Methode ist es, die Linienabteilungen, die das Projekt einmal übernehmen sollen, sehr früh mit einzubinden. Immerhin müssen diese oft auf Jahre hinweg ausbaden, was in den Projekten versäumt wurde. Hier kann man schnell Verbündete finden, wenn es darum geht, mit den Security-Anforderungen nicht hinten runter zu fallen. Abgesehen davon hält man sich so im Projekt den Rücken frei, um sich nicht im Nachhinein Vorwürfe machen lassen zu müssen, man habe sich nicht durchsetzen können.

Einfluss von oben

Außerdem hat die Linien-Security oftmals auch einen Einfluss oder gar Weisungsbefugnis gegenüber dem Projektportfolio einer Organisation. Security-Anforderungen kann auf diesem Weg unter Umständen von oben Nachdruck verschafft werden, damit sie zwischen den widerstreitenden Interessen im Projekt nicht zerrieben werden.

Letzten Endes geht es darum, im Projekt extrem wachsam zu sein, möglichst tief ins Geschehen einzusteigen und sich stets vor Augen zu führen, dass in Projekten seltener technisch gesprochen wird und politisches und vertragliches gelegentlich dominieren.

6.5 Zusammenfassung

Wir haben in diesem Kapitel gesehen, dass das Thema Security im Projektumfeld an Brisanz gewinnt und es einige Unterschiede und zusätzliche Interessengruppen gibt, die zusätzliche Aufmerksamkeit von den Sicherheitsprofis verlangen.

Mehr Aufmerksamkeit nötig

Technisch und von der Angreiferseite betrachtet gibt es viele Gemeinsamkeiten zur Situation in einer Linienabteilung und daher sieht auch die damit verbundene Bedrohungslage ähnlich aus.

Gemeinsamkeiten

Organisatorisch gibt es allerdings einige nach innen wirkende Unterschiede, welche die Umsetzung von Sicherheitsanforderungen erschweren. Zeitliche und finanzielle Aspekte treten stärker in Erscheinung und man Sicherheitsinteressen müssen deutlich stärker mit anderen Interessen konkurrieren. Projekte sind darüber hinaus einem stärkeren Wandel ausgesetzt und insbesondere Sicherheitsmaßnahmen werden in diesem Umfeld schnell zur Verhandlungsmasse.

Unterschiede

Wir haben gesehen, dass es im Projekt eine ganze Reihe zusätzlicher Interessengruppen gibt, die es schwerer machen, den Überblick zu behalten, wer aus welchem Grund in welche Richtung argumentiert und handelt. Hier können wir jedoch die Methoden und Modelle der vorherigen Kapitel anwenden und uns zum Beispiel über die Zwänge, Ziele, Prioritäten und Risiken der neuen Akteure Klarheit verschaffen und unser Vorgehen danach orientieren.

Zusätzliche Interessengruppen

Nicht zuletzt ist es immer eine gute Idee, sich Verbündete in eigener Sache zu suchen. Hier lohnt es sich aus dem Projekt heraus den Schulterschluss mit der Linie zu suchen.

Gemeinsam stark

7. Kapitel

7 Krisenbewältigung

> *„Es kann nächste Woche keine Krise geben,*
> *ich habe keine Termine mehr frei."*
> *-- Henry Kissinger*

Die bisherigen Kapitel bauten mit den vorgestellten Ideen und Konzepten in die Zukunft. Der Schwerpunkt galt der Prävention von Security-Konflikten. Nun stellt sich die Frage: *„Was tun, wenn die Security-Krise bereits in vollem Gange ist?"* Wie findet man dann den Weg zurück auf ein Niveau, das ein normales Arbeiten ermöglicht?

Dazu bietet der Alltag den Sicherheitsprofis eine ganze Reihe von Krisen, auf die sie adäquat reagieren müssen. Nicht zuletzt kann auch einem Sicherheitsprofi mal der Kragen platzen. Wie sollte man seinem Ärger dann Luft machen, ohne das Ganze am nächsten Tag zu bereuen? Und wie kommt man stattdessen in dem strittigen Punkt weiter, ohne andere zu verletzen und damit noch mehr Widerstand zu provozieren? Wenn alles nichts hilft,

Wenn der Kragen platzt

S. Klipper, *Konfliktmanagement für Sicherheitsprofis*, Edition <kes>,
https://doi.org/10.1007/978-3-658-31841-3_7

braucht man ein krisenfestes Instrumentarium, mit dem man auf den persönlichen Angriff reagieren kann: Dazu gehört eine klare Idee, wie man im Unternehmen oder der Behörde auf eskalierende Konflikte reagieren will. Ohne Sie entstehen sonst ärgerliche Nebenkriegsschauplätze, weil man sich zusätzlich der Unterstützung von höherer Stelle rückversichern muss, wenn der Konflikt schon in vollem Gange ist.

Diskretion und Krisen-PR

Darüber hinaus muss man genau wissen, welche Krisen-Anteile mit Diskretion zu behandeln sind und welche man gezielt nach draußen geben will. Die Balance zwischen Diskretion und Krisen-PR ist nicht leicht zu finden. Vor allem dann nicht, wen man sich über diesen Aspekt erst Gedanken macht, wenn man schon mitten im Geschehen steckt.

Fehlende Unterstützung von oben

Die größte Krise ist aber wahrscheinlich die, wenn man von höchster Stelle torpediert wird und die Geschäfts- oder Behördenleitung die Unterstützung versagt. Auch diesem Problem wird sich das folgende Kapitel widmen. In diesem schwierigen Fall – das soll nicht verschwiegen werden – ist für den Erfolg ein starkes Stück Arbeit nötig.

7.1 Der Umgang mit Widerstand

Widerstände aufgreifen

Wir haben bereits gesehen, dass es sich lohnt, im Gespräch wertschätzend und durch das Einräumen von Entscheidungsfreiheit aufzutreten. Dies lohnt sich, weil es die Tendenz zum Widerstand reduziert, der durch Bevormundung und Geringschätzung entsteht. Besonders ärgerlich an diesen Widerständen ist, dass sie bei der Verwirklichung der betreffenden Sicherheitsvorhaben im Weg stehen. Der Widerstand wird dabei nicht etwa offen vorgebracht. Gerade wenn es sich um persönliche Motive oder Ängste handelt, wird der Protest in vermeintlich sachliche Argumente verpackt, die unter Umständen zu nicht enden wollenden Streitgesprächen führen können. Selbst, wenn sich die Argumente entkräften lassen, schwelt der Konflikt weiter und lodert in der nächsten Besprechung oder bei anderer Gelegenheit wieder auf. Statt sich endlos wiederkehrenden Konflikten hinzugeben, sollte man den Widerstand aufgreifen, ihm Raum geben und die darin enthaltene Energie in Veränderung umsetzen.[109]

Der Druck muss raus

Wie so oft gilt auch bei wiederkehrenden Widerständen: *„Ruhe bewahren!"* Die so entstandene Denkpause sollte genutzt werden, um dem Protest Gehör zu schenken und so den Druck aus der Situation zu nehmen. Sie haben vielleicht schon an sich selbst bemerkt, dass es manchmal ausreicht, Dinge einfach mal ungehindert und ohne Gegenangriff aussprechen zu dürfen. Danach ist alles wieder gut und man kann zurück an die Arbeit. Das gilt auch für Mitarbeitende und Führungskräfte, die mit unliebsamen Sicherheitsmaßnahmen konfrontiert sind: In den allermeisten Fällen wird ihnen dadurch subjektiv die Arbeit erschwert. Auch wenn Sie als Sicherheitsprofi wissen, dass dieses subjektive Empfinden Unschärfen enthält: Für die Betroffenen sind diese Momente der Kritik eine oft sehr emotionale Angelegenheit – eine sachliche Ebene ist zunächst kaum in Sicht. Lassen Sie die Personen sprechen und hören Sie deren Bedenken aufmerksam zu und erkennen Sie deren Bedürfnisse. Nur so können Sie die Ursachen für den Widerstand erforschen und den Einstieg in ein sachliches Gespräch finden, das sich an einer gemeinsamen Problemlösung orientiert.

Abbildung 59: Nicht gleich mit Kanonen auf *„Spatzen"* schießen

109 Carola Bohren Meyer, Rita-Maria Züger; Konfliktbewältigung im Team – Leadership-Basiskompetenz; 2007; Compendio Bildungsmedien AG; ISBN: 9783715593364; Seite 70

Auch eine Art von Widerstand: Als verständiger Sicherheitsprofi redet und redet man; man schenkt den Problemen von Mitarbeitenden und dem Management wieder und wieder Gehör und dann – als hätte man vor Wände gesprochen – passiert ein Sicherheitsvorfall, der natürlich vermeidbar gewesen wäre, wenn sich nur alle an die Vorgaben gehalten hätten. Die Schuldigen zeigen auf das Sicherheitsteam und fragen, warum man sie nicht vor diesem Fehler bewahrt habe. Nun sind es nicht die Mitarbeitenden, bei denen die Emotionen hochkochen, sondern die Sicherheitsprofis. Wie bringt man seine Emotionen dann am geschicktesten vor? Sie einfach hinunter zu schlucken, ist ebenso wenig angebracht, wie sich in einem Wutanfall zu verlieren.

5-Schritte-Modell

Den Ärger in sich hinein zu fressen, oder das Problem einfach zu verdrängen, ist keine gute Lösung. Wenn man sich über etwas ärgert, dann ist es durchaus erlaubt, diesen Ärger mitzuteilen. Ebenso wie es für Mitarbeitende erlaubt ist, ihre Kritik vorzubringen, ist das natürlich auch für die Securityprofis erlaubt. Einzige Bedingung: Der Ärger muss in geregelte Bahnen geleitet werden. Das 5-Schritte-Modell[110] hilft weiter, die Emotion in diesen geregelten Bahnen auszudrücken. Es ermöglicht, auch in emotionalen Situationen am Thema zu bleiben und ein sachliches Gespräch über die Emotion zu beginnen, ohne dabei den Gesprächspartner anzugreifen oder zu beleidigen. Wenn man negative Emotionen vorbringen möchte, dann sollten dies nicht neue Emotionen auslösen. Die Gefahr einer Eskalation wäre viel zu groß.

Unerwünschte Solidarität

Man sollte dabei nicht vergessen, dass emotionalen Mitarbeitenden in den meisten Fällen von den anderen Mitarbeitenden Verständnis entgegengebracht wird, weil sie die Motive nachvollziehen können. Nörgler können sich dadurch ein Stück weit in der Masse verstecken. Wenn jedoch dem IT-Sicherheitsbeauftragten oder der Datenschützerin auf dem Flur der Kragen platzt, dann redet davon die gesamte Belegschaft und alle haben Verständnis für die Person, die sich den

110 Susanne Klein; Wenn die anderen das Problem sind: Konfliktmanagement, Konfliktcoaching, Konfliktmediation; 2006, GABAL-Verlag GmbH; ISBN: 3897495864; Seite 146

Anpfiff eingefangen hat. Im Sinne der Sicherheit ist es natürlich kontraproduktiv, wenn sich die Mitarbeitenden mit der Person solidarisieren, die gegen Sicherheitsbestimmungen verstoßen hat.

Ruhe bewahren

Das wichtigste ist zunächst Ruhe zu bewahren und sich genau zu überlegen, wie man den Ärger zu Wort bringen will. In Tabelle 26 sind die fünf wichtigsten Botschaften aus dem Fünf-Schritte-Modell enthalten, die ein sachliches Gespräch über den entstandenen Ärger ermöglichen. Betrachten wir das folgende Beispiel.

Tabelle 26: Emotionen kanalisieren: Das 5-Schritte-Modell

Die fünf Schritte	Inhalt
1. Schritt	Wer hat die Emotion?
2. Schritt	Was ist es für eine Emotion?
3. Schritt	Wie wurde die Emotion ausgelöst?
4. Schritt	Warum ist die Emotion gerade in diesem Fall so groß?
5. Schritt	Welche subjektive Interpretation resultiert daraus?

7.1.1 Fallbeispiel: Bob platzt der Kragen

Gimmicks aus China

Malory arbeitet im Vertrieb der ExAmple AG und verschickt regelmäßig per E-Mail diverse Spaß-Programme und unglaublich lustige Power-Point Präsentationen und Links an die halbe Firma, die er von irgendwelchen Geschäftsfreunden zugeschickt bekommt. Das Risiko, dass auf diese Art und Weise Schadsoftware in die Firma gelangt, ist nicht unerheblich. Der CISO Bob hatte das Thema bereits mehrfach mit ihm besprochen. Als Malory nun ohne weiter nachzudenken eine Mail mit Links zu diversen chinesischen Spaß-Webseiten an seinen Verteiler weiterleitet, die er von einem Kunden aus China zugeschickt bekommen hat, ist Bob außer sich vor Wut.

Am liebsten würde er Malory für drei Wochen im Keller einsperren. Ihm geht es nicht mehr nur um das Sicherheitsproblem, sondern um den wiederholten Ärger, den er mit dem Mitarbeiter hat. Er versucht sich abzuregen und bittet Alice, die Datenschutzbeauftragte, für morgen einen Termin mit Malory auszumachen. Das verhindert, dass er ihn gleich am Telefon anfährt.

Schritt 1 Wie muss Bob das morgige Gespräch beginnen? Im 1. Schritt geht es um die Beantwortung der Frage, wer die Emotion hat. Da Bob für sich selbst spricht, muss er mit der ersten Person Singular beginnen. Der Anfang scheint nicht besonders schwer, vermeidet aber die gefährlichen Du-Botschaften[111], die Gespräche leicht aus dem Ruder laufen lassen. Es geht um Bobs Emotionen und nicht darum, Malory zu sagen, was er für einer ist. Bob beginnt also wie folgt:

> *„Ich bin..."*

Schritt 2 Im 2.Schritt muss Bob ein Wort hinzufügen, das die Emotion beschreibt, die er empfindet:

> *„...sehr verärgert,..."*

Natürlich muss Bob nicht die ganze Zeit nur von sich sprechen, nur um Du-Botschaften zu vermeiden. Bob könnte zwar sagen *„...über Sie!"*, es gibt aber eine bessere Lösung, weil es ja nicht um die Person von Malory geht: Er muss von der Sache sprechen.

Schritt 3 Im 3. Schritt geht es also um das Ereignis, dass die Emotion ausgelöst hat:

> *„...dass Sie zum wiederholten Mal E-Mails mit nicht vertrauenswürdigen Links an alle Mitarbeiter geschickt haben,..."*

Malory könnte jetzt dazwischenfahren und sagen: „Alle anderen haben sich gefreut – soll ich Sie in den Verteiler aufnehmen?"

Schritt 4 Um das zu vermeiden muss Bob im 4. Schritt die Begründung nennen, warum die Emotion so stark ist:

---

111 Peter R. Wellhöfer; Schlüsselqualifikation Sozialkompetenz: Theorie und Trainingsbeispiele; 2004; UTB; ISBN: 9783825225162; Seite 157

> *„...obwohl das in unseren Richtlinien verboten ist und ich Ihnen schon mehrfach die Bedeutung dieser Maßnahme erklärt habe..."*

Bis hier her OK. Aber warum so ärgerlich?

Im 5. Schritt muss Bob beschreiben, wie er das Verhalten von Malory interpretiert:

Schritt 5

> *„...und das habe ich so interpretiert, dass Sie weder die Gefahr, die damit verbunden ist, noch meine Fachexpertise ernst nehmen."*

Damit ist alles gesagt, um ein sachliches Gespräch über diese emotionale Situation zu beginnen. Bob muss nun auf dieser Schiene weiterfahren und kann dabei zum Beispiel auch auf die Konfliktpipeline zurückgreifen, um das Gespräch zu einer gemeinsamen Lösung zu führen.

Weiter in der Konfliktpipeline

7.2 Eskalationsstufen generieren

Wer mit Emotionen übers Ziel hinaus schießt, erlebt die gleiche Gegenwehr wie jemand, der immer mit den sprichwörtlichen Kanonen auf Spatzen schießt. Selbst, wenn er das – im Sinne der konfliktpräventiven Kommunikation - klar, treffend, knapp und wertfrei tut. Wer Mitarbeitende, Teamleitungen und Top-Management in Security-Fragen betreut, braucht transparente Eskalationsstufen. Was kann man den Leuten einfach *„durchgehen lassen"* und wo muss man entschieden einschreiten? Wie stimmt man die Eskalationsstufen mit den Teamleitungen und Management ab? Zum Beispiel landet die Datenschutzbeauftragte im Abseits, wenn sie sich schon auf Eskalationsstufe drei befindet, wenn das Top-Management regelmäßig noch auf Stufe eins steht und alles relativiert.

Stufen schaffen Spielraum

Abbildung 60: Die härtesten Sanktionen sind nur als Drohkulisse sinnvoll

In keinem Fall kommt man bei uns sofort auf die Guillotine!

Unkontrollierte Eskalation

Bevor wir uns jedoch mit der gezielten und gewollten Eskalation auseinandersetzen, müssen wir einen Blick darauf werfen, in welchen Stufen Konflikte unkontrolliert eskalieren. Erst, wenn man weiß, auf welcher Stufe der Eskalationsleiter man sich befindet, kann man gezielte Gegenfeuer legen. Man kann drei Phasen der unkontrollierten Konflikteskalation unterscheiden. In jeder der Phasen lasen sich drei Eskalationsstufen einordnen, entlang derer sich der Konflikt vom Gesunden ins unsinnig Verlustreiche wandeln kann[112]:

- **Win-Win**
  Konflikte in dieser Phase verlaufen noch für beide Parteien befriedigend, so dass alle ihre Ziele in einer gemeinsamen Lösung erreichen können. Externe Hilfe ist dazu nicht nötig. Das ist die Art von Konflikten, wie wir sie im Abschnitt zur Konfliktpipeline kennen gelernt haben.
- **Win-Lose**
  In dieser Phase verlieren die Beteiligten den Glauben daran, dass beide ihre Ziele verwirklichen können. Beide Parteien versuchen nur noch die eigenen Ziele

[112] Susanne Klein; Wenn die anderen das Problem sind: Konfliktmanagement, Konfliktcoaching, Konfliktmediation; 2006, GABAL-Verlag GmbH; ISBN: 3897495864; Seite 47 ff

durchzusetzen. Spätestens in dieser zweiten Phase ist Hilfe von außen nötig.

- **Lose-Lose**
  Die Beteiligten haben sich damit abgefunden, dass sie ihre Ziele abschreiben können. Es geht nur noch darum, den Schaden beim jeweiligen Gegenüber zu maximieren und den eigenen zu begrenzen. Ohne Hilfe von außen gibt es für die Streithähne keinen Ausweg.

Entlang dieser drei Phasen stehen die neun Eskalationsstufen von Konflikten. Die Grenzen zwischen den Stufen werden von den Beteiligten als gewisse Hemmschwelle wahrgenommen, in die nächste Stufe einzutreten. Werden von keiner Seite gezielte Maßnahmen der Deeskalation ergriffen, ist der Schritt auf die nächste Stufe unausweichlich.

Unausweichliche Eskalation

Tabelle 27: Konflikt-Phasen und Eskalationsstufen

Konflikt-Phase	Eskalationsstufe
Win-Win	Verhärtung
	Debatte
	Taten statt Worte
Win-Lose	Koalition
	Demaskierungen
	Drohstrategien
Lose-Lose	Begrenzte Vernichtungsschläge
	Zersplitterung der Existenzgrundlagen
	Gemeinsam in den Abgrund

Phase 1:

Auf der Stufe der ***Verhärtung*** gibt es eigentlich noch gar keinen richtigen Konflikt. Die Gesprächsparteien können einfach die Meinung des Gegenübers nicht nachvollziehen und zweifeln zunehmend, ob alle wirklich ernsthaft an einer Lösung interessiert sind.

Auf der Stufe der ***Debatte*** bestimmen Konkurrenz und Überheblichkeit die Situation und es beginnt eine Schwarz-weiß-Sicht auf das Thema. Man ist überzeugt, dass die andere Partei nur nach dem eigenen Vorteil handelt.

Auf der nächsten Stufe folgen ***Taten statt Worte***, weil alles Reden offensichtlich nichts bringt. Ein Projektionsmechanismus setzt ein und man erwartet vom Gegenüber genau das, was man selbst nicht bereit ist preiszugeben. Die Schuld an der ganzen Misere wird der anderen Seite zugeschoben.

Phase 2:

Die Konfliktparteien werden zunehmend feindselig und suchen nach ***Koalitionen***. Die Abwertung der Gegenseite dient gleichzeitig der eigenen Aufwertung. Außenstehende werden in den Konflikt mit einbezogen. Für beide Parteien ergeben sich dadurch Abhängigkeiten von den Verbündeten.

Auf der Stufe der ***Demaskierungen*** geht es darum, das eigene Feindbild auszubauen. Dem Gegenüber werden von Anfang an schlechte Absichten unterstellt und der Konflikt geht mehr und mehr um Werte. Das gegenseitige Vertrauen ist verloren und beide Parteien sind sich sicher, dass der Konflikt nicht mehr zu lösen ist.

Auf der Stufe der ***Drohstrategien*** werden gezielt Drohungen ausgesprochen und Vergeltungsmaßnahmen in Aussicht gestellt, um den Konkurrenten einzuschüchtern. Noch existiert ein Mindestmaß an Kommunikation.

Phase 3:

In der dritten Phase ist bei allen die Überzeugung verloren gegangen, dass man seine Ziele noch erreichen kann. Wenn sich die Möglichkeit dazu ergibt, werden ***begrenzte Vernichtungsschläge*** gegen die andere Partei geführt, auch wenn dies nichts mehr mit den eigenen Zielen zu tun hat. Es geht darum den Schaden auf der anderen Seite zu maximieren.

Auf der nächsten Stufe sind die Parteien so weit zerrüttet, dass sie sogar eine ***Zersplitterung der Existenzgrundlagen*** in Kauf nehmen. Letzte ethische Hemmschwellen werden auf dieser Stufe fallen gelassen.

Auf der letzten Stufe fällt sogar die Scheu vor Maßnahmen, die einen eigenen Schaden beinhalten: Besser ***gemeinsam in den Abgrund***, als dem Gegenüber einen Vorteil zu gönnen.

Tabelle 28: Beispiele von Security-Konflikten

Stufe	Beispiel
Verhärtung	Eine Sicherheitsmaßnahme kommt nicht gut an. Ein Mitarbeiter äußert Unverständnis.
Debatte	Die Maßnahme wird weiter in Frage gestellt: „Der Sicherheitsbeauftragte will sich doch nur profilieren – Sinn ergibt das alles nicht."
Taten statt Worte	Die Sicherheitsmaßnahme wird ignoriert, da ja offensichtlich keinerlei Gesprächsbereitschaft besteht.
Koalition	Der Mitarbeiter sucht Verbündete, denen er erzählt, dass man die Sicherheitsmaßnahme missachten kann, ohne dass der Sicherheitsbeauftragte eingreift.
Demaskierungen	Der Mitarbeiter unterstellt dem Sicherheitsbeauftragten böse Absichten und stachelt andere auf, ebenfalls nach Schwächen im System zu suchen.
Drohstrategien	Der Mitarbeiter droht damit, auch wichtige Sicherheitsmaßnahmen umgehen zu können.
Begrenzte Vernichtungsschläge	Kann ein Vorfall „provoziert" werden, so wird diese Situation ausgenutzt: „Ach, die unterbrechungsfreie Stromversorgung der Server ist defekt? Zum Wechseln der Birnen an der Zimmerbeleuchtung sollte man doch die Sicherungen raus machen, oder? Au weia, da hab ich wohl die Sicherung vom Serverraum erwischt. Komisch, dass die Server vor so etwas nicht geschützt sind."
Zersplitterung der Existenzgrundlagen	Das bei einem Administrator gefundene Admin-Passwort für den Webserver wird in einem Hacker-Forum veröffentlicht.
Gemeinsam in den Abgrund	Informationsdiebstahl, Angriffe, Spionage. Auf dieser Stufe gibt es keine Hemmungen mehr.

Konflikt-Monitoring

Diese Eskalationsstufen sind alle auf der Security-Bühne anzutreffen und müssen entsprechend behandelt werden, um den Schritt auf die nächste Stufe zu verhindern. Dazu sollte man für alle Konflikte, die sich in Phase 2 befinden ein aktives Konflikt-Monitoring betreiben. In Tabelle 28 wird ein Beispielkonflikt Schritt für Schritt durchgespielt.

Konflikte als Risiken begreifen

Während die ersten beiden Stufen sozusagen gesund sind, stellt die dritte Eskalationsstufe bereits ein Sicherheitsrisiko dar, dass mit jeder folgenden Stufe weiterwächst. Diese Eskalationsstufen müssen mit der Geschäfts- oder Behördenleitung besprochen werden. Ziel dieser Absprache ist es, ein gemeinsames Verständnis zu Maßnahmen für die einzelnen Eskalationsstufen zu erreichen. Das Sicherheitsteam muss sich dieser Maßnahmen rückversichern und sich der Unterstützung der beteiligten Führungskräfte sicher sein. Diese Art von Konflikten beinhalten erhebliche Risiken für die Firma oder die Behörde. In letzter Konsequenz sind sie sogar existenzbedrohend.

Steigerungsfähig bleiben

Auf der Stufe *Taten statt Worte* brauchen Sicherheitsprofis erste Unterstützung von Vorgesetzten der Linienorganisation. Mitarbeitenden muss klar gemacht werden, dass sie dabei sind eine Grenze zu überschreiten, die nicht akzeptiert wird. Man darf dabei aber nicht zu hoch ansetzen und dafür sorgen, dass eine betroffene Person den Prozess durch die Stufen 3 bis 6 nur im Geiste durchmacht, weil sie schlimme Sanktionen befürchtet und dann – auf Stufe 7 angekommen – direkt die offen zugänglichen Sicherungen für den Serverraum raushaut. Daher müssen die Sanktionen dosiert werden und auch für die letzten Stufen der Konflikt-Leiter muss noch eine Steigerungsmöglichkeit vorhanden sein. Wer gleich zu Beginn mit der Kündigung droht, und diese dann nicht umsetzen kann, der verliert alle Möglichkeiten, steuernd auf die Eskalation des Konflikts einwirken zu können.

7.2.1 Fallbeispiel: Die ExAmple AG „eskaliert“

Die Datenschutzbeauftragte Alice, der CISO Bob und Dave, der Sicherheitsbeauftragte haben sich darauf verständigt, dass sie eine klare Linie brauchen, wie im Unternehmen mit eskalierenden Security-Konflikten umgegangen werden soll. Der Chef ist einverstanden. Er hat im Laufe der letzten Zeit, durch Vorführungen, Pen-Tests und Awareness-Kampagnen eingesehen, dass die drei Unterstützung von ihm brauchen. Er will von seinem Security-Team *„einen Vorschlag, wie mit renitenten Mitarbeitenden umgegangen werden soll“.*

Umgang mit renitenten Mitarbeitenden

Alice, Bob und Dave sind sich einig, dass sie die Probleme in der ersten Phase der Eskalationsstufen selbst meistern können. Wenn sich Mitarbeitende gegen eine Maßnahme auflehnen, wollen sie mit der Person ein klärendes Gespräch führen, mit dem Ziel ein gemeinsam erarbeitetes Protokoll zu erstellen, in dem das Ergebnis dokumentiert wird. Spätestens jedoch, wenn Mitarbeitende versuchen, andere mit ins Boot zu holen und Stimmung gegen das Security-Team zu machen, sollen die Vorgesetzten aus der Linie unterstützen. Ein formelles Gespräch mit dem Störenfried bei der zuständigen Führungskraft soll dafür ausreichen. Alice, Bob und Dave wollen damit klar machen, dass zwar noch nicht die ganz große Keule ausgepackt wird. Es soll jedoch ebenso klar sein, dass es so nicht weiter geht. Wenn auch das nicht hilft, soll es in der Linienorganisation einen Schritt weiter nach oben gehen. Wenn z.B. ein Mitarbeiter der Forschungsabteilung partout nichts einsehen will, dann soll der Forschungsleiterin klare Worte finden und diese schriftlich fixieren. Auf diese Art würde er ein gutes Stück der Verantwortung übernehmen, das Thema aus der Welt zu schaffen. Erst danach sollen arbeitsrechtliche Konsequenzen auf dem Plan stehen. Die drei erstellen dazu die folgende Tabelle:

Abgestimmte Eskalationsstufen

Eskalationsstufe	Maßnahme	Ebene
Verhärtung	Informelles Gespräch	Security-Team
Debatte	Formelles Gespräch	Security-Team

Tabelle 29: Die Eskalationsstufen der ExAmple AG

Taten statt Worte	Klärendes Gespräch mit Protokoll[113]	Security-Team
Koalition	Formelles Gespräch bei der direkten Führungskraft	Security-Team und direkte Führungskraft
Demaskierungen	Klärendes Gespräch mit Protokoll bei der Bereichsleitung[114]	Security-Team und Bereichsleitung
Drohstrategien	Klärendes Gespräch und Abmahnung	Security-Team und Geschäftsführung
Begrenzte Vernichtungsschläge	Kündigung	Geschäftsführung
Zersplitterung der Existenzgrundlagen		
Gemeinsam in den Abgrund		

Der Chef ist einverstanden, den Vorschlag in der nächsten Runde mit den Bereichsleitern zu besprechen. Alice soll dazu eine Präsentation vorbereiten und die Eskalationsstufen der ExAmple AG vorstellen.

7.3 Diskretion bei Sicherheitsvorfällen

Informationspflicht vs. Diskretion

Bei Sicherheitsvorfällen ist Diskretion nach außen geboten, um das Unternehmen vor Imageverlusten zu bewahren. Sicherheitsvorfälle sind eben nicht die beste Werbung für ein Unternehmen.

113 Zum Verlauf der Gespräche siehe Abschnitt *„Konfliktpipeline"*

114 Als Drohkulisse soll ab dieser Stufe im Einzelfall eine Kündigung möglich sein.

Selbst dann nicht, wenn man zu berichten hätte, dass der Sicherheitsvorfall hervorragend abgearbeitet werden konnte. Die Grundlage für Diskretion nach außen ist die interne Diskretion: Nicht jeder im Unternehmen muss von einem aktuellen Sicherheitsvorfall erfahren. Aber Vorsicht: Es geht bei Sicherheitsvorfällen um die Reputation der Organisation. Das bedeutet, dass es einige wenige Mitarbeitende gibt, die sofort und umfassend zu informieren sind. Dazu später.

Besonnenes Vorgehen

Die interne Diskretion ist aber nicht nur aus Sicht der Organisation wichtig. Auch die involvierten Mitarbeitenden haben in Krisenzeiten etwas zu verlieren. Stellen Sie sich vor, auf der lokalen Festplatte eines Mitarbeiters werden anstößige Filme gefunden. Der Verdacht liegt nahe, dass er die Dateien dorthin abgelegt hat. Hier ist besonnenes Vorgehen gefragt. Es kann genauso sein, dass der Administrator, oder die Vorbesitzerin des PCs die Dateien dort abgelegt hat. Selbst wenn sich hinterher die Unschuld des Verdächtigten nachweisen lässt – seinen guten Ruf ist er erst mal los, wenn die Sache nicht mit der nötigen Diskretion behandelt wird.

Vorsicht vor der Gerüchteküche

Die Frage lautet: Wie schottet man Sicherheitsvorfälle vor zu vielen Augen und Ohren ab, ohne genau dadurch aufzufallen. Stellen Sie sich vor, der CISO Bob und die Forschungsleiterin würden plötzlich mit viel Tamtam und mit dem Forensik-Koffer bewaffnet im Büro des Mitarbeiters Jeff erscheinen. Seine zwei Kolleginnen würden sie des Raumes verweisen: *„Das sind zu persönliche Sachen, um die es hier geht."* Erst nach zwei Stunden kämen sie wieder raus und Jeff bleibt angeschlagen zurück. Das würde die Gerüchteküche natürlich ordentlich anheizen. Wie soll man in solchen Fällen aber sonst vorgehen? Man kann je schlecht bis Feierabend warten oder bis zum Wochenende? Oder doch?

Richtiges Timing

In der Tat sollte man sich die Frage nach dem richtigen Zeitpunkt stellen. Die Schadensabwendung vom Unternehmen und die von den betroffenen Mitarbeitenden, müssen gegeneinander abgewogen werden. Handelt es sich tatsächlich *„nur"* um anzügliche Bilder kann man sicher einen besseren Moment abwarten, während bei installierten Hacker-Tools sicher mehr Eile geboten ist.

Abbildung 61: Ziemlich auffällig: Die Mauer des Schweigens bei Sicherheitsvorfällen

Viele Fragen

Im ersten Schritt müssen dabei technische Aspekte berücksichtigt werden. Danach – jedoch nicht minder wichtig – müssen im zweiten Schritt die Interessen der Beteiligten gegeneinander abgewogen werden. Im Rahmen der Abarbeitung von Sicherheitsvorfällen können Sicherheitsprofis viel von ihrem mühsam aufgebauten Vertrauen verlieren. Wenn dies zur Abwendung einer akuten Gefahr nötig ist, dann wird man diesen Vertrauensverlust wohl oder übel verkraften müssen. Man sollte jedoch auch den Schaden nicht unterschätzen, der durch eine gestörte Kommunikation zum Security-Team entsteht. Bei der Entscheidung, ob unmittelbares Handeln erforderlich ist oder nicht, sind eine ganze Reihe Fragen zu klären:

- Steht ein Angriff unmittelbar bevor, findet er bereits statt, oder ist dies zu befürchten? Beispiele:
  - Durch einen aktiven Trojaner besteht Zugriff auf vertrauliche Unternehmensdaten.
  - Es wurde eine gezielte Ransomware-Kampagne erkannt, von der bereits erste Rechner betroffen sind.
- Besteht die Gefahr, dass durch Betroffene Beweismittel vernichtet werden könnten? Beispiele:
  - Der Betroffene weiß bereits, dass Unregelmäßigkeiten bei ihm aufgefallen sind.

- o Die Betroffene befindet sich zum Zeitpunkt des Vorfalls auf einer Dienstreise.
- ❖ Besteht der konkrete Verdacht einer Straftat? Beispiele:
  - o Durch den Vorfall wurde Leib und Leben gefährdet.
  - o Es handelt sich um Dateien mit rassistischem Inhalt.
  - o Es geht es um den Verdacht einer umfangreichen Urheberrechtsverletzung.
- ❖ Kann der Umfang des Vorfalls alleine bewältigt werden? Beispiele:
  - o Das Security-Team hat keine forensischen Möglichkeiten.
  - o Es ist wahrscheinlich, dass es sich um Industriespionage handelt.
- ❖ …

Die Liste der Fragen kann beliebig fortgeführt werden. Insbesondere ist sie davon abhängig, in welcher Organisation man tätig ist. Stellen Sie sich vor, auf der lokalen Festplatte eines PCs werden Bilder von Totenschädeln gefunden. Das eine Bundeswehr-Dienststelle in so einem Fall anders reagiert, als eine beliebige andere Organisation ist jedem klar, der sich an den Totenkopf-Skandal der Bundeswehr erinnert.[115] Auch ist es ein Unterschied, ob ein Vorfall in einer Polizeidienststelle passiert oder in einem Unternehmen. Wenn die Musikindustrie Ihr bester Kunde ist, haben raubkopierte mp3s im Firmennetz eine andere Bedeutung für Ihr Unternehmen, als wenn Ihre Hauptkunden alle Anhänger der Piratenpartei sind[116].

Super-GAU oder Lappalie

Das soll nicht heißen, dass es für manche Firmen strafbare Handlungen erster und zweiter Klasse gibt. Eine solche Betrachtung soll Philosophen, Politikern und der Strafverfolgung vorbehalten bleiben. Für Sicherheitsprofis gibt es aber Straftaten mit großen Auswirkungen auf ihre Arbeit und solche, die eher wenig Arbeit machen.

---

115 Die Bundeswehr war 2006 durch Bilder in die Schlagzeilen gekommen, auf denen sich deutsche Soldaten in Afghanistan in zweifelhaften Posen mit Totenschädeln zeigten.

116 http://wiki.piratenpartei.de/Urheberrecht

Vorbereitung vs. Bauchgefühl

In jedem Fall sollten Sie für Ihr Unternehmen eine Liste mit Fragen erarbeiten, welche Szenarien für Sie eine Betrachtung wert wären. Was wäre denn Ihr Super-GAU? In welchen Fällen hätte innere wie äußere Diskretion für Ihr Unternehmen oder Ihre Behörde höchste Priorität? Bei der Bewältigung eines Vorfalls kann nichts Schlimmeres passieren, als sich diese Fragen erst dann stellen zu müssen, wenn das Kind bereits in den Brunnen gefallen ist und man zum Handeln gezwungen ist. Wenn es soweit ist, werden Sie jedenfalls keine Zeit mehr haben, Ihre Entscheidung abzuwägen und diese auf Grundlage einer reiflichen Überlegung zu treffen. Im Gegenteil: Wenn Sie keine Vorkehrungen getroffen haben, die Ihnen die Entscheidung erleichtern, werden Sie aus dem Bauch heraus handeln müssen und mit einiger Wahrscheinlichkeit daneben liegen.

Verborgene Erfahrungswerte

Wenn man jedoch bei Vorfällen Diskretion wahren soll, wie sollen die Mitarbeitende und Führungskräfte dann mitbekommen, dass auch für die eigen Organisation eine ganz reale Bedrohung existiert? Übertragen Sie diese Frage auf das Problem eines forschenden Mediziners: Handelt dieser indiskret, wenn er seine Forschungsergebnisse veröffentlicht, in denen er schildert, wie es seinen Patienten ergangen ist? Mitnichten. Das ist nur dann der Fall, wenn man aufgrund der Ergebnisse auf einen bestimmten Fall zurückschließen könnte oder gar Namen veröffentlicht würden. In allen anderen Fällen erwartet man von einem Arzt sogar, dass er seine Forschungsergebnisse mit anderen Ärzten und der Öffentlichkeit teilt. Das gleiche müsste eigentlich auch für Sicherheitsprofis gelten.

Alles im Griff?

Während Betrachtungen zur Frage der internen Diskretion weitestgehend autark angestrengt werden können, ist äußere Diskretion immer von innerer Diskretion abhängig. Sobald ein Vorfall intern bekannt ist, müssen Maßnahmen vorbereitet werden, wie man reagieren will, wenn er extern bekannt wird. Darüber hinaus muss ein Personenkreis festgelegt werden, der von der internen Diskretion ausgeschlossen ist. Dies würde beispielsweise den Pressesprecher betreffen, der zumindest informiert werden muss, dass es einen Vorfall gab, und wie er sich verhalten soll, wenn er darauf angesprochen wird – insbesondere, was fachliche Verlautbarungen anbetrifft. Sätze wie *„unsere hochqualifizierten Cyber-Experten haben alles im Griff"*, sind in Pressemitteilungen Tabu. Man fordert den geneigten Leser ja geradezu heraus, diese Qualifikation aufgrund des Vorfalls in Frage zu stellen. Wenn man dann drei Tage später nachschieben muss, dass ein seit Monaten nicht gepatchter Server die Schuld am Verlust aller Kundendaten des Webshops trug, kommt man in Erklärungsnöte. Das Thema Krisen-PR wird jedoch erst im nächsten Abschnitt betrachtet.

Unterschiedliches Informationsinteresse

Für den Moment reicht die Erkenntnis, dass einige Personen in der eigenen Organisation – gerade in den Fällen höchster Diskretion – ein ganz besonderes Informationsinteresse haben. Dieser Personenkreis ist je nach Schadensausmaß unterschiedlich.

Nehmen wir ein Beispiel, dass Sie bitte selbst gedanklich durchspielen: Die Server und einige Rechner der Finanzbuchhaltung könnten beschlagnahmt werden, weil dort Bildmaterial gefunden wurde, dessen Besitz strafbar ist. Wissen Sie, was auf den betroffenen Festplatten noch so alles gefunden werden könnte? Aus der Buchhaltung könnte z.B. hervorgehen, dass man unwissentlich gegen eine Handelsbeschränkung verstoßen hat, die erst kürzlich in Kraft getreten ist. Für das betroffene Management könnte das der eigentliche Sicherheitsvorfall sein. Wenn Sie eine solche Herausforderung im Alleingang *„vermasseln"*, sitzen Sie sicher bis zum Sankt Nimmerleinstag in der Buhmann-Falle – ohne Aussicht auf Rettung.

Aus diesen Überlegungen ergeben sich zwei Anforderungen an einen diskreten Umgang mit Sicherheitsvorfällen: Erstens müssen Rahmenbedingungen und Szenarien festgelegt werden, die es ermöglichen Vorfälle danach zu bewerten, wie wichtig Diskretion für das Unternehmen oder die Behörde ist. Und zweitens müssen Personen identifiziert werden, die von dieser Diskretion ausgenommen sind und im Falle des Falles ein besonderes Informationsinteresse haben.

So wäre es durchaus denkbar, dass z.B. der Informationssicherheitsbeauftragte einer Bank von einem Identitätsdiebstahl im Kundenbereich nur wissen muss, dass er stattgefunden hat, Details zu Betroffenen, Schadenshöhe etc. aber in einem anderen Bereich der Organisation abgearbeitet werden, der sich um Betrug kümmert.

7.4 Krisen-PR

Keine schlafenden Hunde wecken

Im vorigen Abschnitt ging es darum, Diskretion zu wahren und einen Personenkreis zu bestimmen, der trotzdem umfassend zu informieren ist. Eine Aufgabe, die für jedes Unternehmen individuell zu erledigen ist. Nun geht es darum, gezielt die Informationen zu veröffentlichen, die bei der Abarbeitung eines Vorfalls hilfreich sind – intern wie extern. Wer wie in Abbildung 61 die Schotten ganz dicht macht, der riskiert Eigeninitiative. Wer dann neugierig genug ist, fängt gerade wegen der Mauer des Schweigens an zu suchen. Möglicherweise erfährt er so mehr als einem lieb sein kann oder – was noch schlimmer wäre – falsche Informationen, die man dann wenig glaubwürdig dementieren muss.

Der Druck steigt

Der mit einer solchen Informationskampagne verbundene Aufwand ist leicht zu unterschätzen. Welche Stellen sind wie zu informieren und wie kann man sich auf diesen Informationsfluss vorbereiten? Ist der Vorfall da, sind alle Augen auf die Security-Manager gerichtet und die stehen dann unter Druck. Interne Mails voller Schreibfehler und inhaltlicher Verkürzungen sind da nur der Anfang. Die Frage lautet: Wie „verkauft" man sich in Krisenzeiten und wie kann man vorsorgen. Mit der richtigen Krisen-PR geht man gestärkt aus Vorfällen hervor.

Abbildung 62: Krisen-PR informiert und lenkt zugleich ab

Eigentlich scheint es gar nicht lohnenswert, sich mit dem Thema Krisen-PR auseinander zu setzen. Sollte man doch davon ausgehen, dass Krisen-PR ein selbstverständlicher Bestandteil allgemeiner PR ist. Public Relations in der Krise bedient sich also auch nicht grundsätzlich anderer Mittel und Tools zur internen und externen Kommunikation. Nur der thematische Schwerpunkt ist in Krisenzeiten anders gelagert. Er konzentriert sich auf die folgenden drei Aspekte:

Aspekte der Krisen-PR

- Aktives vorbeugen von Krisen
- Verhinderung und Eindämmung von sich abzeichnenden Krisen
- Stabilisierung, Rückgewinnung und Ausbau von Verständnis, Vertrauen und Glaubwürdigkeit in einer Krise[117]

In dem Beispiel unseres Pharma-Unternehmens ExAmple AG kann man davon ausgehen, dass es tatsächlich Konzepte gibt, wie branchenspezifische Krisen gemeistert werden sollen, oder dass zumindest Kontakte zu PR-Profis bestehen, die wissen, wie man mit Bürgerprotesten zu Tierversuchen und Chemieunfällen umgeht. Auch im Rahmen der Public Relations konzentriert man sich auf die eigentliche Leistungserbringung des Unternehmens. Und es ist davon auszugehen, dass sich auch die Krisen-PR danach ausrichtet. Im schlimmsten Fall stehen die Pressesprecher im Krisenfall dann im Regen, weil das Sicherheitsteam mit der Abarbeitung der Krise beschäftigt ist, während man sich in den Foren von Heise-Security[118] über die improvisierte und technisch fehlerhafte Pressemitteilung des Unternehmens lustig macht. Um das zu verhindern, müssen Sicherheitsprofis auf die Kommunikationsprofis des Unternehmens zugehen und sie mit den nötigen Informationen füttern, die sie zur Bewältigung eines Sicherheitsvorfalls im Rahmen der Öffentlichkeitsarbeit benötigen: Wenn man nicht gerade in einem Unternehmen arbeitet, das Sicherheitsdienstleistungen erbringt, wird man dort auf weitestgehend unbestellte Felder stoßen.

Professionelle Öffentlichkeitsarbeit

117 Tanja Köhler; Krisen-PR im Internet: Nutzungsmöglichkeiten, Einflussfaktoren und Problemfelder; 2006; VS Verlag; ISBN: 9783531148984; Seite 75 ff

118 http://www.heise.de/security/foren/

Hilfe im eigenen Unternehmen

Der erste Schritt in Sachen Security-Krisen-PR besteht also darin, Kontakt zu der Abteilung oder den Mitarbeitern aufzunehmen, die mit der Öffentlichkeitsarbeit des Unternehmens betraut sind. Nachdem Sicherheitsprofis im Allgemeinen wenig Erfahrung im Bereich Öffentlichkeitsarbeit haben, sollten sie zunächst Fragen, ob es bereits Vorkehrungen für Sicherheitsvorfälle gibt, wie diese aussehen und ob man mit dem Security-Team bei deren Gestaltung mithelfen kann.

Die wichtigsten Fragen

In einem solchen Gespräch sollten die folgenden Punkte unbedingt berücksichtigt werden:

- Sind die wichtigsten Begriffe aus der Security-Welt bekannt?
- Gibt es vorgefertigte Pressemitteilungen zu gängigen Sicherheitsvorfällen, zum Beispiel Website-Defacements, Ransomware-Fällen oder Verletzungen des Kunden-Datenschutzes?
- Sind den PR-Profis alle relevanten Medien mit Security-Bezug bekannt und kennen sie Ansprechpartner in den Redaktionen?
- Existiert ein auf Sicherheitsvorfälle im Bereich IT und Datenschutz ausgerichteter Presse-Verteiler?
- Ist bekannt, in welchen Schritten Sicherheitsvorfälle von den Informations- und IT-Sicherheitsbeauftragten, Datenschutzbeauftragten oder Sicherheitsbeauftragten abgearbeitet werden?
- Ist bekannt, wer bei Sicherheitsvorfällen für die PR-Profis intern der Ansprechpartner ist und wie die Kommunikation während der Krise laufen soll?

Information als Ablenkung

Mit diesen Fragen ist der Grundstein gelegt, um die Kompetenzen der Medienprofis mit denen der Sicherheitsprofis zu einer sinnvollen Krisen-PR zu kombinieren, die dem Security-Team den Rücken freihält, sich um den eigentlichen Vorfall kümmern zu können. Dadurch kommt der Krisen-PR die Aufgabe zu, über den Vorfall zu informieren und in gewisser Weise vom eigentlichen Geschehen abzulenken.

Agieren oder reagieren

Wenn zum Beispiel einer Zeitung eine CD mit vertraulichen Kundendaten zugespielt wird, gibt es die Möglichkeit auf die Öffentlichkeit zuzugehen, bevor die Artikel der Fach-Medien geschrieben sind, oder erst danach. Man kann auch versuchen direkt mit der informierten Zeitung zusammen zu arbeiten – nicht um etwas zu unterdrücken, aber um in der Berichterstattung auf eine neutrale Darstellung hinzuwirken. Im einen Fall handelt man, während man im anderen Fall nur noch reagiert. Die Zeitspanne zwischen Handeln und Reagieren ist dabei reichlich kurz. Wenn die Presseabteilung keine Ansprechpartner hat und sich darauf verlässt, die Presse über die Website mit Meldungen zu versorgen, dann kann das natürlich nicht funktionieren, wenn die Website z. B. offline ist.

Interne Kommunikation als Selbstschutz

Aber nicht nur extern muss richtig informiert werden. Auch intern gibt es unter Umständen Informationsbedarf. Dies betrifft zuerst den Personenkreis, für den man – wie im vorigen Abschnitt empfohlen – festgelegt hat, dass ihm tiefere Einblicke in den Sicherheitsvorfall zu gewähren sind, aber auch die Mitarbeiter haben einen Anspruch auf Informationen, die über ein knappes *„Website offline"* hinaus gehen. Dieser Aspekt der internen Kommunikation greift auch auf den Ratschlag aus Abschnitt 5.6 zurück: *„Tue Gutes und rede darüber."* Der Sicherheitsvorfall darf im Flurgespräch zwischen den Mitarbeitenden nicht zu einem Verriss des Security-Teams werden. Spekulationen darüber, ob man auch *„alles im Griff"* habe, oder *„den Vorfall hätte verhindern können"*, wenn man nur nicht immer *„die Leute mit Bildschirmsperren und abgeschlossenen Türen quälen"* würde, müssen dringend verhindert werden.

Wer Informiert verhindert Behauptungen

Im Grunde hat man intern denselben Mechanismus wie extern: Wenn Menschen keine Informationen aus erster Hand bekommen, müssen sie sich diese anderweitig beschaffen oder selbst zusammenreimen – beides kann nicht im Sinne der Security sein. Wenn sich erst einmal die Meinung durchgesetzt hat, dass einem der Sicherheitsvorfall über den Kopf gewachsen ist, ändert das auch keine E-Mail mehr, die darauf hinweist, dass man jederzeit Herr der Lage war.

Je nach Unternehmensgröße

Zu einer erfolgreichen Krisen-PR gehört daher nicht nur eine funktionierende externe Kommunikation. Auch der interne Informationsfluss muss gesteuert werden. Je nach

Unternehmensgröße kann man sich bei beiden Aufgaben auf entsprechende Fachabteilungen abstützen oder man ist ganz auf sich gestellt. Ist die Organisation so klein, dass es keine PR-Spezialisten gibt, kann man aber auch davon ausgehen, dass die Aufgabe der Krisen-PR an Komplexität abnimmt. In diesen Fällen sollte man sich mit der Geschäfts- und Behördenleitung abstimmen, wie der Kontakt zu lokalen Medien stattfinden soll.

Vorbereitete Presseinfos

Auch für kleine Organisationen kann es ratsam sein, für die wahrscheinlichsten Sicherheitsvorfälle interne wie externe Mitteilungen vorzubereiten. Was in der ersten Meldung zu einem Sicherheitsvorfall wirklich nichts verloren hat, ist die Aussage, man hätte alles im Griff und das Ausmaß des Schadens sei bekannt! Die folgenden Fragen sollten berücksichtigt werden:

- Was ist passiert?
- Wie geht es weiter?
- Wie lange bleibt das Problem bestehen?
- Wer ist betroffen?
- Was ist zu beachten?
- Wer steht für Fragen zur Verfügung?

Zielgruppen-orentiert

Diese Fragen sollten jeweils intern wie extern beatwortet werden. Die Antworten werden dabei unterschiedlich ausfallen, weil die Leser der Meldung auch unterschiedliche Dinge interessieren werden. Das folgende Beispiel aus der ExAmple AG soll diesen Unterschied in groben Zügen verdeutlichen und den Inhalt der Meldung skizzieren:

Tabelle 30: Beispiel zur Krisen-PR

Intern	
Was ist passiert?	Eine unverschlüsselter Datensatz mit Kunden-Daten wurde gestohlen und an eine Zeitung übergeben.
Wie geht es weiter?	Die Datenschutzbeauftragte Alice hat ihre Ermittlungen aufgenommen und der CISO Bob die Maßnahmen des Incident Management Guides eingeleitet.

Wie lange bleibt das Problem bestehen?	Weitere Informationen werden nach Abschluss der Schadensanalyse bekanntgegeben, spätestens jedoch im Laufe des morgigen Tages.
Wer ist betroffen?	Nach Aussagen der Zeitung handelt es sich um die Kontodaten aller Kunden der letzten zwei Jahre. Die Datenschutzbeauftragte Alice ermittelt zurzeit den Kreis der tatsächlichen Betroffenen.
Was ist zu beachten?	Für die Account-Manager ist das Merkblatt IT-Sicherheits- und Datenschutzvorfälle mit Kundenbezug zu beachten. Aussagen zum Vorfall selbst werden nur durch die Datenschutzbeauftragte getätigt.
Wer steht für Fragen zur Verfügung?	Fragen und Hinweise zum Vorfall können an die Mail-Adresse IncidentManagement@ExAmple.com gesendet werden.
Extern	
Was ist passiert?	Die XY-Zeitung berichtet in ihrer aktuellen Ausgabe vom Verlust von Kunden-Daten der ExAmple AG.
Wie geht es weiter?	Der Vorstand der ExAmple AG hat interne Ermittlungen und die Maßnahmen des Incident Management Guides veranlasst.
Wie lange bleibt das Problem bestehen?	Weitere Informationen werden nach Abschluss der Schadensanalyse bekanntgegeben, spätestens jedoch im Laufe des morgigen Tages.
Was ist zu beachten?	Die Öffentlichkeit wird umgehend über den Verlauf der Schadensanalyse informiert.
Wer steht für Fragen zur Verfügung?	Konkrete Fragen zum Sachverhalt können an die Mail-Adresse IncidentManagement@ExAmple.com gesendet werden.

Dementis unbedingt vermeiden

Die Beantwortung der Fragen hängt für Ihren konkreten Fall natürlich von einigen zusätzlichen Parametern ab, wie zum Beispiel der allgemeinen Informationspolitik Ihrer Organisation. Wenn man sich für eine offene Informationspolitik entscheidet, dann sollten die Meldungen verdeutlichen, dass das Thema ernst genommen wird und man sich der Sache professionell annimmt. Außerdem sollte sie Zeit verschaffen, sich Detailmeldungen genauer überlegen zu können. Was in jedem Fall vermieden werden muss, sind Aussagen, von denen man befürchten muss, sie hinterher wieder dementieren zu müssen.

7.5 Wenn die Unterstützung von höchster Stelle fehlt

Lippenbekenntnisse

Eine Krise der besonderen Art: Dem Security-Personal fehlt jegliche Unterstützung von höchster Stelle. Im besten Falle sind die Entscheidungsträger zu Lippenbekenntnissen bereit. Eine Situation, aus der die Betroffenen nur mit größter Mühe wieder herauskommen. Wer sich aus dieser Situation freikämpfen will, muss sich auf eine langfristige Strategie einlassen: Ein klärendes Vier-Augen-Gespräch allein wird sicher nicht die Kehrtwende bringen. Die Ausgangssituation ist eigentlich gar nicht so schlecht. Die Studie *„Sicher – von oben"* stellte fest[119], dass die befragten Führungskräfte in einer ersten Reaktion, über alle Branchen, Firmengrößen und Positionen hinweg, einhellig bekräftigen: *„Ein Zuviel an Sicherheit kann es gar nicht geben."* Leider waren sich die befragten Führungskräfte genauso einig, dass die eigenen Sicherheitsmaßnahmen – im Unternehmen wie auch privat – ausreichend sind.

Political Correctness

„Nie genug", „genug" – Was denn nun? Das Problem scheint zu sein, dass man Führungskräften in den letzten Jahren beigebracht hat, allen Mitarbeitenden zu sagen, dass sie der Mittelpunkt der Welt seien – unwichtige oder weniger wichtige Mitarbeitende gibt es in Organisationen nicht mehr – zumindest wird

119 known_sense (Herausgeber u. a.); Sicher – von oben: Qualitative Imageanalyse CISO & Co. Security Manager und Informationssicherheit aus Sicht von Geschäftsführung, Management und Vorständen; 2009; known_sense; Seite 21 ff

das nicht zum Ausdruck gebracht – Political Correctness wohin man schaut. Dadurch entsteht Raum für Missverständnisse. Man kann davon ausgehen, dass dieselben Manager in einer Studie über Marketing verkünden, dass man nie zu viel Werbung machen kann und in einer Studie über den Vertrieb, dass nie zu viel akquiriert werden kann usw. Im zweiten Satz folgt dann sogleich die Einschränkung, der allseits bekannte Zweiklang der modernen Führungskraft: Zunächst loben und bestärken und erst dann in die Pfanne hauen.

Relativiertes Lob

Daher sollte man sich nicht an jeden Strohhalm klammern, der einem in Form eines Lobs hingehalten wird – interessanter ist das, was nach dem Strohhalm kommt. Ich höre schon seit Jahren weg, wenn ich von Managern für irgendetwas gelobt werde. Das einzig wahre Lob für Sicherheitsprofis ist es, in ihrer Arbeit unterstützt zu werden und das kommt selten genug vor.

Arbeitsverhinderer

Auch in der genannten Studie wird der Strohhalm schnell weggezogen und die eigentliche Einstellung zum Thema Security vorgebracht:

- *„Sehr komplizierte Genehmigungsverfahren"*
- *„Lange Zeitdauer"*
- *„Hohe Kosten"*
- *„Langwierige Diskussionen"*
- *„Neue Kommunikationsmöglichkeiten sind nicht erlaubt."*
- *„Sicherheitsstandards schließen die erwartete und gewünschte Flexibilität und Kundenorientierung mitunter aus."*

Führungskräfte fühlen sich in der eigenen Tätigkeit eingeschränkt, obwohl sie genau wissen, dass diese Einschränkungen durch Sicherheitsstandards sinnvoll sind und sie sogar konstatieren, dass man gar nicht sicher genug sein kann.

Informations- und IT-Sicherheitsbeauftragte, Datenschützer, CISOs und Co. sollten daher einen Filter über diese Aussagen legen und die konfliktträchtigen Anteile herausarbeiten. Nur so erfahren sie, wo dem Top-Management eigentlich der Schuh drückt. Wenn man dann die Zeit, in der sie sich mit Sicherheit beschäftigen und die Zeit, in der sie andere Sachen machen ins Verhältnis setzt, weiß man, wo man eigentlich steht. Für viele könnte diese Sichtweise ziemlich ernüchternd ausfallen.

Nehmen wir ein Beispiel und gehen davon aus, in Ihrer Organisation sähe die Situation in etwa so aus:

- Sprechzeit des CISO beim Top-Management: 5 Stunden pro Quartal
- Feedback des Top-Managements:
    - *„Riesenprobleme"*
    - *„total nervige Prozesse"*
    - *„sicher ist nur der Tod"*

Bei dieser Ausgangsituation bleiben nur zwei Stellschrauben, wenn die Unterstützung von höchster Stelle fehlt: Die Dauer der Sprechzeit und die Qualität des Feedbacks. Dazu gehört nicht, dass man nach mehr Anerkennung von oben sucht. Für Sicherheitsprofis in dieser schwierigen Situation gilt wahrscheinlich: Ein Tag ohne Gegenwind ist Lob genug. Lassen Sie uns diese Stellschrauben etwas genauer untersuchen.

Flöhe im Ohr

Die erste Stellschraube ist es, die negativen Aussagen zu reduzieren und sie dahin umzuleiten, wo sie hingehören: Zu den Leuten, die dem Top-Management immer wieder die sprichwörtlichen Flöhe ins Ohr setzen. Wenn sichere Prozesse als nervig und zeitraubend empfunden werden, muss ja irgendwer unsichere Prozesse vorgestellt haben, die nicht nerven und vermeintlich schneller gehen. Das waren aber leider nur leere Versprechungen und das gilt es herauszuarbeiten!

Manna vom Himmel

Das Top-Management sollte sich über die Personen ärgern, der ihnen leere Versprechungen machen und nicht über die, die ihnen reinen Wein einschenken. Wann immer Führungskräfte eine Einschränkung durch eine Sicherheitsmaßnahme ins Visier nehmen, muss die Frage aus dem Security-Team lauten: *„Wer hat Sie denn da wieder ins offene Messer laufen lassen und erzählt, dass ginge auch alles schneller? Da hat Ihnen wohl wieder jemand das Manna vom Himmel versprochen ohne sich vorher zu informieren."*

Widerspruch mit Engelszungen

Bevor Sie jedoch jemanden auf diese Art in die Enge treiben, sollten sich im Klaren darüber sein, dass die bereits zitierte Studie *„Sicher – von oben"* ebenso gezeigt hat, dass es in der Beziehung zwischen Top-Management und Sicherheitsprofis auch um die

Frage von Kontrollverlusten geht. Führungskräfte wollen und müssen ihre Position wahren und reagieren sehr sensibel auf Machtdemonstrationen aus der Security-Ecke. Sie sollten Führungskräfte also keinesfalls öffentlich so angehen und müssen die Botschaft möglicherweise in Watte packen und mit Engelszungen überbringen. Dabei muss herausgearbeitet werden, dass man eine wie auch immer geartete Machtposition niemals in Frage stellen würde. Im Gegenteil: Man macht loyal darauf aufmerksam, dass jemand, der unausgegorene, unsichere Ideen vorstellt, offensichtlich keine Angst vor Konsequenzen hat. Es sind diese Personen, die die Autorität von Führungskräften untergraben, nicht das Security-Team.

Abbildung 63: Leiten Sie den Ärger des Top-Managements dahin, wo er hingehört

Angemessene Sprechzeit

Die zweite Stellschraube betrifft die Sprechzeit beim Top-Management: Die Security-Zeit muss signifikant gesteigert werden. Das betrifft insbesondere die Zeit, in der Security als Lösung und nicht als Problem gesehen wird. Dazu muss nicht nur mehr Zeit in der Führungsetage verbracht werden; es muss zusätzlich jede Möglichkeit genutzt werden, dort mit funktionierenden Dingen und Lösungen aufzutauchen. Viele Security-Profis versuchen ihrem Management den Rücken frei zu halten, indem sie dort nur auftauchen, wenn es Schwierigkeiten oder Ärger gibt. Wir haben diesen Punkt bereits im Abschnitt 5.6 (Tue Gutes und rede darüber) näher beleuchtet.

Privater Smalltalk erwünscht

Ein guter Ansatzpunkt könnte es zu sein, sich auch als Ansprechpartner in Sicherheitsfragen des privaten Lebens anzubieten. Die berufliche Auseinandersetzung mit den Gefahren der modernen Kommunikationstechnik führt auch privat zu einer höheren Sensibilität und einem veränderten Umgang mit den eigenen sensiblen Daten.[120] Gerade was das Internet-Verhalten der Kinder angeht, kann man so sicher wertvolle Gespräche führen, die bei Führungskräften gut in Erinnerung bleiben.

7.6 Zusammenfassung

Erfolgsfaktor Soft-Skills

Für Sicherheitsprofis besteht immer die Gefahr in der Buhmann-Falle zu landen und als Überbringer der schlechten Nachricht ins Visier von Anfeindungen zu geraten. Das lässt sich nicht gänzlich verhindern, kann mit der richtigen Strategie jedoch auf ein Mindestmaß reduziert werden. Wie schon in den vorherigen Kapiteln spielen auch hier kommunikative Fähigkeiten eine entscheidende Rolle. Einmal mehr werden die Soft-Skills der Sicherheitsprofis zum Schlüssel zum Erfolg.

Mehr Kommunikation

Das zuletzt behandelte Problem, mit dem sich einige Sicherheitsprofis auseinandersetzen müssen, ist zugleich das schwerwiegendste, weil es sich auf alle anderen Probleme, Schwierigkeiten und Konflikte des Security-Alltags auswirkt. Daher ist es nur verständlich, dass sich diese Situation nur bekämpfen lässt, wenn man die geballte Ladung an Möglichkeiten mobilisiert, die in diesem Buch vorgestellt wurden. Auch, wenn Sie in dieser schwierigen Situation festsitzen: Es gibt einen Ausweg aus der Buhmann-Falle und er führt über mehr und bessere Kommunikation: Zum Beispiel mehr Kommunikation mit Branchenkollegen oder den Interessenvertretungen und bessere Kommunikation durch ein gemeinsames Vokabular. Mehr Kommunikation durch den gezielten Ausbau von Awareness-Maßnahmen und bessere Kommunikation durch die Übersetzung der eigenen

---

120 known_sense (Herausgeber u. a.); Sicher – von oben: Qualitative Imageanalyse CISO & Co. Security Manager und Informationssicherheit aus Sicht von Geschäftsführung, Management und Vorständen; 2009; known_sense; Seite 26

Ziele in die Problemfelder der Personengruppe, mit der man gerade arbeitet. Mehr Kommunikation über die eigenen Erfolge und Leistungen und bessere Kommunikation durch mehr Konzentration auf den Risikofaktor Mensch.

8. Kapitel

8 Am Ende kommt der Applaus

> *„Ich habe das Geheimnis des Erfolgs gefunden: Fehler, Fehler und noch mehr Fehler, aber weniger, weniger und immer weniger."*
> *-- Ogden Nash, 1902*

Der Weg ist steinig

Auf der Security-Bühne wie im echten Leben, erst am Ende der Vorstellung kommt der Applaus. Auch wenn es zwischendurch manchmal Szenenapplaus gibt – wie das Publikum am Ende reagiert, weiß man nie genau. Mit etwas Glück und einem geneigten Publikum schafft man es vielleicht sogar zu Standing Ovations. Eines steht jedenfalls fest: Der Weg dorthin ist für Sicherheitsprofis steinig. Alice, Bob und Dave aus der ExAmple AG hätten ihn allerdings redlich verdient.

S. Klipper, *Konfliktmanagement für Sicherheitsprofis*, Edition <kes>,
https://doi.org/10.1007/978-3-658-31841-3_8

Abbildung 64: Standing Ovations für die Sicherheitsprofis

Ganz gleich, ob Sie in Ihrer Organisation für Informationssicherheit, IT-Sicherheit, Cybersicherheit, Datenschutz oder allgemeine Sicherheitsfragen verantwortlich sind; ob Sie als Consultant oder auch ganz anders mit dem Thema Sicherheit zu tun haben – ich hoffe, dass Ihnen das vorliegende Buch als Wegweiser und kleine Hilfe dienen wird, den beruflichen Alltag auf der Security-Bühne frei von unnötigen Konflikten zu meistern.

8.1 Leitsätze zum Konfliktmanagement

Die letzte Frage, mit der sich dieses Buch befassen soll, ist die Frage nach zehn kurzen Formeln, auf die sich die Aussagen, Ideen und Denkanstöße dieses Buchs bringen lassen.

8.1.1 Satz 1 – Problemfelder

> Alle Sicherheitsanstrengungen müssen sich an den Problemfeldern (Zwänge, Ziele, Prioritäten und Risiken) der Mitarbeitenden und Führungskräfte ausrichten.

Subjektiv zählt

Nur wenn sich die Sicherheitsprofis an den Problemen der Mitarbeitenden und Führungskräfte und den Schwierigkeiten der Fachabteilungen orientieren, werden sie ihre Botschaft vermitteln können. Die Botschaft muss nicht objektiv für den Sender einer Nachricht einen Sinn ergeben – was zählt ist, dass sie subjektiv für den Empfänger einen Sinn ergibt.

8.1.2 Satz 2 – Nur im Team

> Informations- und IT-Sicherheitsbeauftragte, Datenschützer, CISOs und Co. müssen zusammenarbeiten.

Die unterschiedlichen Security-Disziplinen müssen ein gemeinsames Ziel entwickeln und gemeinsam daran arbeiten, es voran zu bringen. Wenn sich die verschiedenen Sicherheitsbeauftragten gegenseitig im Weg stehen, werden sie auch von außen keine Unterstützung für ihre Arbeit bekommen.

Gemeinsam voran

8.1.3 Satz 3 – Kommunikation ist Alles

> Nur wer sich verständlich ausdrückt, hat Anspruch darauf Gehör zu finden. Konfliktpräventive Kommunikation ist...
>
> - klar,
> - treffend,
> - knapp,
> - wertfrei und
> - konstruktiv.

Konfliktpräventive Kommunikation ist für Informations- und IT-Sicherheitsbeauftragte, Datenschützer, CISOs und Co. der Grundstein für einen Arbeitsalltag, der frei von unnötigen Konflikten ist. Sie bewahrt davor, in unnötige Randgefechte und persönliche Konflikte abzudriften.

Präventiv kommunizieren

8.1.4 Satz 4 – Der Mensch

> Im Mittelpunkt jeder Sicherheitsbetrachtung steht menschliches Handeln und Unterlassen. Bewusst oder unbewusst: Der Mensch ist der Risikofaktor Nummer 1!

Handeln und Unterlassen

Wie man es auch dreht und wendet – es läuft immer darauf hinaus, dass ein Mensch etwas getan oder unterlassen hat. Auch technischem Versagen ist immer eine menschliche Fehlentscheidung vorangegangen: Zu wenig Stabilität, zu wenig Redundanz oder einfach eine falsche Risikoeinschätzung.

8.1.5 Satz 5 – Die Technik

> Technische Sicherheitsmaßnahmen können nie eine abschließende Antwort auf Risiken sein, die auf ein sozio-technisches Gesamtsystem einwirken.

Das Gesamtsystem entscheidet

Informationssysteme sind sozio-technische Gesamtsysteme, die aus Informationen, Hardware, Software und aus den beteiligten Menschen bestehen. Sicherheitsmaßnahmen müssen sich folglich aus dem Gesamtsystem ableiten und aufeinander abgestimmte, soziale sowie technische Komponenten enthalten.

8.1.6 Satz 6 – Gemeinsames Vokabular

> Sicherheitsprofis sind von einem Begriffsdschungel umgeben, der Missverständnisse geradezu provoziert. Zu Beginn jeder Zusammenarbeit muss man sich auf ein gemeinsames Vokabular verständigen.

Babylonische Verhältnisse

Und wieder die Frage: Was war noch schnell der Unterschied zwischen IT-, IV-, IS- und I-Sicherheit? Und wo liegt der Unterschied zur Cybersicherheit? Oder Funktionssicherheit, Betriebssicherheit, Datensicherheit, Datensicherung, Informationssicherheit, Safety, Protection, Security, Privacy, Datenschutz usw.? Ohne die Verständigung auf gemeinsame Begriffe leben Sicherheitsprofis im modernen Babylon.

8.1.7 Satz 7 – Marketing

> Der gezielte Einsatz von guten und schlechten Nachrichten und ein konsequentes Selbstmarketing sind für die Außenwahrnehmung von Informations- und IT-Sicherheitsbeauftragten, Datenschützern, CISOs und Co. entscheidend.

Raus aus der Buhmann-Falle

Wenn die Sicherheitsprofis keine Werbung für sich machen, dann macht es keiner. Das richtige Marketing für die eigene Sache verhindert, dass sie frustriert in der Buhmann-Falle landen.

8.1.8 Satz 8 – Motivation

> Großes Augenmerk muss darauf gelegt werden, Mitarbeitende, Management und nicht zuletzt sich selbst zu motivieren. Motivierte Menschen sind besser, als jedes SIEM.

Mehr Spielraum durch Motivation

Technische Sicherheitslösungen gibt es, und man kann Sie überall kaufen. Motivierte Mitarbeitende und Führungskräfte sind durch kein Geld der Welt zu ersetzen. Mehr noch: Mit motivierten Mitarbeitenden und Führungskräften wird man mehr Spielräume für technische Lösungen haben und so insgesamt – und eben auch technisch – besser dastehen.

8.1.9 Satz 9 – Neue Ideen

> Den Angreifern gehen die Ideen nicht aus, wie sie Menschen dazu bringen, das zu tun, was zu ihrem eigenen Vorteil ist. Die Verteidigung wird auf Dauer nur erfolgreich sein, wenn man sich eine ebensolche Kreativität aufbaut, erhält und mit immer neuen Ideen kontert.

Mit Kreativität zum Erfolg

Viele technische Sicherheitslösungen sind weitestgehend ausgereift. Sicherheitslücken entstehen entweder durch Fehlkonfigurationen oder durch menschliche Fehlleistungen. Die Möglichkeiten am Risikofaktor Mensch anzusetzen, sind noch weitestgehend ungenutzt.

8.1.10 Satz 10 – Erfolg

> **Der Erfolg als Sicherheitsprofi hängt mehr von den kommunikativen Fähigkeiten ab, als von den technischen. Informationssicherheit, Datenschutz und IT-Sicherheit sind Management-Aufgaben.**

Management-aufgabe Security

Sicherheitsprofis, die den Begriff Informationssystem auf seine technischen Aspekte beschränken und nicht als sozio-technisches Gesamtsystem begreifen, werden immer wieder an Grenzen stoßen und sogar damit Probleme haben, technische Maßnahmen durchzusetzen.

Sachwortverzeichnis

S. Klipper, *Konfliktmanagement für Sicherheitsprofis*, Edition <kes>,
https://doi.org/10.1007/978-3-658-31841-3

Q

R

S

T

Printed in the United States
By Bookmasters